Auténtico

Pearson

Boston, Massachusetts   Chandler, Arizona
Glenview, Illinois   New York, New York

2   17

A

Auténtico

Go Online to practice

PEARSON
realize™

PearsonSchool.com/Autentico

 AUDIO VIDEO WRITING SPEAK/RECORD MAPA GLOBAL AUTÉNTICO FLASCHARDS ETEXT 2.0 GAMES

Peggy Palo Boyles
OKLAHOMA CITY, OK

Myriam Met
EDGEWATER, MD

Richard S. Sayers
LONGMONT, CO

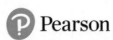 Pearson

Auténtico Authors

Peggy Palo Boyles

During her foreign language career of over forty years, Peggy Palo Boyles has taught elementary, secondary, and university students in both private and public schools. She is currently an independent consultant who provides assistance to schools, districts, universities, state departments of education, and other organizations of foreign language education in the areas of curriculum, assessment, cultural instruction, professional development, and program evaluation. She was a member of the ACTFL Performance Guidelines for the K–12 Learners task force and served as a Senior Editor for the project. She served on the Advisory Committee for the ACTFL Assessment for Performance and Proficiency of Languages (AAPPL). Peggy is a Past-President of the National Association of District Supervisors of Foreign Language (NADSFL) and was a recipient of ACTFL's K–12 Steiner Award for Leadership in K–12 Foreign Language Education.

Myriam Met

For most of her professional life, Myriam (Mimi) Met has worked in the public schools, first as a high school teacher in New York, then as K–12 supervisor of language programs in the Cincinnati Public Schools, and finally as a Coordinator of Foreign Language in Montgomery County (MD) Public Schools. After a long career in the public schools, she joined the National Foreign Language Center, University of Maryland, where she worked on K–12 language policy and infrastructure development. She currently works with schools and school districts as an independent consultant.

Richard S. Sayers

Rich Sayers has been involved in world languages education since 1978. He taught Spanish at Niwot High School in Longmont, CO for 18 years, where he taught levels 1 through AP Spanish. While at Niwot High School, Rich served as department chair, district foreign language coordinator, and board member of the Colorado Congress of Foreign Language Teachers and the Southwest Conference on Language Teaching. In 1991, Rich was selected as one of the Disney Company's Foreign Language Teacher Honorees for the American Teacher Awards. Rich has served as a world languages consultant for Pearson since 1996. He is currently the Vice President of Humanities in Pearson's Sales division.

Carol Eubanks Wargin taught Spanish for 20 years. She also shared her knowledge and experiences with other Spanish teachers through publications and award-winning presentations. The *Auténtico* author team is grateful for Carol's contribution to the instructional foundation on which this program was built.

Contributing Writers

Eduardo Aparicio
Chicago, IL

Daniel J. Bender
New Trier High School, Winnetka, IL

Marie Deer
Bloomington, IN

Leslie M. Grahn
Howard County Public Schools, Ellicott City, MD

Thomasina Hannum
Albuquerque, NM

Nancy S. Hernández
World Languages Supervisor, Simsbury (CT) Public Schools

Patricia J. Kule
Fountain Valley School of Colorado, Colorado Springs, CO

Jacqueline Hall Minet
Upper Montclair, NJ

Alex Paredes
Simi Valley, CA

Martha Singer Semmer
Breckenridge, CO

Dee Dee Drisdale Stafford
Putnam City Schools, Oklahoma City, OK

Christine S. Wells
Cheyenne Mountain Junior High School, Colorado Springs, CO

Michael Werner
University of Chicago, Chicago, IL

Digital Course on Realize

AUTÉNTICO includes lots of online resources to help you learn Spanish! You'll find these resources highlighted with technology icons on the pages of your print or online Student Edition.

PEARSON
realize™

The digital course on Realize!

The program's digital course on Realize puts the Student Edition, workbooks, video, audio, flashcards, games, and more at your fingertips.

Look for these icons in your *Auténtico* textbook or digital course.

◀))) AUDIO
Audio to learn and practice vocabulary and pronunciation, and increase your listening skills

▶ VIDEO
Videocultura Cultural overviews of each theme

Videohistoria Vocabulary videos with an entertaining storyline to practice listening to new words in an authentic context

GramActiva Grammar explanations that present new concepts with humorous examples

Grammar Tutorials Clear explanations of grammar with comparisons to English

Animated Verbs Animations that highlight verb conjugations

✎ WRITING
Practice activities with writing

🎤 SPEAK/RECORD
Speak-and-record tool for speaking activities, you can save your recording

⊕ MAPA GLOBAL INTERACTIVO
Links to interactive maps for virtual exploration of the Spanish-speaking world. You can download .kmz files from PearsonSchool.com/Autentico and link to sites using Google Earth™ or other geographic information systems.

📁 AUTÉNTICO
Collection of authentic video, audio, and text resources organized by theme

🗐 FLASHCARDS
Practice for the new vocabulary

📖 ETEXT 2.0
Complete textbook online

▦ GAMES
Interactive, fun practice and review games such as concentration, crosswords, word search and more

📄 PDF
Video scripts, readings

📔 WORKBOOK
Core and Guided practice activities

Learn Spanish Using Authentic Resources

To become proficient in Spanish, you need to learn to understand and speak it in real-world situations. In *Auténtico*, you will learn about the language and cultures of Spanish-speaking countries as you watch, read, and listen to material created for Spanish speakers.

The **Auténtico** pages in your textbook feature strategies that will help you build your language skills and increase your confidence as you watch videos, listen to audio, and read authentic articles and blogs. ▼

▲ In the the digital course on Realize, you'll find a collection of authentic resources that you can use to improve your understanding of Spanish.

The **Authentic Resources Workbook** will prepare and guide you as you watch, listen to, or read the materials. Activities will help you focus your attention on key elements of the video, audio, or text. Post-viewing, post-listening, and post-reading activities check your comprehension. ▶

Tabla de materias

TEMA 2 • La escuela

TEMA 3 • La comida

TEMA 4 • Los pasatiempos

APÉNDICES

México

ESTADOS UNIDOS

Tijuana

Ciudad Juárez

30° N

Río Bravo del Norte

Chihuahua

Baja California

Golfo de California (Mar de Cortés)

SIERRA MADRE OCCIDENTAL

Nuevo Laredo

Río Grande

SIERRA MADRE ORIENTAL

Monterrey

Golfo de México

Trópico de Cáncer

Mérida

Península de Yucatán

Querétaro

20° N

Guadalajara

Ciudad de México

Iztaccíhuatl

Veracruz

Paracutín

Puebla

Popocatépetl

LEYENDA
Elevación

Metros	Pies
3,000	9,840
2,000	6,560
1,000	3,280
500	1,640
200	656

— Frontera nacional

✪ Capital

● Ciudad

▲ Volcán o montaña

0   200 Millas

0   200 Kilómetros

Proyección cónica conforme de Lambert

N
O   E
S

Oaxaca

SIERRA MADRE DEL SUR

ISTMO DE TEHUANTEPEC

BELICE

Acapulco

GUATEMALA

EL SALVADOR

OCÉANO PACÍFICO

Baile en el día de la Guelaguetza
en Oaxaca, México

México

Capital México, D.F.

Population 121.7 million

Area 758,449 sq mi / 1,964,375 sq km

Languages Spanish (official), Nahuatl, various Mayan and other indigenous languages

Religions Roman Catholic, Protestant

Government federal republic

Currency *peso mexicano*

Exports manufactured products, oil and oil products, silver, coffee, cotton, fruit, vegetables

América Central

MÉXICO

BELICE

Parque Nacional Tikal

Lago Petén Itzá

Golfo de Honduras

JAMAICA

Quetzaltenango

GUATEMALA

Lago de Izabal

San Pedro Sula

Copán

HONDURAS

Ciudad de Guatemala

Santa Rosa de Copán

Antigua

Cerro El Pital

Volcán de Santa Ana

Santa Ana

Tegucigalpa

San Salvador

Santa Rosa de Lima

La Libertad

EL SALVADOR

CORDILLERA ISABELIA

Golfo de Fonseca

Lago de Managua

NICARAGUA

CORDILLERA CHONTALEÑA

Mar Caribe

Managua

Masaya

Granada

Lago de Nicaragua

Los Chiles

COSTA RICA

Puerto Limón

Canal de Panamá

San José

Colón

Ciudad de Panamá

Golfo de Nicoya

PANAMÁ

OCÉANO PACÍFICO

Golfo de Panamá

Parque Nacional Darién

Golfo Dulce

COLOMBIA

LEYENDA
Elevación

Metros	Pies
3,000	9,840
2,000	6,560
1,000	3,280
500	1,640
200	656

— Frontera nacional
✪ Capital
● Ciudad
▲ Volcán o montaña
■ Zona arqueológica

0   100 Millas
0   100 Kilómetros

Proyección azimutal equivalente de Lambert

Guatemala

Capital Ciudad de Guatemala

Population 14.9 million

Area 42,042 sq mi / 108,889 sq km

Languages Spanish (official), Quiche, Cakchiquel, Kekchi, Mam, Garifuna, Xinca, and other indigenous languages

Religions Roman Catholic, Protestant, traditional Mayan beliefs

Government constitutional democratic republic

Currency quetzal, U.S. dollar (dólar)

Exports coffee, sugar, petroleum, clothing, textiles, bananas, vegetables

El Salvador

Capital San Salvador

Population 6.1 million

Area 8,124 sq mi / 21,041 sq km

Languages Spanish (official), Nahua

Religions Roman Catholic, Protestant

Government republic

Currency U.S. dollar (dólar)

Exports offshore assembly parts, coffee, sugar, textiles, chemicals, electricity

Honduras

Capital Tegucigalpa

Population 8.7 million

Area 43,278 sq mi / 112,090 sq km

Languages Spanish (official), indigenous languages

Religions Roman Catholic, Protestant

Government democratic constitutional republic

Currency lempira

Exports coffee, bananas, shrimp, lobster, clothing, gold, wood

Go **Online** to practice

PEARSON
realize™

MAPA GLOBAL

El volcán Arenal,
Costa Rica

Nicaragua

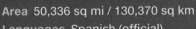

Capital Managua

Population 5.9 million

Area 50,336 sq mi / 130,370 sq km

Languages Spanish (official), English, Miskito, other indigenous languages

Religions Roman Catholic, Protestant

Government republic

Currency *córdoba*

Exports coffee, shrimp, lobster, cotton, tobacco, meat, sugar, gold

Costa Rica

Capital San José

Population 4.8 million

Area 19,730 sq mi / 51,100 sq km

Languages Spanish (official), English

Religions Roman Catholic, Protestant

Government democratic republic

Currency *colón*

Exports coffee, bananas, sugar, textiles, pineapple, electronic components

Panamá

Capital Ciudad de Panamá

Population 3.7 million

Area 29,120 sq mi / 75,420 sq km

Languages Spanish (official), other indigenous languages

Religions Roman Catholic, Protestant

Government constitutional democracy

Currency *balboa*, U.S. dollar *(dólar)*

Exports fruit, dried fruit, fish, iron, steel, wood

El Caribe

ESTADOS
UNIDOS

*Golfo de
México*

ISLAS BAHAMAS

N
O — E
S

Estrecho de la Florida

24° N

Trópico de Cáncer

La Habana

CUBA

*OCÉANO
ATLÁNTICO*

*Isla de la
Juventud*

20° N

Guantánamo

REPÚBLICA
DOMINICANA

Santiago
de Cuba

*Bahía de
Samaná*

PUERTO
RICO
(E.E.U.U.)

HAITÍ

VIEQUES

San Juan

JAMAICA

Santo
Domingo

Ponce

El Yunque

16° N

LEYENDA
Elevación

Metros	Pies
3,000	9,840
2,000	6,560
1,000	3,280
500	1,640
200	656

— Frontera nacional
✪ Capital
● Ciudad
▲ Volcán o montaña

0   100 Millas
0   100 Kilómetros

Proyección azimutal
equivalente de Lambert

Mar Caribe

80° O   76° O   72° O   68° O

Cuba

Capital La Habana

Population 11 million

Area 42,803 sq mi / 110,860 sq km

Languages Spanish (official)

Religions Roman Catholic, Protestant, and other religions

Government Communist state

Currency *peso cubano*

Exports sugar, nickel, tobacco, shellfish, medical products, citrus, coffee

República Dominicana

Capital Santo Domingo

Population 10.5 million

Area 18,792 sq mi / 48,670 sq km

Languages Spanish (official)

Religions Roman Catholic, Protestant

Government democratic republic

Currency *peso dominicano*

Exports sugar, gold, silver, cocoa, tobacco, meat

Puerto Rico

Capital San Juan

Population 3.6 million

Area 5,325 sq mi / 13,791 sq km

Languages Spanish and English (both official)

Religions Roman Catholic, Protestant

Government commonwealth of the United States

Currency U.S. dollar

Exports chemicals, electronics, apparel, canned tuna, beverage concentrates, medical equipment

El equipo de béisbol de Cuba
jugando un partido

América del Sur (PARTE NORTE)

Mar Caribe

Cartagena
Maracaibo
Caracas ⊗
Río Orinoco

VENEZUELA

Medellín
Río Magdalena

Cali
⊗ Bogotá

COLOMBIA

ECUADOR Quito ⊗

Ecuador *Ecuador* 0°

Chimborazo
Guayaquil

ISLAS GALÁPAGOS (Ecuador)

Golfo de Guayaquil

PERÚ

BRASIL

Huascarán

Callao
Lima

Machu Picchu
Cuzco

BOLIVIA

⊗ La Paz
Cochabamba

OCÉANO PACÍFICO

Lago Titicaca
ALTIPLANO

Nevado Sajama
⊗ Sucre
Potosí

PARAGUAY

20° S

Trópico de Capricornio

CHILE

ARGENTINA

URUGUAY

OCÉANO ATLÁNTICO

40° S

LEYENDA
Elevación

Metros	Pies
3,000	9,840
2,000	6,560
1,000	3,280
500	1,640
200	656

— Frontera nacional
⊗ Capital
● Ciudad
▲ Volcán o montaña
▬ Zona arqueológica

0 — 400 Millas
0 — 400 Kilómetros

Proyección azimutal equivalente de Lambert

N
O E
S

Colombia

Capital Bogotá
Population 44.7 million
Area 439,736 sq mi / 1,138,910 sq km
Languages Spanish (official)
Religion Roman Catholic
Government republic
Currency *peso colombiano*
Exports textiles, petroleum, coal, coffee, gold, emeralds, bananas, flowers, pharmaceuticals, sugar

Ecuador

Capital Quito
Population 15.9 million
Area 109,483 sq mi / 283,561 sq km
Languages Spanish (official), Quechua, other indigenous languages
Religion Roman Catholic protestant, and other religions
Government republic
Currency U.S. dollar *(dólar)*
Exports oil, bananas, flowers, shrimp, cocoa, coffee, wood

Una joven aymara
en Bolivia

Perú

Capital Lima

Population 30.4 million

Area 496,225 sq mi / 1,285,216 sq km

Languages Spanish (official),
Quechua (official), protestant and
other indigenous languages

Religion Roman Catholic and other
religions

Government constitutional republic

Currency *nuevo sol*

Exports gold, zinc, copper, fish and
fish products, textiles

Venezuela

Capital Caracas

Population 27.6 million

Area 352,144 sq mi / 912,050 sq km

Languages Spanish (official),
various indigenous languages

Religions Roman Catholic,
Protestant

Government federal republic

Currency *bolívar fuerte*

Exports oil and oil products,
aluminum, hydroelectricity

Bolivia

Capital La Paz, Sucre

Population 10.8 million

Area 424,164 sq mi / 1,098,581 sq km

Languages Spanish, Quechua,
Aymara, Guaraní, and other
indigenous languages

Religions Roman Catholic, Protestant

Government republic

Currency *boliviano*

Exports soy and soy products,
natural gas, zinc, wood, tin, gold

América del Sur (PARTE SUR)

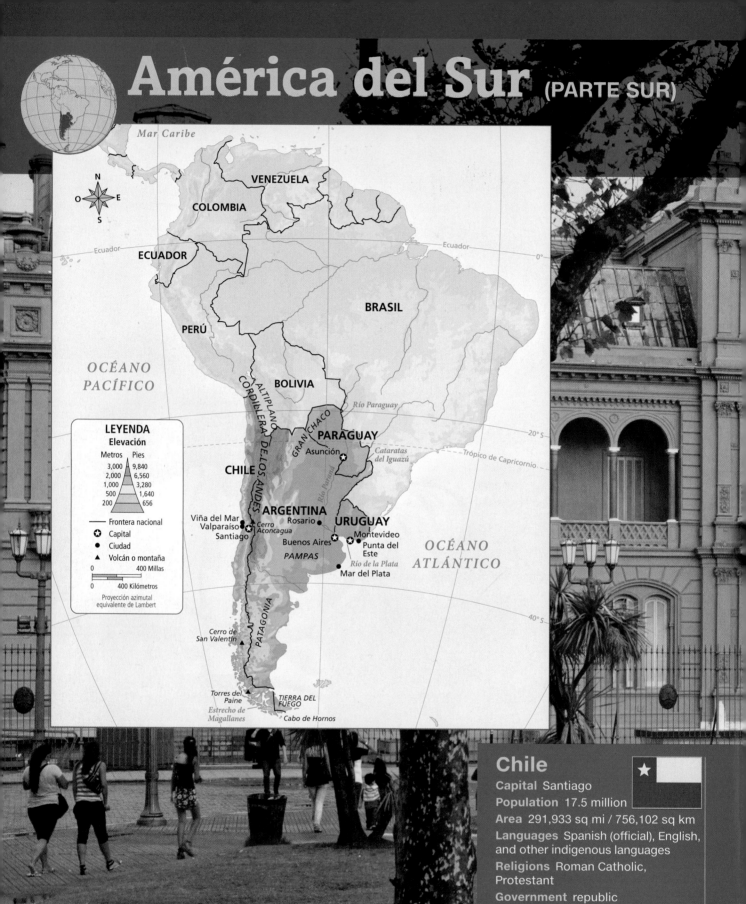

Mar Caribe

VENEZUELA

COLOMBIA

Ecuador

ECUADOR

PERÚ

OCÉANO
PACÍFICO

BRASIL

BOLIVIA

Río Paraguay

ALTIPLANO

CORDILLERA DE LOS ANDES

GRAN CHACO

PARAGUAY

Asunción

Cataratas
del Iguazú

Trópico de Capricornio

20° S

LEYENDA
Elevación

Metros	Pies
3,000	9,840
2,000	6,560
1,000	3,280
500	1,640
200	656

—— Frontera nacional

✪ Capital

● Ciudad

▲ Volcán o montaña

0   400 Millas

0   400 Kilómetros

Proyección azimutal
equivalente de Lambert

CHILE

Río Paraná

Viña del Mar
Valparaíso
Santiago

Cerro
Aconcagua

ARGENTINA

Rosario

URUGUAY

Montevideo
Punta del
Este

Buenos Aires

PAMPAS

Río de la Plata

Mar del Plata

OCÉANO
ATLÁNTICO

40° S

Cerro de
San Valentín

PATAGONIA

Torres del
Paine

TIERRA DEL
FUEGO

Estrecho de
Magallanes

Cabo de Hornos

Chile

Capital Santiago

Population 17.5 million

Area 291,933 sq mi / 756,102 sq km

Languages Spanish (official), English, and other indigenous languages

Religions Roman Catholic, Protestant

Government republic

Currency peso chileno

Exports copper, fish, fruit, paper and pulp, chemicals

La Casa Rosada en
Buenos Aires, Argentina

Paraguay

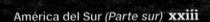

Capital Asunción
Population 6.8 million
Area 157,048 sq mi / 406,752 sq km
Languages Spanish and Guaraní
(both official)
Religions Roman Catholic,
Protestant
Government constitutional republic
Currency *guaraní*
Exports soy, cotton, meat, cooking
oil, wood, leather

Argentina

Capital Buenos Aires
Population 43.4 million
Area 1,073,518 sq mi/2,780,400 sq km
Languages Spanish (official),
English, French, Italian, German, and
indigenous languages
Religions Roman Catholic,
Protestant, Jewish
Government republic
Currency *peso argentino*
Exports soy and soy products,
petroleum, gas, motor vehicles, corn,
wheat

Uruguay

Capital Montevideo
Population 3.3 million
Area 68,037 sq mi / 176,215 sq km
Languages Spanish (official),
Portuñol/Brazilero
Religions Roman Catholic,
Protestant, and other religions
Government constitutional republic
Currency *peso uruguayo*
Exports meat, soy, rice, wheat,
wood, milk products, wool

España
Guinea Ecuatorial

FRANCIA

Asturias
Cantabria
Santiago de Compostela
Bilbao
País Vasco
Galicia
Pamplona
Navarra
La Rioja
Golfo de Vizcaya

P I R I N E O S

Castilla y León
Valladolid
Zaragoza
Aragón
Cataluña
Barcelona

Río Duero

ESPAÑA

OCÉANO ATLÁNTICO

Madrid

PORTUGAL

Río Tajo

Mar Mediterráneo

Menorca
Mallorca
Baleares
Ibiza

ISLAS BALEARES

Extremadura
Mérida
Castilla-La Mancha
Valencia
Valencia

Río Guadiana

SIERRA MORENA

Córdoba
Sevilla
Andalucía
Granada
Alicante

Murcia

Río Guadalquivir

Málaga

N
O E
S

LEYENDA
Elevación

Metros	Pies
3,000	9,840
2,000	6,560
1,000	3,280
500	1,640
200	656

— Frontera nacional
✪ Capital
• Ciudad

0   100 Millas
0   100 Kilómetros
Proyección azimutal equivalente de Lambert

ISLAS CANARIAS

La Palma
Lanzarote
Tenerife
Fuerteventura
Gomera
Gran Canaria
Hierro

Ceuta
Estrecho de Gibraltar

Melilla

OCÉANO ATLÁNTICO
0   50 mi
0   50 km

Malabo
Isla Bioko

Golfo de Guinea

GUINEA ECUATORIAL

CAMERÚN
Isla Bioko
GUINEA ECUATORIAL
GABÓN
Isla Annobón

OCÉANO ATLÁNTICO

CAMERÚN

Ebebiyin
Bata
Río Muni
Mbini

PARQUE NACIONAL MONTE ALEN

GABÓN

0   50 Millas
0   50 Kilómetros
Proyección azimutal equivalente de Lambert

Paisaje de Guinea Ecuatorial

El Alcázar de Toledo, España

España

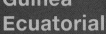

Capital Madrid

Population 48.1 million

Area 195,124 sq mi / 505,370 sq km

Languages Castilian Spanish (official); Catalan, Galician, Basque (official regionally), and other regional languages

Religion Roman Catholic

Government parliamentary monarchy

Currency *euro*

Exports food, machinery, motor vehicles, pharmaceutical products

Guinea Ecuatorial

Capital Malabo

Population 740,743

Area 10,831 sq mi / 28,051 sq km

Languages Spanish and French (both official), Fang, Bubi

Religions Roman Catholic, traditional African religions, and other religions

Government republic

Currency *franco CFA*

Exports oil, timber

Estados Unidos

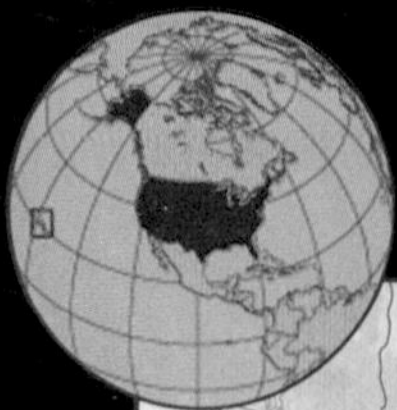

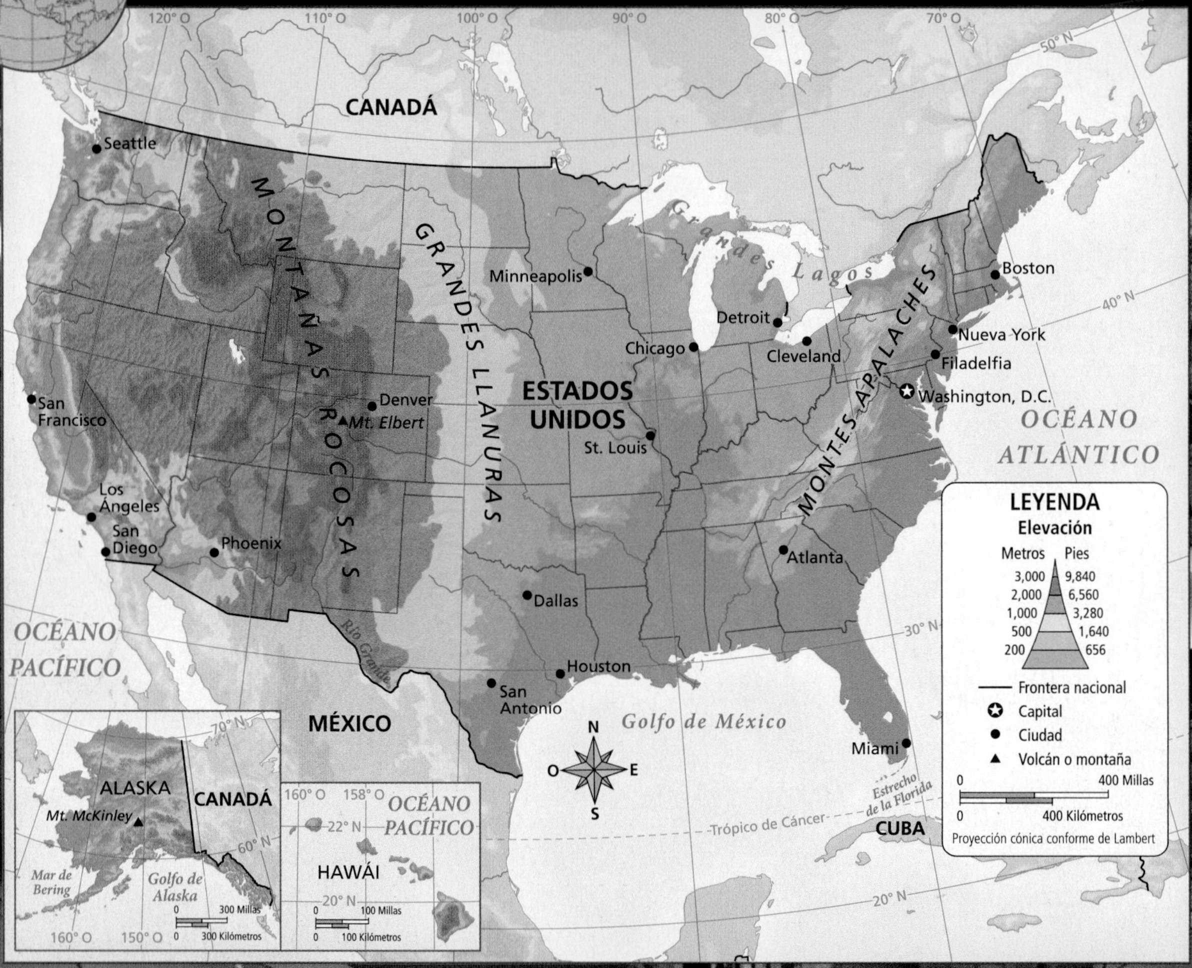

CANADÁ

Seattle

MONTAÑAS ROCOSAS

GRANDES LLANURAS

Minneapolis

Grandes Lagos

Boston

Detroit

Nueva York

Chicago

Cleveland

Filadelfia

ESTADOS UNIDOS

Washington, D.C.

San Francisco

Denver
Mt. Elbert

St. Louis

MONTES APALACHES

OCÉANO ATLÁNTICO

Los Ángeles

San Diego

Phoenix

Atlanta

Dallas

LEYENDA
Elevación

Metros	Pies
3,000	9,840
2,000	6,560
1,000	3,280
500	1,640
200	656

—— Frontera nacional

✪ Capital

● Ciudad

▲ Volcán o montaña

0   400 Millas

0   400 Kilómetros

Proyección cónica conforme de Lambert

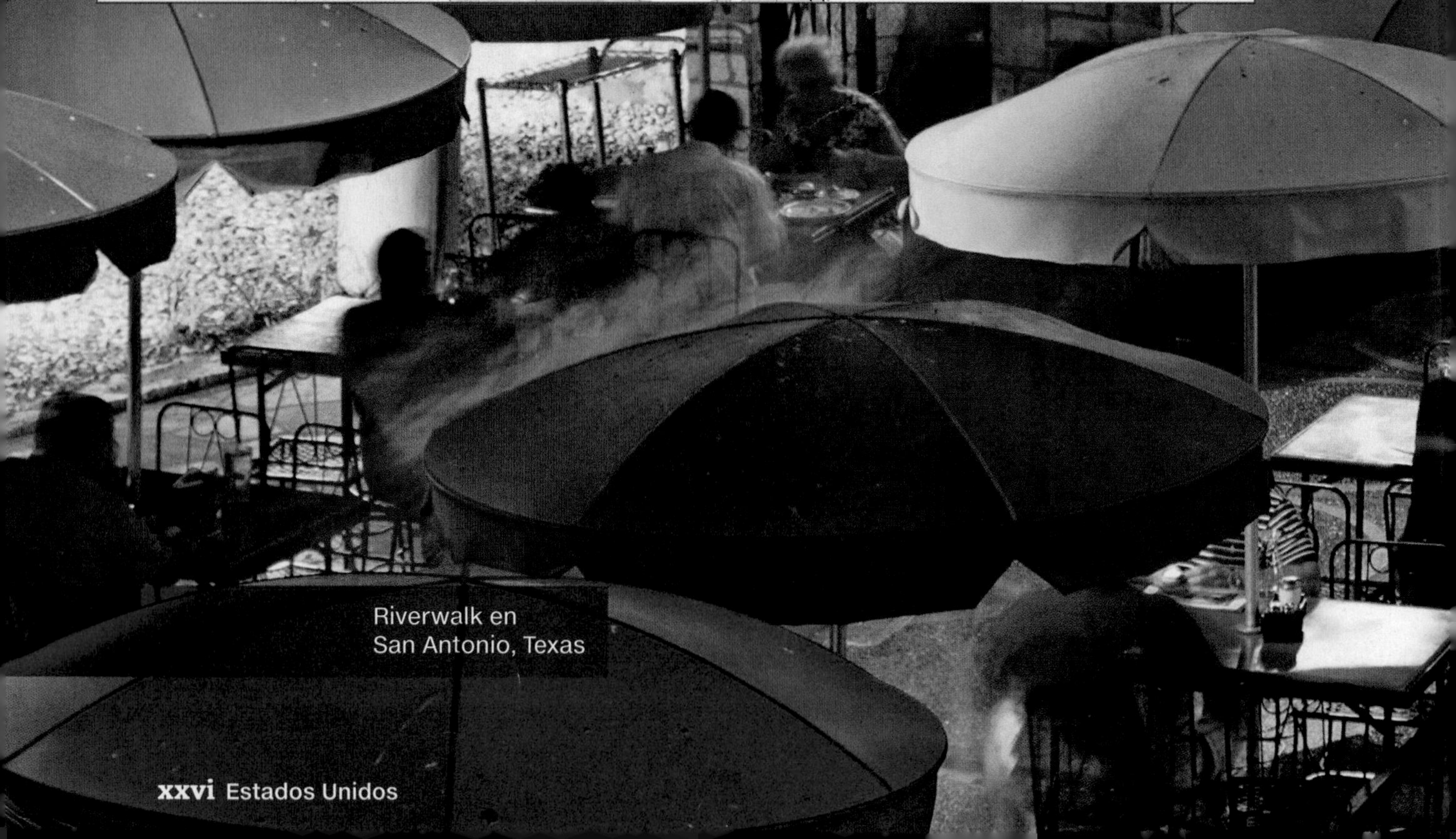

OCÉANO PACÍFICO

Río Grande

Houston

San Antonio

N
O   E
S

Golfo de México

Miami

Estrecho de la Florida

MÉXICO

CANADÁ

Trópico de Cáncer

CUBA

ALASKA

Mt. McKinley ▲

Mar de Bering

Golfo de Alaska

0   300 Millas

0   300 Kilómetros

OCÉANO PACÍFICO

HAWÁI

0   100 Millas

0   100 Kilómetros

Riverwalk en
San Antonio, Texas

Estados Unidos

Capital Washington, D.C.

Population 321.4 million

Area 3,796,742 sq mi / 9,833,517 sq km

Languages English, Spanish, other Indo-European languages, Asian and Pacific Islander languages, other languages

Religions Protestant, Roman Catholic, Jewish, Muslim, Mormon, and other religions

Government federal republic

Currency U.S. dollar

Exports motor vehicles, aircraft, medicines, telecommunications equipment, electronics, chemicals, soybeans, fruit, corn

Para empezar

Communication

By the end of *Para empezar* you will be able to:

- Listen to greetings and announcements.
- Read a description of the weather and a list of school supplies.

You will demonstrate what you know and can do:

- Repaso del capítulo: Preparación para el examen

You will also learn to:

1 En la escuela

- Greet people at different times of the day
- Introduce yourself to others
- Respond to classroom directions
- Begin using numbers
- Tell time
- Identify parts of the body

2 En la clase

- Talk about things in the classroom
- Ask questions about new words and phrases
- Use the Spanish alphabet to spell words
- Talk about things related to the calendar
- Learn about the Aztec calendar

3 El tiempo

- Describe weather conditions
- Identify the seasons
- Compare weather in the Northern and Southern Hemispheres

ARTE y CULTURA El mundo hispano

Greetings Social relations are somewhat more formal in Spanish-speaking countries than in the United States. New acquaintances usually greet one another with a handshake. Friends, however, greet each other with a hug or a kiss on the cheek.

▶ How does this compare with the way you greet people in the United States?

Go **Online** to practice

PEARSON
realize™

PearsonSchool.com/Autentico

 AUDIO   VIDEO   WRITING   SPEAK/RECORD   MAPA GLOBAL   AUTÉNTICO   FLASCHARDS   ETEXT 2.O   GAMES

Un grupo de amigos en el Parque Darío,
Matagalpa, Nicaragua

1 En la escuela

OBJECTIVES
▶ Greet people at different times of the day
▶ Introduce yourself to others
▶ Respond to classroom directions
▶ Begin using numbers
▶ Tell time
▶ Identify parts of the body

🔊 ¡Hola! ¿Cómo te llamas?

Nota
A woman or girl says *encantada*.
A man or boy says *encantado*.

—¡Buenos días, señor!

—¡Buenos días! ¿Cómo te llamas?

—**Me llamo** Felipe.

—¡Buenas tardes, señora!

—¡Buenas tardes! ¿Cómo te llamas?

—Me llamo Beatriz.

—**Mucho gusto.**

—**Encantada.**

—¡Buenas noches! ¿Cómo te llamas?

—¡Hola! Me llamo Graciela. ¿Y tú?

—Me llamo Lorenzo.

—Mucho gusto.

—**Igualmente.**

Exploración del lenguaje ◂ Señor, señora, señorita

The words *señor, señora,* and *señorita* mean "sir," "madam," and "miss" when used alone. When they are used with people's last names they mean "Mr.," "Mrs.," and "Miss," and are abbreviated *Sr., Sra.,* and *Srta.* Note that the abbreviations are capitalized.

In Spanish you should address adults as *señor, señora,* or *señorita,* or use the titles *Sr., Sra.,* and *Srta.* with their last names.

Los nombres

Chicas			Chicos		
Alicia	Elena	Luz María (Luzma)	Alejandro	Francisco (Paco)	Miguel
Ana	Gloria	Margarita	Antonio (Toño)	Guillermo (Guille)	Pablo
Beatriz	Inés	María	Carlos (Chacho, Cacho)	Jorge	Pedro
Carmen	Isabel (Isa)	María Eugenia (Maru)		José (Pepe)	Ricardo
Cristina	Juana	Marta	Diego	Juan	Roberto
Dolores (Lola)	Luisa	Teresa (Tere)	Eduardo (Edu)	Manuel (Manolo)	Tomás
			Federico (Kiko)		

1

Buenos días

ESCUCHAR   Listen as people greet each other. Then point to the clock that indicates the time of day when the greetings are probably taking place.

a
08:00 AM

b
04:00 PM

c
10:00 PM

2

¿Cómo te llamas?

HABLAR EN PAREJA   Use culturally appropriate greetings and gestures in conversation. Your teacher will divide the class in half. Students in one half of the class will introduce themselves and shake hands, and students in the other half will say they are pleased to meet the others. Move quickly from person to person until time is called. Then switch roles.

Videomodelo

A —*¡Hola! ¿Cómo te llamas?*
B —*Me llamo **David**. ¿Y tú?*
A —*Me llamo **Antonio**. Mucho gusto.*
o:—*Encantado.*
A —*Igualmente.*

> **¿Recuerdas?**
> If you are a girl, you say *encantada*.

3

¡Hola!

HABLAR EN PAREJA   Work with a partner. Choose a clock from Actividad 1 and greet each other appropriately for the time of day. Then find out your partner's name. Follow the model. Change partners and repeat.

Videomodelo

A —*Buenas tardes.*
B —*Buenas tardes. ¿Cómo te llamas?*
A —*Me llamo **Paco**. ¿Y tú?*
B —*Me llamo **Lourdes**. Mucho gusto.*
A —*Encantado.*

¡Hola! ¿Cómo estás?

¿Recuerdas?
Señor, señora, and *señorita* are abbreviated to **Sr., Sra.,** and **Srta.** before a person's last name.

—Buenos días, Adela.
¿Cómo estás?

—**Bien, gracias,** Sr. Ruiz.
¿Y usted?

—Bien, gracias.

—Buenas tardes, Sr. Ruiz.
¿Cómo está Ud.?

—**Muy** bien, gracias. ¿Y tú?

—Bien, gracias.

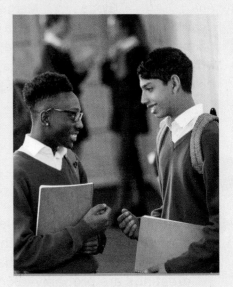

—Buenas noches, Miguel.
¿Qué tal?

—**Regular.** ¿Y tú, Carlos?
¿Qué pasa?

—Nada.

—¡Adiós, Srta. Moreno! ¡Hasta luego!

—¡Hasta mañana!

—¡Hasta luego, Juan!

—¡Nos vemos!

Exploración del lenguaje ◄ *Tú* vs. *usted*

For most Spanish speakers there are two ways to say "you": *tú* and *usted*. Use *tú* when speaking to friends, family, people your own age, children, and pets. *Usted* is formal. Use it to show respect and when talking to people you don't know well, older people, and people in positions of authority. In writing, *usted* is almost always abbreviated *Ud.*, with a capital *U*.

Would you say *tú* or *Ud*. when talking to the following people? With a partner, role play greeting these people using the correct form, *tú* or *Ud*.

- your brother
- your teacher
- your best friend
- your friend's mother
- your cat
- your principal
- a new acquaintance who is your age

4

¿Hola o adiós?

 ESCUCHAR Make a chart on your paper with two columns. Label one *Greeting*, the other *Leaving*. Number your paper from 1–8. As you hear each greeting or leave-taking, place a check mark in the appropriate column next to the number.

Greeting	Leaving
1.	
2.	
3.	

5

¡Hola! ¿Qué tal?

 HABLAR EN PAREJA Work with a partner. Greet each other appropriately, shake hands, and ask how your partner is. Say good-bye. Then change partners and repeat.

 Videomodelo
A —*Hola, **Luisa**. ¿Qué tal?*
B —***Bien, Lupe***. ¿Y tú?*
A —***Regular**. ¡Hasta luego!*
B —*¡Adiós!*

6

Mucho gusto

 LEER Read the conversation and then reply *sí* or *no* to the statements.

Profesor: Buenos días. Me llamo José Guzmán. ¿Y tú?
Estudiante: Me llamo María Hernández. Mucho gusto.
Profesor: Igualmente. ¿Cómo estás, María?
Estudiante: Bien, gracias. ¿Y Ud.?
Profesor: Muy bien, gracias. Hasta luego.
Estudiante: Adiós, señor.

1. The people knew each other.
2. The teacher is a man.
3. We know the last names of both people.
4. The student talks to the teacher in a formal tone.
5. Neither person is feeling well today.

◀)) ¡Atención, por favor!

levántense

siéntense

—¡Silencio, **por favor!** Abran el libro en la página 10.

—Levántense, por favor.

—Siéntense, por favor.

—¡Atención! Cierren el libro.

—Repitan, por favor:
Buenos días.

—Buenos días.

—Saquen una hoja de papel.
Escriban los números.

—Entreguen sus hojas de papel.

7

¡Siéntense!

 ESCUCHAR You will hear some classroom commands. Listen carefully and act them out.

🔊 Los números

0	cero	10	diez	20	veinte	40	cuarenta
1	uno	11	once	21	veintiuno	50	cincuenta
2	dos	12	doce		. . .	60	sesenta
3	tres	13	trece	30	treinta	70	setenta
4	cuatro	14	catorce	31	treinta y uno	80	ochenta
5	cinco	15	quince		. . .	90	noventa
6	seis	16	dieciséis			100	cien
7	siete	17	diecisiete				
8	ocho	18	dieciocho				
9	nueve	19	diecinueve				

8

Los números

 HABLAR Supply the missing number. Then read the sequence in Spanish.

1. 1, —, 3
2. 6, —, 8
3. 7, —, 9
4. 10, —, 12
5. 14, —, 16
6. 17, —, 19
7. 23, —, 25
8. 29, —, 31

9

Más números

 HABLAR EN PAREJA With a partner, provide the missing numbers in each sequence. Then say the number sequence aloud in Spanish.

1. 1, 2, 3, . . . 10
2. 2, 4, 6, . . . 20
3. 1, 3, 5, . . . 19
4. 5, 10, 15, . . . 60
5. 3, 6, 9, . . . 39
6. 10, 20, 30, . . . 100

10

Números y más números

 HABLAR EN PAREJA, ESCUCHAR, ESCRIBIR Tell your partner these numbers in Spanish. He or she will write them using numerals, not words. Then check your partner's work.

1. the phone numbers used to dial for information and emergencies

2. the bar code number on the back of your Spanish book

3. your house or apartment number

4. number of minutes it takes you to get from your home to school

5. number of months until your next birthday

Azulejo (tile) de cerámica

¿Qué hora es?

In Spanish, to ask what time it is, you say ¿Qué hora es?
Here are some answers:

Es la una.

Son las dos.

Son las tres y cinco.

Son las cuatro y diez.

Son las cinco y cuarto.

Son las seis y media.

Son las siete menos veinte.

Son las ocho y cincuenta y dos.

11

¿Qué hora es?

HABLAR EN PAREJA Work with a partner to ask and answer questions about the time. Use these clocks.

Videomodelo

A —¿Qué hora es?
B —Son las diez.

10:00

1. **7:00**
2. **3:30**
3. **1:15**
4. **2:20**
5. **9:40**
6. **12:50**

▲ "La persistencia de la memoria / The Persistence of Memory" (1931), Salvador Dalí

Oil on canvas, 9 1/2 x 13 in. (24.1 x 33 cm). Given anonymously.
© 2009 Salvador Dalí, Gala-Salvador Dalí Foundation/Artists Rights Society (ARS), New York./A.K.G., Berlin. Photo: Superstock.

12

La hora

ESCUCHAR Write the numbers 1–8 on a sheet of paper. Write the times you hear with numerals—1:00, 2:15, and so on.

El cuerpo

la cabeza

el ojo

la boca

la nariz

el brazo

el dedo

la mano

el estómago

la pierna

el pie

"¡Ay! Me duele el pie".

Más recursos ONLINE

🔊 *Canción de hip hop:* El cuerpo

13

Señalen

🔊 ESCUCHAR You will hear some commands. Listen carefully and act out the commands. When you hear the word *señalen*, you should point to that part of the body.

14

Juego

ESCUCHAR Play the game *Simón dice . . .* (Simon Says). Listen and follow the leader's directions. Remember that if the leader does not say *"Simón dice,"* you should not do the action.

2 En la clase

OBJECTIVES
▶ Talk about things in the classroom
▶ Ask questions about new words and phrases
▶ Use the Spanish alphabet to spell words
▶ Talk about things related to the calendar
▶ Learn about the Aztec calendar

🔊 La sala de clases

el estudiante

el profesor

la profesora

la estudiante

—¿Qué quiere decir *lápiz?*
—Quiere decir *pencil.*

—¿Cómo se dice *book* en español?
—Se dice *libro.*

el pupitre

el bolígrafo

la carpeta

el lápiz

También se dice . . .
In many Spanish-speaking countries or regions, you will hear different words for the same thing. Words like these are highlighted in the *También se dice* . . . sections. For example, in Spain a classroom is **el aula,** while in Mexico, it is **el salón de clases.**

el cuaderno

la hoja de papel

el libro

1

El libro, el lápiz, . . .

ESCUCHAR You will hear the names of classroom objects. After you hear each word, hold up the object if you have it on your desk or point to it if it is somewhere in the classroom.

2

¿Cómo se dice . . . ?

HABLAR EN PAREJA Talk with a partner about items and people in your classroom.

Videomodelo

A —¿Cómo se dice **book** en español?
B — Se dice **libro**.

 **1**  **2** 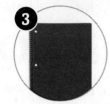 **3**  **4**  **5**

Videomodelo

mano
A —¿Qué quiere decir **mano**?
B — Quiere decir **hand**.

6. cuaderno   7. hoja de papel   8. cabeza   9. carpeta   10. brazo

---

Gramática ⟨ Nouns

Nouns refer to people, animals, places, things, and ideas. In Spanish, nouns have gender. They are either masculine or feminine.

Most nouns that end in -*o* are masculine. Most nouns that end in -*a* are feminine.

Masculine	Feminine
el libr**o**	la carpet**a**
el bolígraf**o**	la hoj**a** de papel

The definite articles *el* and *la* also point out if a word is masculine or feminine. They both mean "the."

Spanish nouns that end in -*e* or a consonant must be learned as masculine or feminine. You should practice them with their definite articles, *el* or *la*.

Masculine	Feminine
el profesor	la noche
el lápiz	la conversación

3

¿Masculino o femenino?

ESCRIBIR Look at these words and decide whether each one is masculine or feminine. Rewrite each word and add the appropriate definite article *(el or la)*.

1. pierna   3. cuaderno   5. pupitre   7. profesora
2. nariz   4. hora   6. pie   8. estudiante

🔊 El alfabeto

A a	**B** be	**C** ce	**D** de	**E** e	**F** efe
G ge	**H** hache	**I** i	**J** jota	**K** ka	**L** ele
M eme	**N** ene	**Ñ** eñe	**O** o	**P** pe	**Q** cu
R erre	**S** ese	**T** te	**U** u	**V** uve (ve)	**W** uve doble (doble ve)
X equis	**Y** ye	**Z** zeta			

—¿Cómo se escribe *libro*?
—Se escribe ele-i-be-erre-o.

4

Escucha y escribe

🔊 **ESCUCHAR, ESCRIBIR** On a sheet of paper, write the numbers 1–8. You will hear several words you know spelled aloud. Listen carefully and write the letters as you hear them.

5

Pregunta y contesta

🎤 ▶ **HABLAR EN PAREJA, ESCRIBIR** Work with a partner. Use the pictures to ask and answer according to the model. As Student B spells the words, Student A should write them out. When you are finished, check your spelling by looking at p. 10.

Videomodelo
A —¿Cómo se escribe **lápiz**?
B — *Se escribe ele-a acento-pe-i-zeta.*

Exploración del lenguaje ‹ Punctuation and accent marks

You have probably noticed that in Spanish, questions begin with an upside-down question mark (¿) and exclamations with an upside-down exclamation point (¡). This lets you know at the beginning of a sentence what kind of sentence you are reading.

You have probably also noticed the accent mark *(el acento)* on words like *días* and *estás*.

When you write in Spanish, you must include these accents and punctuation marks.

Try it out! Rewrite these sentences and insert the correct punctuation and accents.

Como estas   Que tal
Hasta luego   Y tu

6

¿Cómo te llamas?

 HABLAR EN PAREJA Work with a partner. Follow the model to find out each other's names and how they are spelled. Then change partners and repeat.

 Videomodelo

A —¿Cómo te llamas?
B —Me llamo *María*.
A —¿Cómo se escribe *María*?
B — Se escribe *eme-a-erre-i acento-a*.

> **Strategy**
> **Sustaining a conversation** If you need your partner to spell a word again, s*ay Repite, por favor.*

7

Juego

ESCRIBIR, HABLAR EN PAREJA, ESCUCHAR

1 Play this game in pairs. Each player makes a list of five Spanish words that you have learned. Don't let your partner see your words.

2 Spell your first word aloud in Spanish. Don't forget any accent marks. Your partner will write the word as you spell it. Then your partner will spell a word for you to write. Take turns until you have spelled all the words on your lists.

3 Check each other's papers. The winner is the player with the most words spelled correctly.

CULTURA ‹ El mundo hispano

Los mayas were among the early civilizations in the Western Hemisphere to develop a form of writing with symbols, known as hieroglyphics *(los jeroglíficos)*. Each symbol, or glyph, represents a word or an idea.

Pre-AP® Integration: Human Geography With what other hieroglyphic writing are you familiar?

 Mapa global interactivo Compare ancient Mayan ruins in different locations in Mexico. What key details do you see in them?

Jeroglíficos mayas

El calendario y la fecha

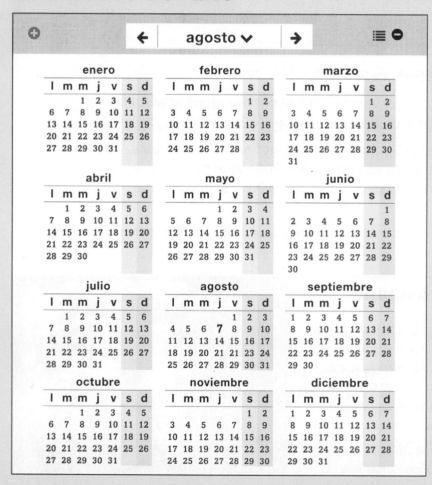

el mes

el día

la semana

		agosto				
lunes	martes	miércoles	jueves	viernes	sábado	domingo
			1	2	3	
4	5	6	7	8	9	10
11	12	13	14	15	16	17
18	19	20	21	22	23	24
25	26	27	28	29	30	31

—¿**Qué día** es **hoy**?

—**Hoy** es lunes. **Mañana** es martes.

—¿**Cuántos** días **hay** en el mes de agosto?

—Hay treinta y un días.

Los meses del año

← agosto ∨ →

enero

l	m	m	j	v	s	d
		1	2	3	4	5
6	7	8	9	10	11	12
13	14	15	16	17	18	19
20	21	22	23	24	25	26
27	28	29	30	31		

febrero

l	m	m	j	v	s	d
					1	2
3	4	5	6	7	8	9
10	11	12	13	14	15	16
17	18	19	20	21	22	23
24	25	26	27	28		

marzo

l	m	m	j	v	s	d
					1	2
3	4	5	6	7	8	9
10	11	12	13	14	15	16
17	18	19	20	21	22	23
24	25	26	27	28	29	30
31						

abril

l	m	m	j	v	s	d
	1	2	3	4	5	6
7	8	9	10	11	12	13
14	15	16	17	18	19	20
21	22	23	24	25	26	27
28	29	30				

mayo

l	m	m	j	v	s	d
		1	2	3	4	
5	6	7	8	9	10	11
12	13	14	15	16	17	18
19	20	21	22	23	24	25
26	27	28	29	30	31	

junio

l	m	m	j	v	s	d
						1
2	3	4	5	6	7	8
9	10	11	12	13	14	15
16	17	18	19	20	21	22
23	24	25	26	27	28	29
30						

julio

l	m	m	j	v	s	d
	1	2	3	4	5	6
7	8	9	10	11	12	13
14	15	16	17	18	19	20
21	22	23	24	25	26	27
28	29	30	31			

agosto

l	m	m	j	v	s	d
				1	2	3
4	5	6	7	8	9	10
11	12	13	14	15	16	17
18	19	20	21	22	23	24
25	26	27	28	29	30	31

septiembre

l	m	m	j	v	s	d
1	2	3	4	5	6	7
8	9	10	11	12	13	14
15	16	17	18	19	20	21
22	23	24	25	26	27	28
29	30					

octubre

l	m	m	j	v	s	d
	1	2	3	4	5	
6	7	8	9	10	11	12
13	14	15	16	17	18	19
20	21	22	23	24	25	26
27	28	29	30	31		

noviembre

l	m	m	j	v	s	d
					1	2
3	4	5	6	7	8	9
10	11	12	13	14	15	16
17	18	19	20	21	22	23
24	25	26	27	28	29	30

diciembre

l	m	m	j	v	s	d
1	2	3	4	5	6	7
8	9	10	11	12	13	14
15	16	17	18	19	20	21
22	23	24	25	26	27	28
29	30	31				

Nota

Notice that the days of the week and the months of the year are not capitalized in Spanish, except at the beginning of sentences.

The first day of the week in a Spanish-language calendar is *lunes*.

⊕		‹	agosto	›		Q ▭
lunes	**martes**	**miércoles**	**jueves**	**viernes**	**sábado**	**domingo**
			el primero	1	2	3
4	5	6	7	8	9	10
11	12	13	14	15	16	17
18	19	20	21	22	23	24
25	26	27	28	29	30	31

el 22 de agosto

—¿Cuál es la fecha?

—**Es el 22 de agosto.**

—¿Cuál es la fecha?

—Es **el primero** de agosto.

Nota

To say the first day of the month, use *el primero.* For the other days, use the numbers *dos, tres,* and so on.

8

Hoy y mañana

 HABLAR EN PAREJA Ask and answer according to the model.

 Videomodelo
lunes
A —¿Qué día es hoy?
B —Hoy es **lunes.** Mañana es **martes.**

1. martes
2. sábado
3. jueves

4. miércoles
5. viernes
6. domingo

9

Días de fiesta

 LEER, ESCRIBIR Read the following sentences and rewrite them, making the necessary corrections.

1. El Día de San Patricio es el 14 de enero.

2. El Día de San Valentín es en junio.

3. Januká es en febrero.

4. La Navidad (*Christmas*) es el 25 de noviembre.

5. El Día de la Independencia de los Estados Unidos (*United States*) es el 4 de junio.

6. El Año Nuevo (*New Year's Day*) es en diciembre.

7. Hoy es el 3 de agosto.

El calendario

ESCRIBIR Answer the questions based on the calendar page below.

➕		‹	julio	›		🔍 ☰
lunes	martes	miércoles	jueves	viernes	sábado	domingo
	1	2	3	4	5	6
hoy 7	8	9	10	11	12	13
14	15	16	17	18	19	20
21	22	23	24	25	26	27
28	29	30	31			

1. ¿Cuál es la fecha hoy?
2. ¿Qué día de la semana es?
3. ¿Qué día es mañana?

4. ¿Cuál es la fecha de mañana?
5. ¿Cuántos días hay en este (this) mes?
6. ¿Cuántos días hay en una semana?

CULTURA ❯ España

Los sanfermines, or the "Running of the Bulls," is a popular two-week festival in Pamplona, Spain, named for the town's patron saint, San Fermín, who is commemorated on July 7 each year. The celebration includes daily bullfights, but before they begin the real excitement starts! As the bulls are released from their pens and run through the streets, many people run ahead or alongside them to the bullring.

Pre-AP® Integration: Entertainment What festivals are you familiar with in which animals play a role?

 Mapa global interactivo Explore the narrow streets of Pamplona, Spain, and compare the city's layout with where you live.

La Fiesta de San Fermín, en Pamplona, España

11

El calendario azteca

LEER   The Aztecs were a nomadic tribe that finally settled in the valley of central Mexico in 1325. They established their capital, Tenochtitlán, on a swampy lake and built a mighty empire that dominated most of Mexico. The Aztec empire flourished until 1521, when it was defeated by the Spaniards, led by Hernán Cortés.

Conexiones **La historia**

One of the most famous symbols of Mexico is the monolith, or huge stone, carved by the Aztecs in 1479. Known today as the Aztec calendar or the Sun Stone, the carving weighs almost 24 tons and is approximately 12 feet in diameter. The Aztecs dedicated it to the sun, represented by the face in the center. The calendar represents a 260-day year.

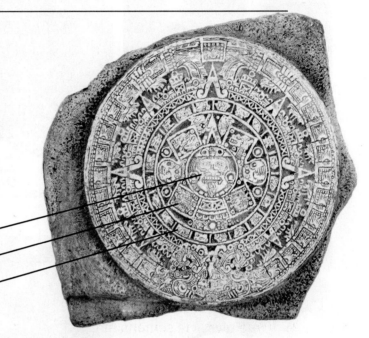

Representation of the sun, or Tonatiuh

One of the previous four world creations

This band shows the 20 days of the month.

12

Los símbolos aztecas

ESCRIBIR   Here are several glyphs representing days found on the Sun Stone. Match the glyph with the Spanish word. What do you think each of the glyphs represents? Why do you think the Aztecs included those symbols on their calendar?

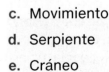

a. Jaguar

b. Perro

c. Movimiento

d. Serpiente

e. Cráneo

f. Agua

OBJECTIVES

▸ Describe weather conditions
▸ Identify the seasons
▸ Compare weather in the Northern and Southern Hemispheres

🔊 ¿Qué tiempo hace?

Hace sol. ☀️

Hace calor. 🌡️

Hace frío. 🌡️

Hace viento. 💨

Llueve. 🌧️

Nieva. ❄️

Las estaciones

la primavera

el verano

el otoño

el invierno

1

El tiempo

ESCUCHAR You will hear six descriptions of different weather conditions. Write the numbers 1–6 on a sheet of paper. Then, next to each number, write the letter of the photo for which the weather is being described.

2

¿Qué tiempo hace?

HABLAR EN PAREJA Work with a partner. Ask and answer the questions based on the city and weather information for each item.

Videomodelo

Miami / julio /

A —¿Qué tiempo hace en *Miami* en *julio*?
B —*Hace sol.*

1. Denver / enero /

2. Chicago / octubre /

3. San Francisco / noviembre /

4. Washington, D.C. / junio /

5. Minneapolis / diciembre /

6. Dallas / agosto /

Más recursos | ONLINE

Canción de hip hop: ¿Qué tiempo hace?

3

Las estaciones

HABLAR, ESCRIBIR Answer the questions based on where you live.

1. ¿Qué tiempo hace en la primavera? ¿En el otoño? ¿En el verano? ¿En el invierno?

2. ¿En qué estación hace frío? ¿Calor? ¿Sol? ¿Viento?

3. ¿En qué estación llueve?

4. ¿En qué estación nieva?

Dos hemisferios

 LEER, ESCRIBIR, HABLAR Read about the seasons in the Northern and Southern Hemispheres and then answer the questions.

Conexiones **La geografía**

Did you know that the seasons for the Northern and Southern Hemispheres are reversed? When it's winter in the Northern Hemisphere, it's summer in the Southern Hemisphere and vice versa. So if you want to ski all year round, go from the slopes of the Rockies in Colorado in December to those of the Andes in Bariloche, Argentina in July. Or for a December getaway to a warmer climate, go to one of the coastal resorts at Viña del Mar, Chile.

 Mapa global interactivo Locate North and South America and compare the weather north and south of the equator.

enero Colorado (Estados Unidos)

julio Colorado (Estados Unidos)

Colorado (Estados Unidos)

Chile

norte
oeste — este
sur

enero Chile

julio Chile

1. En febrero, ¿qué tiempo hace en Chile?

2. En junio, ¿qué tiempo hace en Colorado?

3. En tu comunidad, ¿qué tiempo hace en diciembre? ¿Y en agosto?

ciudad	diciembre	julio
Asunción, Paraguay	85° F / 29° C	75° F / 24° C
Bogotá, Colombia	66° F / 19° C	64° F / 17° C
Buenos Aires, Argentina	78° F / 26° C	50° F / 10° C
Caracas, Venezuela	80° F / 27° C	80° F / 27° C
Chicago	36° F / 2° C	75° F / 24° C
Ciudad de méxico, México	70° F / 21° C	74° F / 23° C
Guatemala, Guatemala	72° F / 22° C	74° F / 23° C
La Habana, Cuba	76° F / 24° C	82° F / 28° C
La Paz, Bolivia	58° F /15° C	55° F /13° C
Lima, Perú	76° F / 24° C	76° F / 24° C
Los Ángeles	67° F / 19° C	88° F / 31° C
Miami	76° F / 24° C	97° F / 36° C
Nueva York	41° F / 5° C	74° F / 23° C
Quito, Ecuador	65° F / 18° C	67° F / 19° C
San José, Costa Rica	78° F / 26° C	78° F / 26° C
San Juan, Puerto Rico	74° F / 23° C	80° F / 27° C
Santiago, Chile	82° F / 28° C	50° F / 10° C
Seattle	41° F / 5° C	66° F / 19° C
St. Louis	36° F / 2° C	81° F / 27° C
Tegucigalpa, Honduras	70° F / 21° C	81° F / 27° C

Los Ángeles

Tegucigalpa, Honduras   Asunción, Paraguay

Nota

In most parts of the world, people express temperatures in Celsius. A simple way to convert from Celsius to Fahrenheit is to multiply the temperature by $\frac{9}{5}$, then add 32.

$30°C = \underline{\ ?\ } F$
$30 \times \frac{9}{5} = 54 + 32$
$30°C = 86°F$

°F	°C
110	43.3
100	37.7
90	32.2
80	26.6
70	21.1
60	15.5
50	10
40	4.44
30	-1.11
20	-6.6
10	-12.2
-10	-23.3
-20	-28.8
-30	-34.4

5

¿Hace calor o hace frío?

 HABLAR EN PAREJA   Work with a partner. Discuss the weather in six different places on the chart.

 Videomodelo
A —¿Qué tiempo hace en **Chicago** en **diciembre**?
B —Hace **frío**.

6

¿Y qué tiempo hace en . . . ?

 HABLAR EN PAREJA   Work with a partner. Ask about the temperature in six different places on the chart.

 Videomodelo
A —¿Cuál es la temperatura en **Quito** en **diciembre**?
B —**Sesenta y cinco** grados.
o: —**Dieciocho** grados.

Para decir más . . .
la **temperatura** = temperature
grados = degrees

Repaso del capítulo

OBJECTIVES
▶ Review the vocabulary
▶ Demonstrate you can perform the tasks on p. 23

🔊 Vocabulario

En la escuela

to greet someone

Buenos días.	Good morning.
Buenas noches.	Good evening.
Buenas tardes.	Good afternoon.
¡Hola!	Hello!
¿Cómo te llamas?	What is your name?
Me llamo . . .	My name is . . .
Encantado, -a.	Delighted.
Igualmente.	Likewise.
Mucho gusto.	Pleased to meet you.
señor, Sr.	sir, Mr.
señora, Sra.	madam, Mrs.
señorita, Srta.	miss, Miss

to ask and tell how someone is

¿Cómo está Ud.? *(formal)*	How are you?
¿Cómo estás? *(familiar)*	How are you?
¿Qué pasa?	What's happening?
¿Qué tal?	How are you?
¿Y tú? / ¿Y usted (Ud.)?	And you?
(muy) bien	(very) well
nada	nothing
regular	okay, so-so
gracias	thank you

to say good-bye

¡Adiós!	Good-bye!
Hasta luego.	See you later.
Hasta mañana.	See you tomorrow.
¡Nos vemos!	See you!

to tell time

¿Qué hora es?	What time is it?
Es la una.	It's one o'clock.
Son las . . . y / menos . . .	It's . . . (time).
y cuarto / menos cuarto	quarter past / quarter to
y media	thirty, half-past

to count up to 100 (Turn to p. 7.)

to talk about the body (Turn to p. 9.)

En la clase

to talk about the classroom

el bolígrafo	pen
la carpeta	folder
el cuaderno	notebook
el estudiante, la estudiante	student
la hoja de papel	sheet of paper
el lápiz	pencil
el libro	book
el profesor, la profesora	teacher
el pupitre	(student) desk
la sala de clases	classroom

to say the date

el año	year
el día	day
el mes	month
la semana	week
¿Qué día es hoy?	What day is today?
¿Cuál es la fecha?	What is the date?
Es el *(number)* de *(month)*.	It's the . . . of . . .
Es el primero de *(month)*.	It's the first of . . .
hoy	today
mañana	tomorrow

to say the days of the week and the months of the year (Turn to p. 14.)

other useful words

¿cuántos, -as?	how many?
en	in
hay	there is / there are
por favor	please

to ask for help

¿Cómo se dice . . . ?	How do you say . . . ?
Se dice . . .	You say . . .
¿Cómo se escribe . . . ?	How is . . . spelled?
Se escribe . . .	It's spelled . . .
¿Qué quiere decir . . . ?	What does . . . mean?
Quiere decir . . .	It means . . .

El tiempo

to talk about the weather

¿Qué tiempo hace?	What's the weather like?
Hace calor.	It's hot.
Hace frío.	It's cold.
Hace sol.	It's sunny.
Hace viento.	It's windy.
Llueve.	It's raining.
Nieva.	It's snowing.

to talk about the seasons

la estación	season
el invierno	winter
el otoño	fall, autumn
la primavera	spring
el verano	summer

Preparación para el examen

Interpretive

1 ESCUCHAR On the exam you will be asked to listen to and understand people as they greet each other and introduce themselves. To practice, listen to some students greet people in the school halls. Answer these questions about each greeting: Is it morning or afternoon? Was the greeting directed to an adult? How did that person respond?

To review, see pp. 2–5 and Actividades 1, 4.

Interpretive

2 ESCUCHAR You will be asked to listen to and understand someone announcing the current date and time. To practice, listen to the message and answer the questions: What is the time of day? What is the date?

To review, see pp. 7–8 and Actividad 12; pp. 14–16 and Actividad 10.

Interpretive

3 LEER You will be asked to read and understand a description of the weather for a given day. To practice, read the weather forecast below. Answer the questions: What is the date? What are the high and low temperatures? What is the weather like?

> *El dos de septiembre*
> *Hoy en San Antonio hace sol. La temperatura máxima es*
> *75 grados y la mínima es 54. No llueve.*

To review, see pp. 18–21 and Actividades 2–6.

Interpretive

4 LEER You will be asked to read a list of school supplies and identify them. To practice, copy the school supply list below onto a sheet of paper. Please note: *un, una* mean "a" or "an." Then look to see whether you have any of the items on your desk right now. Make a check mark next to each item you have.

un cuaderno	un lápiz	una hoja de papel
un bolígrafo	una carpeta	un libro

To review, see p. 10.

1A
¿Qué te gusta hacer?

Country Connections Explorar el mundo hispano

Estados Unidos · España · República Dominicana · México · Puerto Rico · Costa Rica · Colombia · Guinea Ecuatorial · Argentina

CHAPTER OBJECTIVES

Communication

By the end of this chapter you will be able to:

- Listen to and read about activities people like and don't like to do.
- Talk and write about what you and others like and don't like to do.
- Describe your favorite activities and ask others about theirs.

Culture

You will also be able to:

- **Auténtico:** Identify cultural practices in an authentic video about an after-school music program.
- Describe dances and music from the Spanish-speaking world and compare them to dances you know.

- Compare favorite activities of Spanish-speaking teens to those of teens in the United States.

You will demonstrate what you know and can do:

- Presentación oral: A mí me gusta mucho...
- Repaso del capítulo: Preparación para el examen

You will use:

Vocabulary
- Activities
- Expressing likes and dislikes

Grammar
- Infinitives
- Negatives
- Expressing agreement or disagreement

ARTE y CULTURA ⟩ España

Pablo Picasso (1881–1973), one of the best-known Spanish artists of the twentieth century, had a long, productive career creating art in a wide range of styles and forms. He showed remarkable artistic talent as a child and had his first exhibition when he was 13 years old. "Three Musicians" is an example of Picasso's cubist painting style.

▶ Study this painting and list some characteristics that show why this style is known as "cubism."

▶ "Musiciens aux masques / Three Musicians" (1921), Pablo Picasso

Oil on canvas, 6' 7'' X 7'' 3 3/4'. Mrs. Simon Guggenheim Fund, #55.1949. © 2009 Estate of Pablo Picasso/Artists Rights Society (ARS), New York. Photo: © The Museum of Modern Art/Scala/Art Resource, NY.

Patinando en línea,
Barcelona, España

▶ **Videocultura** Amigos y actividades

Vocabulario en contexto

Ana: ¡Hola, Beatriz! ¿Qué te gusta hacer? ¿Te gusta bailar?

Beatriz: ¡Sí! ¡Me gusta mucho bailar! ¿Y a ti, Edgar?

Edgar: A mí no me gusta nada bailar. Me gusta mucho jugar videojuegos. También me gusta practicar deportes. Me gusta esquiar y nadar.

Ana

Beatriz

Edgar

correr

dibujar

nadar

practicar deportes

esquiar

cantar

bailar

escuchar música

Ana: Pues, **no me gusta** jugar videojuegos. **Me gusta** montar en bicicleta **o** en monopatín.

Beatriz: A mí **tampoco** me gusta jugar videojuegos. Edgar, **¿qué te gusta más,** usar la computadora o ver la tele?

Edgar: No me gusta **ni** usar la computadora **ni** ver la tele. ¡Me gusta escribir cuentos!

Ana: **A mí también.** ¡Me gusta mucho escribir!

jugar videojuegos

montar en bicicleta

montar en monopatín

usar la computadora

ver la tele

escribir cuentos

1

¿Te gusta o no te gusta?

ESCUCHAR Luz will say what she likes to do and doesn't like to do. Give a "thumbs-up" sign when you hear her say something she likes to do and a "thumbs-down" sign when she says something she doesn't like to do.

2

Me gusta...

ESCUCHAR Listen to what some people like to do. Point to the picture of the activity each describes.

Amigos en Internet

José y Rosa escriben mensajes en Internet.

 mensajes 08:07 AM

Rosa   José

José — ¡Hola! Me llamo *Amigo del Deporte*. Me gusta **tocar la guitarra** y **patinar**. ¿Y a ti? ¿Qué te gusta hacer?

Rosa — ¿Qué tal, *Amigo del Deporte*? Me llamo *Mucha Música*. Pues a mí me gusta mucho **escuchar música**. También me gusta **pasar tiempo con amigas**. No me gusta **ir a la escuela**.

José — A mí tampoco me gusta ir a la escuela. **¡Me gusta más** practicar deportes!

Rosa — No me gusta nada practicar deportes. Me gusta mucho **hablar por teléfono** y **leer revistas**.

José — Pues, a mí no me gusta leer revistas. Me gusta **trabajar**.

Rosa — ¡Adiós!

3

¿Qué te gusta hacer?

 ESCRIBIR   Lee las oraciones. Escribe *Sí* si la oración es correcta o *No* si es incorrecta.

1. A Rosa le gusta patinar.

2. A José le gusta leer revistas.

3. A Rosa le gusta ir a la escuela.

4. A José le gusta tocar la guitarra.

Videohistoria

Go **Online** to practice **PearsonSchool.com/Autentico**

PEARSON
realize. ™

 AUDIO VIDEO WRITING SCRIPT

Bienvenidos a Codo a Codo

Before You Watch

Using visuals Focus on the images in a video to increase your understanding. Connect each visual with the narration. Look at the photos shown and watch for similar activities in the video.

Complete the Activity

Las actividades Look at the two photos. What volunteer activities are these teens doing? Use the phrase *trabajar de voluntario* and phrases you have just learned to say whether or not you like to do volunteer work.

▶ Watch the Video

What different kinds of activities can you do to help others and still have fun?

Go to **PearsonSchool.com/Autentico** to watch the video *Bienvenidos a Codo a Codo* and to view the script.

After You Watch

 ¿COMPRENDES? Answer the following questions based on your understanding of the video.

1. ¿Qué actividades hay en el video?
2. What is *Codo a Codo*?
3. What can you infer about the purpose of the video?

Pregunta personal Answer these questions to see if you could be a candidate for *Codo a Codo*.

1. ¿Te gusta ver la tele o correr?
2. ¿Qué te gusta más, usar la computadora o pasar tiempo con amigos?
3. ¿Te gusta trabajar y ayudar (*help*)?

OBJECTIVES
▶ Write and talk about activities you and others like and don't like to do
▶ Exchange information while comparing what you like to do
▶ Compare how you spend free time to teenagers in Spain

5

¿Te gusta o no te gusta?

ESCRIBIR Complete the following sentences with one of the activities shown, or with any of the other activities shown on pp. 26–29.

Modelo

*Me gusta **practicar deportes**.*

1. Me gusta ____.

2. No me gusta ____.

3. Me gusta mucho ____.

4. No me gusta nada ____.

5. Me gusta ____.

6. No me gusta ni ____ ni ____.

6

Me gusta o no me gusta

ESCRIBIR Find four activities on pp. 26–29 that you like to do and four that you don't like to do. Copy this chart on your paper and write the activities in the corresponding columns.

Modelo

Me gusta	No me gusta
correr	*cantar*

7

¡A mí también!

HABLAR EN PAREJA Express and exchange personal opinions with a partner. Using the information from Actividad 6, tell your partner three activities that you like to do. Your partner will agree or disagree with you. Follow the model. Then switch roles and repeat the activity.

Videomodelo

A —*Me gusta correr.*
B —*¡A mí también!*
o: —*¡A mí no me gusta!*

ESCRIBIR EN PAREJA Repeat the activity, but send an email to a second student telling them the three activities you like. The second partner will agree or disagree with you. Switch roles and repeat.

También se dice . . .
No me gusta nada = No me gusta para nada *(muchos países)*

¿Qué te gusta hacer?

 HABLAR EN PAREJA Exchange preferences with your partner about activities in everyday life. Ask whether he or she likes doing the activities below. Your partner will answer using one of the two responses shown. Then switch roles and answer your partner's questions.

 Videomodelo

A —*¿Te gusta **montar en monopatín**?*
B —*Sí, me gusta mucho.*
o: —*No, no me gusta nada.*

Estudiante A
¿Te gusta . . . ?

Estudiante B

¡Respuesta personal!

CULTURA ⟩ **El mundo hispano**

Outdoor cafés are popular gathering places throughout the Spanish-speaking world. Friends go there to enjoy a snack or light meal, catch up with one another, or just watch people go by.

Pre-AP Integration: Lifestyles Where do you go to socialize with your friends or to meet new ones? What factors might affect the differences in where and how teens socialize?

 Mapa global interactivo Explore the Plaza Mayor en Salamanca, Spain and describe the surrounding buildings.

En el verano, me gusta pasar tiempo con mis amigos en la ▶
Plaza Mayor de Salamanca, España.

Gramática

OBJECTIVES
▶ Write about and discuss activities
▶ Listen to descriptions of what someone likes to do
▶ Read about, listen to, and write about different types of Latin music

Infinitives

Verbs are words that are most often used to name actions. Verbs in English have different forms depending on who is doing the action or when the action is occurring:

I **walk**, she **walks**, we walk**ed**, etc.

The most basic form of a verb is called the infinitive. In English, you can spot infinitives because they usually have the word "to" in front of them:

to swim, **to** read, **to** write

Infinitives in Spanish, though, don't have a separate word like "to" in front of them. Spanish infinitives are only one word, and always end in *-ar, -er,* or *-ir:*

nad**ar**, le**er**, escrib**ir**

Más recursos ONLINE

▶ *GramActiva* Video
▶ **Tutorial:** Conjugation & Infinitive
▶ **Animated Verbs**
◀)) *Canción de hip hop: Mambo*
✎ *GramActiva* Activity

9

¿Cuál es?

ESCRIBIR   On a sheet of paper, make a chart with three columns for the headings *-ar, -er,* and *-ir.* Then look at these pictures of activities. Write the infinitive for each activity under the corresponding head. Save your chart to use in Actividad 11.

Modelo

-ar	-er	-ir
nadar		

10

Tres papeles

ESCUCHAR   Tear a sheet of paper into three equal parts. Write *-ar* on one piece, *-er* on another piece, and *-ir* on the third piece. You will hear several infinitives. Listen carefully to the endings. Hold up the paper with the ending that you hear.

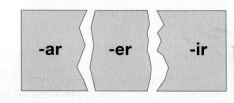

11

El verbo es . . .

ESCRIBIR Here are some verbs in English. Look them up in the English-Spanish glossary at the back of the book and write down the Spanish infinitives on the chart you made in Actividad 9.

> to walk   to live   to eat   to study   to have

It's easy to talk about the things you like to do once you know the infinitive, because you just add the infinitive to *Me gusta.* Try writing this sentence in Spanish: *I like to sleep.*

12

Encuesta: ¿Qué te gusta hacer?

ESCRIBIR, HABLAR EN GRUPO

1 Ask four classmates to tell you two things they like to do (*¿Qué te gusta hacer?*) and two things they don't like to do (*¿Qué no te gusta hacer?*). Record their names and responses on a chart like this one.

2 Work in groups of four. Add up the results of your interviews to see which activities are the most popular and which ones are the least popular.

3 Share your results with the class.

    1. Las actividades más *(most)* populares:

    2. Las actividades menos *(least)* populares:

Modelo

Nombre	Me gusta	No me gusta
Beto	*nadar* *ir a la escuela*	*patinar* *usar la* *computadora*

Actividad	Me gusta	No me gusta
tocar la guitarra	|||	|
cantar	|	|||
trabajar	||	||

13

Escucha y escribe

ESCUCHAR, ESCRIBIR Write the numbers 1–7 on a sheet of paper. You will hear Raúl say seven things that he likes to do. Write them down as he says them. Spelling counts!

¿Recuerdas?

Remember to include any accent marks when you spell a word.

Words that look alike and have similar meanings in English and Spanish are called **cognates** (cognados). Here are examples from this chapter:

Spanish	English
popular	popular
usar	to use
guitarra	guitar
computadora	computer

Try it out! Look at pp. 26–29 and make a list of seven cognates from the vocabulary on those pages.

Strategy

Recognizing cognates
Becoming skilled at recognizing cognates will help you understand what you read and will increase your vocabulary.

CULTURA ‹ República Dominicana

Jaime Antonio González Colson (1901–1975) was an artist from the Dominican Republic. His works usually focused on the people and culture of his homeland.

The *merengue*, the dance shown in this painting, originated in the Dominican Republic in the nineteenth century. One of the instruments used to accompany it is the *güiro* (shown at the top right), made from a gourd and played by scraping it with a stick.

Las maracas, el güiro, la cabassa y las claves son instrumentos típicos de la música del Caribe.

Pre-AP Integration: Visual and Performing Arts What details of the local culture does the artist include in his painting?

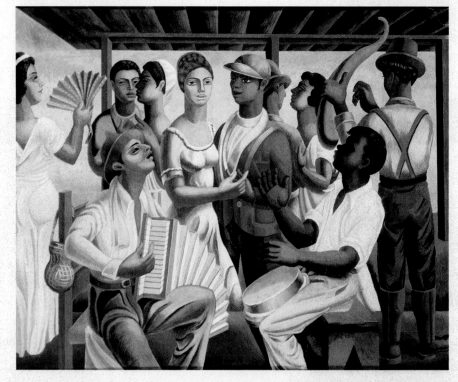

"Merengue" (1937), Jaime Antonio González Colson

El baile y la música del mundo hispano

LEER, ESCUCHAR, ESCRIBIR   Each country in the Spanish-speaking world has distinct musical styles and traditions. Many of the unique rhythms and dances of Spanish-speaking countries are now popular in the United States. This music features instruments such as guitars, violins, accordions, and various types of percussion such as *güiros,* sticks, cymbals, cow bells, and drums. As you read the captions, see how many words you can understand due to their similarity to English words. After you read, your teacher will play examples of each type of music. Listen for the different instruments used.

Conexiones   **La música**

• Reread each of the captions and make a list of seven cognates.
• Make a list of instruments you heard in the different songs. You might need to listen to the music again.

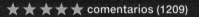

Artículo > Baile latino   ★ ★ ★ ★ ★ comentarios (1209)

En **Argentina, el tango** es muy popular. Es un baile romántico.

En **Puerto Rico, la salsa** es el baile preferido. El ritmo de la salsa es popular en la música de los Estados Unidos también.

En la **República Dominicana,** el baile tradicional es **el merengue.** El merengue tiene muchos ritmos africanos.

El flamenco es un baile típico de **España.** El instrumento más importante en el flamenco es la guitarra.

La cumbia es el baile más famoso de **Colombia.**

Gramática

OBJECTIVES
▶ Read and write about other people's likes and dislikes
▶ Ask and answer questions about activity preferences

Negatives

To make a sentence negative in Spanish, you usually put *no* in front of the verb or expression. In English you usually use the word "not."

No me gusta cantar.	*I do **not** like to sing.*

To answer a question negatively in Spanish you often use *no* twice. The first *no* answers the question. The second *no* says, "I do *not . . . (don't)*." This is similar to the way you answer a question in English.

¿Te gusta escribir cuentos?	*Do you like to write stories?*
No, no me gusta.	*No, I don't.*

In Spanish, you might use one or more negatives after answering *"no."*

¿Te gusta cantar?	*Do you like to sing?*
No, no me gusta **nada**.	*No, I **don't** like it **at all**.*

If you want to say that you do not like either of two choices, use *ni . . . ni:*

No me gusta	*I **don't** like **either***
ni nadar **ni** dibujar.	*swimming **or** drawing.*
	*I like **neither** swimming **nor** drawing.*

¿Recuerdas?

Did you remember that *nada* has another meaning?

> ¿Qué pasa? **Nada.**

In this case, *nada* means "nothing."

Más recursos ONLINE

▶ *GramActiva* Video

▶ Tutorials: Affirmative and Negative, Making a Sentence Negative, Formation of Negative Sentences

✎ *GramActiva* Activity

15

Una persona muy negativa

LEER, ESCRIBIR Fill in the blanks in the dialogue with one of these expressions: *no, nada, tampoco, ni . . . ni.*

Tomás es un nuevo estudiante en la clase y es una persona muy negativa.

Ana: Hola, Tomás. ¿Te gusta escuchar música?

Tomás: No, __1.__ me gusta. ☹

Ana: Pues, ¿qué te gusta más, jugar videojuegos o usar la computadora?

Tomás: No me gusta __2.__ jugar videojuegos __3.__ usar la computadora.

Ana: ¿Te gusta practicar deportes?

Tomás: No, no me gusta __4.__ practicar deportes.

Ana: Pues, Tomás, no me gusta pasar tiempo con personas negativas.

Tomás: ¡A mí __5.__ !

¡No, no me gusta!

HABLAR EN PAREJA Respond to questions about everyday life. Today you feel very negative. With a partner, respond to each question saying that you don't like to do any of these activities.

▶ **Videomodelo**

A —¿Te gusta *jugar videojuegos*?
B —*No, no me gusta jugar videojuegos.*

Estudiante A

Estudiante B

No, no me gusta . . .

17

¿Qué te gusta más?

HABLAR EN PAREJA Ask and respond to questions about everyday life and personal preferences with a partner. Find out what activities your partner likes more. Then switch roles.

Videomodelo

▶

A —¿Qué te gusta más, *nadar* o *esquiar*?
B —*Pues, me gusta más nadar.*
o: —*Pues, no me gusta ni nadar ni esquiar.*

1.

3.

2.

4.

Gramática

OBJECTIVES
▶ Express agreement and disagreement about what you and others like to do
▶ Read and write opinions about activities

Expressing agreement or disagreement

To agree with what a person likes, you use "*a mí también.*"
It's like saying "me too" in English.

Me gusta pasar tiempo con amigos.	*I like to spend time with friends.*
A mí también.	*Me too.*

If someone tells you that he or she dislikes something, you can agree by saying "*a mí tampoco.*" It's like saying "me neither" or "neither do I" in English.

No me gusta nada cantar.	*I don't like to sing at all.*
A mí tampoco.	*Me neither.*

18

¿También o tampoco?

ESCRIBIR EN PAREJA Exchange text messages with a classmate expressing your opinion about free time activities. First, write a list of three things that you like to do and three things that you don't like to do. Tell your partner the activities on your list. Your partner will agree or disagree based upon his or her personal preferences. Follow the model.

Modelo
A —*Me gusta mucho bailar.*
B —*A mí también.*
o:—*Pues, a mí no me gusta nada bailar.*
A —*No me gusta nada cantar.*
B —*A mí tampoco.*
o:—*Pues, a mí me gusta cantar.*

19

Opiniones

LEER, ESCRIBIR Read the opinions of three students on videogames and answer the questions.

1. Who thinks that videogames are neither good nor bad? How often does he or she play videogames?

2. Who likes videogames a lot? With whom does this person play them?

3. Who doesn't like videogames? Why not?

4. ¿A ti te gusta jugar videojuegos?

Jugar videojuegos: ¿bueno o malo¹?

 Alicia
Ni lo uno ni lo otro
Jugar videojuegos no es ni bueno ni malo. Me gusta jugar a veces².

Enrique
¡Es fabuloso!
A mí también me gusta jugar videojuegos. Es fabuloso jugar con mis amigos.

 Sandra
¡Es terrible!
Jugar videojuegos es malo para los ojos³. ¡No me gusta nada!

¹bad ²sometimes ³eyes

Pronunciación   The vowels *a, e,* and *i*

The vowel sounds in Spanish are different from those in English. In Spanish, each vowel has just one sound. Spanish vowels are also quicker and shorter than those in English.

The letter *a* is similar to the sound in the English word *pop*. Listen to and say these words:

andar   cantar   trabajar

hablar   nadar   pasar

The letter *e* is similar to the sound in the English word *met*. Listen to and say these words:

tele   me   Elena   deportes

The letter *i* is similar to the sound in the English word *see*. As you have already seen, the letter *y* sometimes has the same sound as *i*. Listen to and say these words:

sí   patinar   ti

escribir   lápiz   mí

Try it out! Listen to and say this rhyme:

A-E-I   **El perro canta para ti.**

A-E-I   **El tigre baila para mí.**

Try it again, substituting *el gato* for *el perro* and *la cebra* for *el tigre.*

El español en la comunidad

Hispanics in the United States make up approximately 16 percent of the total population and are the fastest-growing minority group. By the year 2050, the Hispanic population is expected to be almost 29 percent of the total U.S. population. Because of this, there are an increasing number of Spanish-language electronic and print media sources—Internet, television, radio, magazines, and newspapers—available throughout the country.

• Make a list of Spanish-language media sources in your community. Try to find local, regional, national, or even international sources, as well as both electronic and print media. If possible, bring in examples. How much can you understand?

These sources will help you improve your Spanish, and you'll learn about Spanish-speaking cultures as well.

OBJECTIVES
▶ Read about favorite activities of some teenagers
▶ Use cognates to figure out new words

Strategy
Using cognates Use what you already know about cognates to figure out what new words mean.

¿Qué te gusta hacer?

Read these fictional posts from four students looking for e-pals. As you read their notes, focus on the key words *me gusta* and the key details of their activity preferences. Think about how their likes and interests compare to yours.

www...

e-pals revista global

GUINEA ECUATORIAL
Pablo, 15 años

❝ Me gusta mucho jugar al vóleibol y al tenis. Me gusta escribir cuentos y también me gusta organizar fiestas con amigos. No me gusta ni jugar videojuegos ni ver la tele. ¡Hasta pronto! ❞.

ESPAÑA
Silvia, 17 años

❝ Me gusta leer revistas, bailar y cantar. Soy fanática de la música alternativa. También me gusta hablar por teléfono con amigos. ¿Y a ti? ¿Qué te gusta hacer? ❞.

PUERTO RICO
Marisol, 14 años

❝ ¿Te gusta practicar deportes y escuchar música? ¡A mí me gusta mucho! También me gusta jugar al básquetbol. ¡Hasta luego! ❞.

COLOMBIA
Daniel, 13 años

❝ Me gusta mucho ver la tele y escuchar música clásica. También me gusta tocar el piano y pasar tiempo con amigos en un café o en una fiesta. ¿Y a ti? ❞.

¿Comprendes?

1. What key words or phrases help you understand what each teen likes to do?

2. Draw a bar graph. Indicate on the graph how many of the four young people like each of these types of activities: *televisión, música, deportes, pasar tiempo con amigos.* Which are the most popular?

3. Of the four students, with whom do you have the most in common?

4. Write a personal message similar to those in the magazine. Use one of them as a model.

La cultura en vivo

¿Te gusta bailar?

Thanks to the worldwide popularity of Latin music, Latin dances have captured the attention of people of all ages. As a result, people all around the United States are learning dances such as the merengue, tango, and salsa. Here is a dance you can learn. It is called the mambo, and it originated in Cuba in the 1940s.

Comparación cultural How is doing the mambo with a partner different from dances you might do? What dances do you know from the United States that are danced with a partner?

Online Cultural Reading

Go to PearsonSchool.com/Autentico ONLINE to read about musical instruments in Spanish and learn how they are grouped in families.

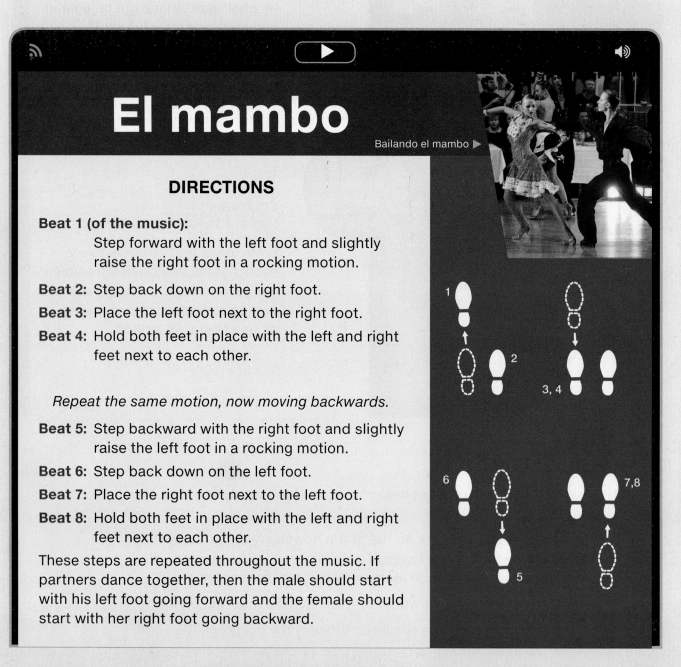

El mambo

Bailando el mambo ▶

DIRECTIONS

Beat 1 (of the music):
> Step forward with the left foot and slightly raise the right foot in a rocking motion.

Beat 2: Step back down on the right foot.

Beat 3: Place the left foot next to the right foot.

Beat 4: Hold both feet in place with the left and right feet next to each other.

Repeat the same motion, now moving backwards.

Beat 5: Step backward with the right foot and slightly raise the left foot in a rocking motion.

Beat 6: Step back down on the left foot.

Beat 7: Place the right foot next to the left foot.

Beat 8: Hold both feet in place with the left and right feet next to each other.

These steps are repeated throughout the music. If partners dance together, then the male should start with his left foot going forward and the female should start with her right foot going backward.

Presentación oral

OBJECTIVES
▶ Talk about your likes and dislikes
▶ Use a diagram to organize your ideas

A mí me gusta mucho. . .

TASK You are a new student at school and have been asked to tell the class a little bit about your likes and dislikes.

Strategy
Creating visuals Making a diagram can help you organize a presentation.

1 Prepare Copy this diagram, then list at least five activities to include in the three different ovals.

Using your list, create a poster or other visual aid to illustrate the three categories and at least five activities. You can use drawings, pictures from magazines, or photos of yourself doing the activities. Make sure that each activity is easy to identify. You will use this visual as part of your presentation.

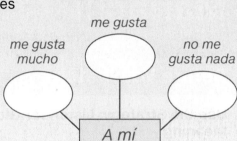

2 Practice Rehearse your presentation with classmates. Use your notes the first time or two, then practice using only the visuals.

> **Modelo** Me gusta mucho. . .
> Me gusta. . .
> No me gusta nada. . .

3 Present Talk about yourself using your visuals. Look at the Evaluation rubric below to know what to emphasize in your presentation. Begin the presentation with your name, and try to:

- use complete sentences
- use visuals to stay focused
- speak clearly

4 Evaluation The following rubric will be used to grade your presentation.

Rubric	Score 1	Score 3	Score 5
How much information you communicate	You mention one detailed example in each category.	You mention four activities and all three categories.	You mention five activities and all three categories.
How easily you are understood	You are difficult to understand and have many patterns of grammatical errors.	You are fairly easy to understand with occasional patterns of grammatical errors.	You are easy to understand and have very few patterns of grammatical errors.
How clearly and neatly your visuals match what you are saying	You include three visuals that clearly connect to activities.	You include four visuals that clearly connect to activities.	You include five visuals that clearly connect to activities.

Auténtico

Partnered with UNIVISION COMMUNICATIONS INC

Conservatorio de Mariachi

Before You Watch

Use the Strategy: Listen for Global Meaning

As you watch the video, don't worry about what every word means. Focus on key words that you understand and also read the key vocabulary to help you get the general idea.

Read this Key Vocabulary

orgullo = pride

echarle ganas = put in effort

raíces mexicanas = Mexican roots

me siento = I feel

comunidad = community

plantar semillitas = plant seeds

▶ Watch the Video

What do you do for fun? What sorts of skills do you need to do that activity? How do you feel when you are doing that activity? Listen for the expression "me siento" and decide what the speaker would like to communicate about his emotions.

Go to **PearsonSchool.com/Autentico** and watch the video *Conservatorio de mariachi* to see how students in a high school get to practice their pastime during the school day.

Complete the Activities

Mientras ves As you watch the video, try to listen and see if you can understand the general meaning of the video. Number the ideas in the order that they occur in the video.

Aprender¹ a ser² un líder.
Es una música tradicional de México.
Ser parte de una familia.
Ofrecer clases de mariachi a la comunidad.

¹to learn
²to be

Integration

Después de ver Review the video as needed to answer the following questions.

1. Write in Spanish the musical activities students learn in the *Conservatorio*.

2. How might the teens from the video answer the question, *¿Qué te gusta hacer?*

3. Throughout the video the word *orgullo* is used to describe students playing mariachi. In the key vocabulary section, the word is defined as pride. Explain why you think the word is used to describe this pastime.

 For more activities, go to the *Authentic Resources Workbook*.

Los pasatiempos

Expansión Find other authentic resources in *Auténtico* online, then answer the question.

 1A Auténtico

Integración de ideas In the authentic resources other types of pastimes are described. Use the resources to write a statement that provides your opinion about the pastimes and to say which of the pastimes you prefer.

Comparación cultural Compare what you like to do with pastimes in Spanish-speaking culture that you have learned about in these resources.

Repaso del capítulo

OBJECTIVES
▶ Review the vocabulary and grammar
▶ Demonstrate you can perform the tasks on p. 47

🔊 Vocabulario

to talk about activities

bailar	to dance
cantar	to sing
correr	to run
dibujar	to draw
escribir cuentos	to write stories
escuchar música	to listen to music
esquiar	to ski
hablar por teléfono	to talk on the phone
ir a la escuela	to go to school
jugar videojuegos	to play video games
leer revistas	to read magazines
montar en bicicleta	to ride a bicycle
montar en monopatín	to skateboard
nadar	to swim
pasar tiempo con amigos	to spend time with friends
patinar	to skate
practicar deportes	to play sports
tocar la guitarra	to play the guitar
trabajar	to work
usar la computadora	to use the computer
ver la tele	to watch television

to say what you like to do

(A mí) me gusta ___.	I like to ___.
(A mí) me gusta más ___.	I like to ___ better. (I prefer to ___.)
(A mí) me gusta mucho ___.	I like to ___ a lot.
A mí también.	I do too.

to say what you don't like to do

(A mí) no me gusta ___.	I don't like to ___.
(A mí) no me gusta nada ___.	I don't like to ___ at all.
A mí tampoco.	I don't (like to) either.

For *Vocabulario adicional,* see pp. 472–473.

to ask others what they like to do

¿Qué te gusta hacer?	What do you like to do?
¿Qué te gusta más?	What do you like better (prefer)?
¿Te gusta ___?	Do you like to ___?
¿Y a ti?	And you?

Gramática

other useful words and expressions

ni . . . ni	neither . . . nor, not . . . or
o	or
pues . . .	well . . .
sí	yes
también	also, too
y	and

Preparación para el examen

Más recursos PearsonSchool.com/Autentico

 Games   Flashcards   Instant check

▶ Tutorials   ▶ *Gram*Activa videos   ▶ Animated verbs

What you need to be able to do for the exam . . .	Here are practice tasks similar to those you will find on the exam . . .	For review go to your print or digital textbook . . .
Interpretive		
1 ESCUCHAR I can listen to and understand a description of what someone likes to do.	Listen to a voice mail from a student looking for a "match-up" to the homecoming dance. a) What are two things this person likes doing? b) What is one thing this person dislikes doing?	**pp. 26–29** *Vocabulario en contexto* **p. 27** *Actividades 1–2* **p. 33** *Actividad 13*
Interpersonal		
2 HABLAR I can talk about myself and what I like and don't like to do and ask the same of others.	You agreed to host a student from the Dominican Republic for a week. What can you tell him or her about yourself in a taped message? Include a brief description of what you like to do. How would you ask the student to tell you something about himself or herself?	**p. 30** *Actividad 7* **p. 31** *Actividad 8* **p. 33** *Actividad 12* **p. 37** *Actividades 16–17* **p. 43** *Presentación oral*
Interpretive		
3 LEER I can read and understand someone's description of himself or herself.	Read this pen pal e-mail from a Spanish-language magazine. What types of things does the person like to do? Does this person have anything in common with you? What is it? **¡Hola! A mí me gusta mucho usar la computadora y tocar la guitarra. No me gusta ni ir a la escuela ni leer. En el verano me gusta nadar y en el invierno me gusta esquiar. ¿Y a ti? ¿Qué te gusta hacer?**	**pp. 26–29** *Vocabulario en contexto* **p. 29** *Actividad 3* **p. 36** *Actividad 15* **p. 38** *Actividad 19* **pp. 40–41** *Lectura, no. 3*
Presentational		
4 ESCRIBIR I can write about myself with a description of things I like and don't like to do.	A school in the Dominican Republic wants to exchange e-mails with your school. Tell your e-pal your name and what you like to do and don't like to do.	**p. 30** *Actividades 5–6* **p. 33** *Actividad 12* **p. 38** *Actividad 18* **p. 41** *¿Comprendes?*
Cultures		
5 EXPLICAR I can demonstrate an understanding of cultural differences regarding dancing.	How would you describe the Latin dances that have become popular in the United States? With what countries do you associate each dance? With what type of music or rhythms do you associate each dance?	**p. 34** *Fondo cultural* **p. 35** *Actividad 14* **p. 42** *La cultura en vivo*

CAPÍTULO 1B
Y tú, ¿cómo eres?

Texas
Cuba
República
Dominicana
Puerto Rico
México
Guatemala
Nicaragua
Ecuador
Colombia
Perú
Bolivia

CHAPTER OBJECTIVES

Communication

By the end of this chapter you will be able to:

- Listen to and read descriptions of others.
- Talk and write about your personality traits.
- Describe your personality to others.

Culture

You will also be able to:

- **Auténtico**: Identify cultural practices in an authentic video about personality traits.
- Compare cultural perspectives on friendship.

You will demonstrate what you know and can do:

- Presentación escrita: Amigo por correspondencia
- Repaso del capítulo: Preparación para el examen

You will use:

Vocabulary

- Personality traits
- Expressing likes and dislikes

Grammar

- Adjectives
- Definite and indefinite articles
- Word order: Placement of adjectives

ARTE y CULTURA ▶ México

Frida Kahlo (1907–1954) is one of the best-known Mexican painters. In spite of a childhood illness, a crippling traffic accident, and many hospital stays throughout her life, Kahlo was a successful painter and led a very active social life. She used her artwork as an outlet for her physical and emotional suffering.

▶ Frida Kahlo painted over fifty self-portraits. What is she saying about herself through this painting?

 Mapa global interactivo Explore the Tlateloco *barrio* of Mexico City and the Blue House where Frida lived, and examine connections with her art.

"Autorretrato con mono" (1938), Frida Kahlo ▶

Oil on masonite, 16 X 12 inches. Courtesy of Albright-Knox Art Gallery, Buffalo, NY. Bequest of A. Conger Goodyear, 1966. © 2009 Banco de México, Diego Rivera & Frida Kahlo Museums Trust, México, D.F./Artists Rights Society (ARS), New York.

Un grupo de amigos,
San Juan del Sur, Nicaragua

▶ **Videocultura** Amigos y actividades

Vocabulario en contexto

" Me llamo Sarita. **¿Cómo soy?** Pues, **yo soy** deportista y artística. También soy **muy** desordenada.

¿Y el chico? ¿Cómo se llama? Se llama Marcos. **Es mi amigo.**
¿Cómo es? Es ordenado y no es perezoso. **A veces él** no es muy **paciente**, y no es deportista. **No le gusta** nada practicar deportes "

impaciente

talentoso

atrevida

deportista

inteligente

estudiosa

graciosa

artística

"
La chica es **mi amiga** Sarita. **Ella** es muy inteligente y **le gusta** estudiar. También es graciosa y **simpática**. **Según** ella, soy trabajador y estudioso. Pero **según mi familia**, ¡soy perezoso! ¿Y tú? **¿Cómo eres?** "

Más vocabulario
reservado, -a = reserved

ordenado

trabajador

desordenado

perezoso

1

¿Marcos o Sarita?

🔊 ESCUCHAR Listen to each word. If a word describes Sarita, turn your head to look to the right. If a word describes Marcos, turn your head to look left.

2

¿Cómo es?

🔊 ESCUCHAR Listen to how people describe themselves. Point to the picture each adjective describes.

🔊 Las dos amigas

Jessica: Hola, Mariana. ¿Cómo estás?

Mariana: ¡Muy bien, gracias! Jessica, **eres** una chica muy simpática. ¿También eres muy **buena** estudiante?

Jessica: Sí. Me gusta ir a la escuela. ¡Soy muy estudiosa!

Mariana: Y, ¿cómo se llama tu profesor de inglés?

Jessica: Mi profesor es el señor Santos. No es sociable, es muy serio. **Pero** también es paciente. ¿Cómo es tu profesor?

Mariana: Mi profesora es la señora Brown. Es muy sociable y simpática, pero también es muy estricta.

Jessica: Mariana, ¿eres trabajadora?

Mariana: Sí, Jessica. Soy trabajadora. Pero **no soy** seria, ¡soy graciosa!

Jessica   Mariana

serio

sociable

3

¿Cómo es?

 ESCRIBIR   Contesta a cada una de las siguientes preguntas.

1. ¿Cómo es el señor Santos?
   a. Él es sociable.
   b. Él es serio.

2. ¿Cómo es la señora Brown?
   a. Ella es trabajadora.
   b. Ella es simpática.

3. ¿Cómo es Jessica?
   a. Ella es muy estudiosa.
   b. Ella es paciente.

4. ¿Cómo es Mariana?
   a. Ella es seria.
   b. Ella es graciosa.

Videohistoria

¿Cómo eres?

Before You Watch

Listening for key information What details would you include in a description of yourself? As you watch the video, listen for key details that each person uses to describe themselves.

Complete the Activity

¿Cómo eres? Describe tu personalidad con tres palabras.

▶ Watch the Video

What teens will apply to *Codo a Codo?* What are their interests? What are they like?

Go to **PearsonSchool.com/Autentico** to watch the video *¿Cómo eres?* and to view the script.

Ximena   Camila

Valentina

Mateo

Sebastián

After You Watch

 ¿COMPRENDES? Answer the following questions about the characters based on key details in the video.

Mateo, Camila, Ximena, Sebastián, Valentina

1. Read the sentences and indicate which character is being described.

   a. Es atrevido, sociable y paciente.
   b. No es paciente pero es curioso(a).
   c. Es inteligente y trabajador(a).
   d. Es deportista, sociable y gracioso(a).
   e. Es deportista, serio(a) y trabajador(a).

2. Según Ximena, uno de los chicos es gracios(a). ¿Quién es?

3. A uno de los chicos le gusta cantar y tocar la guitarra. ¿Quién es?

Pregunta personal Which video character interests you the most based on their personal descriptions? Why?

5

¿Cómo es el chico o la chica?

ESCRIBIR Choose the correct word to describe each of the people in the pictures.

Modelo:

El chico es
(*impaciente*/estudioso).

1. La chica es
(reservada/artística).

2. El chico es
(gracioso/perezoso).

3. La chica es
(reservada/deportista).

4. El chico es
(desordenado/atrevido).

5. La chica es
(artística/atrevida).

6. La chica es
(estudiosa/desordenada).

6

Mi amigo José

ESCRIBIR Maritza is talking about her friend José. Read the sentences, then choose the appropriate word to fill in each blank.

Modelo

No es un chico impaciente. Es muy **paciente**.

1. Le gusta mucho practicar deportes. Es ___.

2. A veces no es serio. Es un chico ___.

3. Le gusta pasar tiempo con amigos. Es muy ___.

4. No es un chico ordenado. Es ___.

5. Le gusta ir a la escuela. Es ___.

6. No es perezoso. Es un chico muy ___.

7. Es simpático. Es un amigo muy ___.

trabajador	estudioso
paciente	desordenado
gracioso	bueno
deportista	sociable

Gramática

OBJECTIVES
▶ Write about and discuss what you and others are like
▶ Describe your personality
▶ Read and write a self-descriptive poem

Go Online to practice
PEARSON realize™

PearsonSchool.com/Autentico

WRITING

Adjectives

Words that describe people and things are called adjectives (*adjetivos*).

Masculine	Feminine
ordenad**o**	ordenad**a**
trabajad**or**	trabajad**ora**
pacient**e**	pacient**e**
deportist**a**	deportist**a**

- In Spanish, most adjectives have both masculine and feminine forms. The masculine form usually ends in the letter -*o* and the feminine form usually ends in the letter -*a*.

- Masculine adjectives are used to describe masculine nouns.

  Marcos es ordenad**o** y simpátic**o**.   *Marcos is organized and nice.*

- Feminine adjectives are used to describe feminine nouns.

  Marta es ordenad**a** y simpátic**a**.   Marta is organized and nice

- Adjectives that end in -*e* describe both masculine and feminine nouns.

  Anita es inteligent**e**.   *Anita is smart.*
  Pedro es inteligent**e** también.   *Pedro is also smart.*

- Adjectives whose masculine form ends in -*dor* have a feminine form that ends in -*dora*.

  Juan es trabajad**or**.   *Juan is hardworking.*
  Luz es trabajad**ora**.   *Luz is hardworking.*

- Some adjectives that end in -*a*, such as *deportista*, describe both masculine and feminine nouns. You will need to learn which adjectives follow this pattern.

  Tomás es deportist**a**.   *Tomás is sports-minded.*
  Marta es deportist**a** también.   *Marta is also sports-minded.*

Más recursos   ONLINE

- ▶ *GramActiva* Video
- ▶ **Tutorials:** Adjectives, Adjective clauses
- 🔊 *Canción de hip hop:* ¿*Cómo soy yo?*
- ✏ *GramActiva* Activity

7

Roberto y Yolanda

ESCRIBIR Copy the Venn diagram on a sheet of paper. Which words from the list below could only describe Roberto? Write them in the oval below his name. Which words could only describe Yolanda? Write them in the oval below her name. Which words could describe either Roberto or Yolanda? Write them in the overlapping area.

artístico	deportista
graciosa	simpático
ordenada	perezosa
serio	talentosa
atrevida	estudiosa
impaciente	inteligente
paciente	reservado
sociable	trabajador

Modelo

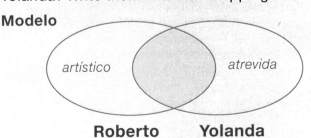

artístico   atrevida

Roberto   Yolanda

¿Cómo es Paloma?

 HABLAR EN PAREJA Work with a partner to ask and answer questions to describe the people shown below.

 Videomodelo

Paloma
A —¿*Cómo es* **Paloma**?
B —*Paloma es* **trabajadora**.

 1. Elena

 3. Felipe

 5. Jaime

 2. Marcos

 4. Juan

 6. Gloria

Juego

 HABLAR EN PAREJA Choose an adjective and act it out for a small group or the class. The other students take turns asking you questions. The first to ask a question with the correct adjective (in the correct form) gets to do the next charade.

 Videomodelo

A —¿*Eres* **ordenada**?
B —*Sí, soy* **ordenada**.
o: —*No, no soy* **ordenada**.

Yo soy . . .

 ESCRIBIR Make a chart like the one below. Write at least two adjectives in each column to say what you are like and are not like. Include *muy* and *a veces* when they are appropriate. Save your work to use in later activities.

Modelo

Soy	No soy
estudiosa	*perezosa*
muy trabajadora	*impaciente*
deportista	

Go **Online** to practice

PearsonSchool.com/Autentico

PEARSON
realize.

VIDEO

WRITING

SPEAK/RECORD

11

¿Eres estudioso(a)?

HABLAR EN PAREJA, ESCRIBIR Use your chart from Actividad 10. Talk with your partner about your personality traits. Take notes on what your partner tells you. Make another two-column chart, but with the headings *Es* and *No es*. Fill it in with information about your partner. You will use this chart in the next activity.

Videomodelo

A —*¿Cómo eres?*

B —*Soy estudiosa y muy trabajadora. También soy deportista. ¿Y tú?*

A —*Soy artístico. Según mis amigos, soy talentoso. No soy perezoso.*

12

Mi amigo(a)

ESCRIBIR, HABLAR EN GRUPO Use the information from the previous activity to write a short description of yourself and your partner. Read your description to a small group or the class.

Modelo

Me llamo Luisa. Soy estudiosa y trabajadora. Y soy deportista. Mi amiga se llama Susana. Ella es simpática. También es deportista y trabajadora.

Exploración del lenguaje ⟨ Cognates that begin with es + consonant

Many words in Spanish that begin with *es* + consonant are easy to understand because they have the same meaning as English words. Knowing this pattern helps you recognize the meaning of new Spanish words and learn them quickly.

Try it out! Look at these words, then cover up the *e* at the beginning. Name the English words that come from the same root word.

estudiante	**es**tudioso
escuela	**es**pecial
esquiar	**es**tómago
estricto	**es**cena

Es muy estudioso.
Le encanta estudiar.

Capítulo 1B • cincuenta y siete **57**

13

¿Qué te gusta hacer?

 HABLAR EN PAREJA Trabaja con otro(a) estudiante. Pregunta y contesta según el modelo. Luego, escribe una lista de las actividades que le gusta hacer a tu compañero(a) *(classmate)*.

Videomodelo

A —¿Te gusta **correr**?
B —Sí, soy **deportista**.
o: —No, no soy **deportista**.
o: —Sí, pero no soy muy **deportista**.

Estudiante A   **Estudiante B**

 CULTURA **El mundo hispano**

Simón Bolívar (1783–1830) liberated the territory that is now Venezuela, Colombia, Ecuador, Peru, and Bolivia from Spanish rule. A daring military commander and statesman, Bolívar is revered in South America as *el Libertador* (the Liberator).

Pre-AP Integration: Heroes and Historical Figures
Compare Bolivar's role to that of another historical leader. What effect would liberation from Spain have had on the people in these South American countries?

Mapa global interactivo Explore the capital cities of Venezuela, Colombia, Ecuador, Peru, and Bolivia, and the routes between the cities, and reflect on the vastness of the territory that Bolívar covered on horseback.

"Simón Bolívar" (siglo xix), Anónimo ▶
Chromolitho. Private Collection / Archives Charmet / Bridgeman Art Library.

58 cincuenta y ocho • Tema 1 • Mis amigos y yo

14

El poema "Soy Elena"

 LEER, ESCRIBIR The following poem is called a *poema en diamante*. Can you guess why? After you've read the poem, answer the questions.

Conexiones ⟨ **La literatura**

Soy Elena

En general, soy

reservada y ordenada.

A veces, soy atrevida,

graciosa o impaciente.

No soy ni deportista

ni artística.

¡Yo soy yo!

1. Look for key words in the poem that describe Elena. Which of the following activities would you invite Elena to do based on her description of herself?

    dibujar   montar en monopatín   escuchar música

2. Rewrite the poem replacing *Soy Elena* with *Soy Tomás*.

15

Y tú, ¿qué dices?

 ESCRIBIR Write *un poema en diamante* about yourself. Choose adjectives that best describe you. Look back at Actividad 10 for some ideas. Substitute your adjectives in the poem above. Be sure to write the poem in the form of a diamond. You might want to use calligraphy or an appropriate font on the computer and add pictures to illustrate your work.

Gramática

Definite and indefinite articles

El and *la* are called definite articles and are the equivalent of "the" in English. *El* is used with masculine nouns; *la* is used with feminine nouns. You've already seen words with definite articles:

el libro	*the book*
la carpeta	*the folder*

Un and *una* are called indefinite articles and are the equivalent of "a" and "an" in English. *Un* is used with masculine nouns; *una* is used with feminine nouns:

un libro	*a book*
una carpeta	*a folder*

el	the
la	the

un	a, an
una	a, an

Más recursos ONLINE

▶ *GramActiva* Video

▶ **Tutorial:** Definite and Indefinite Articles

✎ *GramActiva* Activity

16

¿El o la?

 ESCUCHAR Write the word *el* in large letters on a sheet of paper or an index card. Write *la* in large letters on another sheet. You will hear eight words you already know. When you hear a masculine word, hold up the paper with *el*. When you hear a feminine word, hold up the paper with the word *la* on it.

el	*la*

17

¿Qué es?

HABLAR EN PAREJA Tell your partner the names of the things pictured below.

Videomodelo
A —¿Qué es?
B —Es un brazo.

1

2

3

4

5

6

7

8

18

La escuela de Diego

ESCRIBIR Diego is talking about people at his school. Read the sentences and complete each one with *un* or *una*.

1. La Sra. Secada es ___ profesora simpática.

2. Alicia es ___ estudiante trabajadora.

3. Juan Carlos es ___ chico perezoso.

4. Germán es ___ chico sociable.

5. El Sr. Guzmán es ___ profesor gracioso.

6. Adriana es ___ chica muy seria.

7. La Srta. Cifuentes es ___ profesora paciente.

8. Arturo es ___ estudiante talentoso.

Pronunciación   The vowels *o* and *u*

In Spanish, the pronunciation of the letter *o* is similar to the vowel sound in the English word "boat" but is always cut very short. Say these words, concentrating on making a short *o* sound.

bolígrafo	gracioso	cómo
teléfono	tampoco	otoño

In Spanish, the pronunciation of the letter *u* is similar to the vowel sound in the English word "zoo." Say these words.

mucho	lunes	usted
octubre	estudioso	según

¡Ojo! Careful! Sometimes the words we mispronounce most are the ones that remind us of English words.

El mundo

Try it out! Pronounce these words, concentrating on the Spanish vowel sounds:

agosto	regular	tropical	música
gusto	universidad	Uruguay	Cuba

Gramática

OBJECTIVES
▶ Write about and describe yourself and others
▶ Listen to and write a description of three teens

Word order: Placement of adjectives

In Spanish, adjectives usually come after the noun they describe. Notice how *artística* follows *chica* in the Spanish sentence.

> Margarita es **una chica artística**.
>
> *Margarita is **an artistic girl**.*

Did you notice that in the English sentence the adjective comes before the noun?

Here's a simple pattern you can follow when writing a sentence in Spanish.

¿Recuerdas?

To make a sentence negative you place the word *no* before the verb.

• Eduardo **no es** un chico serio.

• **No** me gusta jugar videojuegos.

Subject	Verb	Indefinite Article + Noun	Adjective
Margarita	es	una chica	muy artística.
Pablo	es	un estudiante	inteligente.
La Sra. Ortiz	es	una profesora	muy buena.

Más recursos ONLINE

▶ **Tutorial:** Position of Adjectives

19

Frases desordenadas

ESCRIBIR Rewrite these scrambled words to create a sentence. Follow the "building-blocks" pattern above and be sure to add a period at the end of each sentence.

Modelo
perezoso Antonio es chico un
Antonio es un chico perezoso.

1. artística es una chica Marina

2. es un Tito perezoso chico

3. deportista chica una es Paquita

4. Marcos chico un es reservado no

5. chico no Rafael es estudioso un

6. no una Teresa chica es inteligente

20

Escucha y escribe

ESCUCHAR, ESCRIBIR You will hear a description of Arturo, Marta, and Belinda. Write what you hear.

Go **Online** to practice | PearsonSchool.com/Autentico

PEARSON realize™

AUDIO   VIDEO   WRITING   SPEAK/RECORD

¿Cómo es . . . ?

 HABLAR   You are sitting in your school cafeteria with a new exchange student from Costa Rica. Describe the other students based on their activities.

Modelo
Emilia es una chica talentosa.

Felipe

Emilia

Corina   Lilia   Lucía

Carmen

Y tú, ¿qué dices?

ESCRIBIR, HABLAR

1. Según tu familia, ¿cómo eres?
2. Según tu mejor *(best)* amigo(a), ¿cómo eres?
3. Y tú, ¿cómo eres?

El español en el mundo del trabajo

*Paciente,
inteligente,
trabajador,
ordenado. . .*

These four qualities will make you a good candidate for any job. And if you add *bilingüe* to the list, your job qualifications will be enhanced.

Make a list of careers in which your knowledge of Spanish would be an asset. Which of these careers are of interest to you?

Job Search

Apply Online   Add to My Job Cart

Job Description: Bilingual Paralega
Seeking college graduate with high GPA and excellent oral/written communication skills for paralegal position. Native English/Spanish or Spanish fluency preferred

Lectura

OBJECTIVES

▸ Read and understand an article about personality traits

▸ Use visual clues to understand new words

▸ Learn how a Mayan item of clothing represents family and community

Strategy

Using visual clues to get meaning You have not yet learned the Spanish words for colors, but see if you can figure out what they are from the visual clues in the article.

Un *self-quiz*

¿Hay una relación entre los colores y la personalidad? Según un *self-quiz* de la revista *Amigos,* tus colores favoritos revelan perfectamente cómo eres.

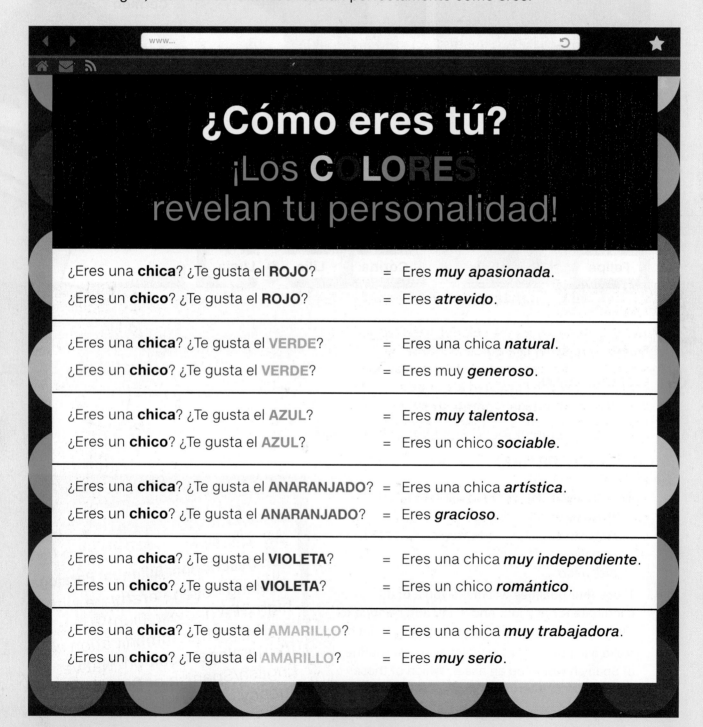

¿Cómo eres tú?
¡Los COLORES revelan tu personalidad!

¿Eres una **chica**? ¿Te gusta el **ROJO**?	= Eres *muy apasionada*.
¿Eres un **chico**? ¿Te gusta el **ROJO**?	= Eres *atrevido*.
¿Eres una **chica**? ¿Te gusta el **VERDE**?	= Eres una chica *natural*.
¿Eres un **chico**? ¿Te gusta el **VERDE**?	= Eres muy *generoso*.
¿Eres una **chica**? ¿Te gusta el **AZUL**?	= Eres *muy talentosa*.
¿Eres un **chico**? ¿Te gusta el **AZUL**?	= Eres un chico *sociable*.
¿Eres una **chica**? ¿Te gusta el **ANARANJADO**?	= Eres una chica *artística*.
¿Eres un **chico**? ¿Te gusta el **ANARANJADO**?	= Eres *gracioso*.
¿Eres una **chica**? ¿Te gusta el **VIOLETA**?	= Eres una chica *muy independiente*.
¿Eres un **chico**? ¿Te gusta el **VIOLETA**?	= Eres un chico *romántico*.
¿Eres una **chica**? ¿Te gusta el **AMARILLO**?	= Eres una chica *muy trabajadora*.
¿Eres un **chico**? ¿Te gusta el **AMARILLO**?	= Eres *muy serio*.

¿Comprendes?

1. You were probably able to understand the meaning of most of the unknown key words in the quiz. What is the English meaning that you can infer for these Spanish cognates in the reading?

   - revelan
   - generoso
   - natural
   - apasionada
   - independiente
   - romántico

2. According to the "self-quiz," what should be the favorite colors of these teenagers?

   a. A Beto le gusta estar con amigos.

   b. A Margarita le gusta dibujar.

   c. A Lorenzo le gusta el trabajo voluntario.

   d. A Lupe le gusta estudiar. Es muy seria.

   e. A Isabel le gusta estar con amigos, pero también le gusta estar sola *(alone)*.

3. Which of the colors in this reading best matches your personality? Why?

   Modelo
   Amarillo: *Soy una chica trabajadora. Me gusta ir a la escuela.*

CULTURA ⟩ Guatemala • México

Huipil is the word for the colorful, hand-woven blouse worn by female descendants of the Maya. The color, design, and style of weaving are unique to each *huipil* and identify the background and specific village of the weaver. Hundreds of designs and styles of weaving have been identified in the Mayan regions, which are located principally in Guatemala and parts of Mexico.

Pre-AP Integration: National and Ethnic Identities What does choosing to wear a "huipil" today say about a person's connection to their national identity?

Una mujer de Guatemala con huipil ▶

Perspectivas del mundo hispano

¿Qué es un amigo?

Un amigo

Marcos, a Costa Rican student on an exchange program in the United States writes:

" When I arrived in the United States, I was amazed at all the friends my host brother and sister had. They knew a lot of people. These friends came to the house frequently, and we went out in groups. People were very open when meeting me. We'd spend some time together and get to know each other in a short amount of time. And once you got to know them, you ended up talking about everything! "

Brianna, a United States student on an exchange program in Colombia writes:

" After I spent my year in Colombia, I learned that the concept of friendship is a little different than in the United States. My host brother and sisters spent a lot of time with their family. They knew people at school and from after-school activities, but they had just a few close friends and we'd do things with them. It was definitely a smaller group than I was used to. It seems that it took longer to become close friends with people too. "

In Spanish, two expressions are used frequently to describe friendly relationships: *un amigo,* which means "friend," and *un conocido,* which means "acquaintance." You already know the word *amigo. Conocido* comes from the verb *conocer,* which means "to meet." Each expression implies a different type of relationship.

Explicar In many Spanish-speaking countries you'll find lots of expressions for someone who is your friend: *hermano, cuate (México), amigote (España),* and *compinche (Uruguay, Argentina, España).*

Actividad Write an email in Spanish to greet a friend in your class. Use one of these expressions.

Comparación cultural Compare how the United States perspective on friendship is different from that of a Spanish-speaking country. Use the terms *amigo* and *conocido* as you make the comparison.

Online Cultural Reading

Go to PearsonSchool.com/Autentico ONLINE to read and understand information about students from Texas.

Presentación escrita

OBJECTIVES
▸ Write an e-mail introduction
▸ Apply the steps of the writing process

✎ Amigo por correspondencia

TASK Write an e-mail in which you introduce yourself to a new classmate using culturally appropriate register and style.

1 Prewrite To think about and organize the information you want to give, answer these questions:

- ¿Cómo te llamas?
- ¿Qué te gusta hacer?
- ¿Cómo eres?
- ¿Qué no te gusta hacer?

Strategy
Using the writing process To create your best work, follow each step in the writing process.

2 Draft Write a first draft of your e-mail answering the questions above. Decide if you will use *tú* or *usted.* Begin by introducing yourself: *¡Hola! Me llamo . . . .* End with *Escríbeme pronto.* ("Write to me soon.")

Modelo

¡Hola! Soy Pati. Soy atrevida y muy deportista. Me gusta mucho nadar y correr, pero me gusta más esquiar. ¡No me gusta nada jugar videojuegos! Escríbeme pronto y dime qué actividades te gusta y no te gusta hacer.

3 Revise Revise your first draft and share it with a partner. Ask yourself:

- Is it well organized?
- Does it answer the Prewrite questions?
- Are the spelling and adjective forms correct?
- Did you include the opening and the closing?

Decide whether or not to use your partner's suggestions and rewrite your draft.

4 Publish Type up your e-mail. Send it or print it for a classmate to answer.

5 Evaluation The following rubric will be used to grade your e-mail.

Rubric	Score 1	Score 3	Score 5
Completion of task	You provide some of the required information.	You provide most of the required information.	You provide all of the required information.
Following the writing process	You provide only the prewrite questions.	You provide the prewrite questions and rough draft.	You provide the prewrite, rough draft, and final product.
Using adjectives correctly	You use only one adjective with grammar errors.	You use two adjectives with some grammar errors.	You use more than two adjectives with very few grammar errors.

Auténtico

Nataliz te da tres tips prácticos

Before You Watch

Use the Strategy: Use Background Knowledge to Increase Understanding

Think about ways that people might describe themselves in an audition, interview, or other similar situation. What are important personality traits to share? Do you think the importance of traits differs between cultures?

Read this Key Vocabulary

audición = audition   **concurso** = contest

bonita = pretty   **resaltar** = to standout, to highlight

bella = beautiful   **sueño** = dream

por dentro y por fuera = inside and out

▶ Watch the Video

Reporter Nataliz Jiménez gives three practical tips to help contestants highlight their personality traits during an audition for *Nuestra Belleza Latina,* a beauty pageant and reality show on Spanish television.

Go to **PearsonSchool.com/Autentico** and watch the video ***Nataliz Jiménez te da tres tips prácticos para poder resaltar tu personalidad en las audiciones*** to learn how you can highlight your personality in an interview, an audition, or any other presentation.

Complete the Activities

Mientras ves As you watch the video, listen for the following descriptive words and indicate the personality traits that Nataliz presents in her three tips. Which word does she repeat in each tip? Based on what you know about beauty pageants, why would this be an important trait to highlight?

tranquila	nerviosas
famosa	bella
bonitas	desordenado
tímida	fabulosas
diferente	práctico

¡SUSCRÍBETE YA! Tube

UNIVISION®
COMMUNICATIONS INC

Integration

Después de ver Answer the questions to demonstrate your understanding of the video and to identify cultural practices related to personal presentation.

1. ¿Cómo es Nataliz Jiménez? Usa tres adjetivos para describir a Nataliz.

2. Why does Nataliz NOT recommend describing yourself as beautiful on the inside and out, or as a fighter?

3. What strategies do you use to prepare for an important audition or interview? Compare your strategies to what Nataliz recommends.

 For more activities, go to the *Authentic Resources Workbook.*

Definiciones de la identidad y la belleza

Expansión Find other authentic resources in *Auténtico* online, then answer the questions.

 1B Auténtico

Integración de ideas How might we describe ourselves and present ourselves differently in different situations? In different cultures?

Comparación cultural Compare adjectives used in the resources to define *belleza latina* with adjectives that you use to define beauty.

Repaso del capítulo

OBJECTIVES
▶ Review the vocabulary and grammar
▶ Demonstrate you can perform the tasks on p. 71

🔊 Vocabulario

to talk about what you and others are like

artístico, -a	artistic
atrevido, -a	daring
bueno, -a	good
deportista	sports-minded
desordenado, -a	messy
estudioso, -a	studious
gracioso, -a	funny
impaciente	impatient
inteligente	intelligent
ordenado, -a	neat
paciente	patient
perezoso, -a	lazy
reservado, -a	reserved, shy
serio, -a	serious
simpático, -a	nice, friendly
sociable	sociable
talentoso, -a	talented
trabajador, -ora	hardworking

to ask people about themselves or others

¿Cómo eres?	What are you like?
¿Cómo es?	What is he / she like?
¿Cómo se llama?	What's his / her name?
¿Eres . . . ?	Are you . . . ?

to talk about what someone likes or doesn't like

le gusta . . .	he / she likes . . .
no le gusta . . .	he / she doesn't like . . .

to describe someone

soy	I am
no soy	I am not
es	he / she is

to tell whom you are talking about

el amigo	male friend
la amiga	female friend
el chico	boy
la chica	girl
él	he
ella	she
yo	I

other useful words

a veces	sometimes
muy	very
pero	but
según	according to
según mi familia	according to my family

Gramática

adjectives

Masculine	Feminine
ordenado	ordenada
trabajador	trabajadora
paciente	paciente
deportista	deportista

definite articles

el	the
la	the

indefinite articles

un	a, an
una	a, an

For *Vocabulario adicional,* see pp. 472–473.

Preparación para el examen

What you need to be able to do for the exam . . .	Here are practice tasks similar to those you will find on the exam . . .	For review go to your print or digital textbook . . .

Interpretive

1 ESCUCHAR I can listen to and understand a description of a friend.

Listen as a character in a Spanish soap opera describes his ex-girlfriend. What does he think her good qualities are? What does he think her shortcomings are? Can you understand why he broke up with her?

pp. 50–53 *Vocabulario en contexto*
p. 57 Actividades 11–12
p. 62 Actividad 20

Interpersonal

2 HABLAR I can talk about myself in terms of how I see myself.

While you're talking to your Spanish teacher, you realize that she doesn't know the "real you." Tell her some things about yourself that would help her understand you.

pp. 50–53 *Vocabulario en contexto*
p. 56 Actividad 9
p. 57 Actividad 11
p. 58 Actividad 13
p. 63 Actividad 22

Interpretive

3 LEER I can read and understand a description of someone.

In a popular Spanish magazine, you see an interview with the actor who plays the part of a teenager, Carlos, in a TV show you have been watching. See if you can understand what he is saying about the character he plays:

¡No me gusta nada el chico! Él es muy inteligente, pero le gusta hablar y hablar de NADA. Es ridículo. Es muy impaciente y perezoso. Él no es ni simpático ni gracioso. Yo soy un actor . . . ¡no soy como Carlos!

pp. 50–53 *Vocabulario en contexto*
p. 59 Actividad 14
pp. 64–65 *Lectura*

Presentational

4 ESCRIBIR I can write a short paragraph describing myself.

The first issue of your school's online newspaper is called "Getting to Know You." Submit a brief profile of yourself. Mention what your family thinks of you and list some things you like to do. For example:

Yo soy una chica deportista y muy sociable. Según mi familia, soy graciosa. Me gusta patinar y hablar por teléfono.

pp. 56–57 Actividades 10–12
p. 59 Actividad 15
p. 63 Actividad 22
p. 67 *Presentación escrita*

Cultures

5 Comparar I can demonstrate an understanding of cultural perspectives on friendship.

Explain the differences between the terms *amigo* and *conocido* in Spanish-speaking cultures. How does this compare to words that we use in the United States?

p. 66 *Perspectivas del mundo hispano*

CAPÍTULO 2A
Tu día en la escuela

Country Connections Explorar el mundo hispano

España
México
Costa Rica
Colombia
Argentina

CHAPTER OBJECTIVES

Communication

By the end of this chapter you will be able to:

- Listen to and read descriptions of school subjects and schedules.
- Talk and write about classes, school activities, and likes and dislikes.
- Exchange information while explaining what classes and activities you and friends have in common.

Culture

You will also be able to:

- **Auténtico:** Identify cultural practices listened to in an authentic audio about school subjects.
- Compare your school day with those of students in Spanish-speaking countries.

- Compare sports and attitudes towards sports in the Spanish-speaking world and the United States.

You will demonstrate what you know and can do:

- Presentación oral: Mis clases
- Repaso del capítulo: Preparación para el examen

You will use:

Vocabulary

- School subjects and schedules
- School supplies
- Class descriptions

Grammar

- Subject pronouns
- Present tense of -ar verbs

ARTE y CULTURA ‹ United States

Xavier Cortada (1964-) is a Cuban–American painter born in Albany, New York. He now resides in Miami, Florida. His works have been exhibited around the world in prestigious museums and galleries. Cortada is also a social and environmental activist and writer. His artwork is known for being environmentally oriented and for creating social awareness.

▸ Based upon the painting, how could you describe Cortada's style?

Protecting America's Children: A National Message Mural (2005), Xavier Cortada ▸
Private Collection/Bridgeman Images

Go **Online** to practice

PEARSON
realize™

PearsonSchool.com/Autentico

 AUDIO
 VIDEO
 WRITING
 SPEAK/RECORD
 MAPA GLOBAL
 AUTÉNTICO
 FLASCHARDS
 ETEXT 2.0
 GAMES

Unos estudiantes,
San Cristóbal de las Casas, México

Videocultura Los uniformes escolares

Vocabulario en contexto

" Me gusta mucho mi **horario.** En la primera hora, **tengo la clase de** español . . . ¡es mi clase **favorita!** Es **interesante** y **práctica.** Pero a veces es **difícil** "

1 primera hora

español

2 segunda hora

arte

3 tercera hora

educación física

4 cuarta hora

el almuerzo

5 quinta hora

ciencias naturales

6 sexta hora

ciencias sociales

7 séptima hora

tecnología

8 octava hora

matemáticas

9 novena hora

inglés

" Tengo **más tarea** en la clase de matemáticas **que** en la clase de inglés. **Para** la clase de matemáticas **necesito** una calculadora y una carpeta de argollas. Para la clase de español necesito un diccionario " .

> **Más vocabulario**
> décimo, -a = tenth

la calculadora

un diccionario

la carpeta de argollas

1

¿Sí o no?

🔊 **ESCUCHAR** Listen to Tomás make several statements about his class schedule. If what he says is true, give a "thumbs up". If what he says is false, give a "thumbs down".

2

Verónica y Tomás

🔊 **ESCUCHAR** Listen to Verónica and Tomás talk about their classes. Touch the picture of each class as you hear it.

Verónica y Tomás escriben mensajes para hablar de sus clases.

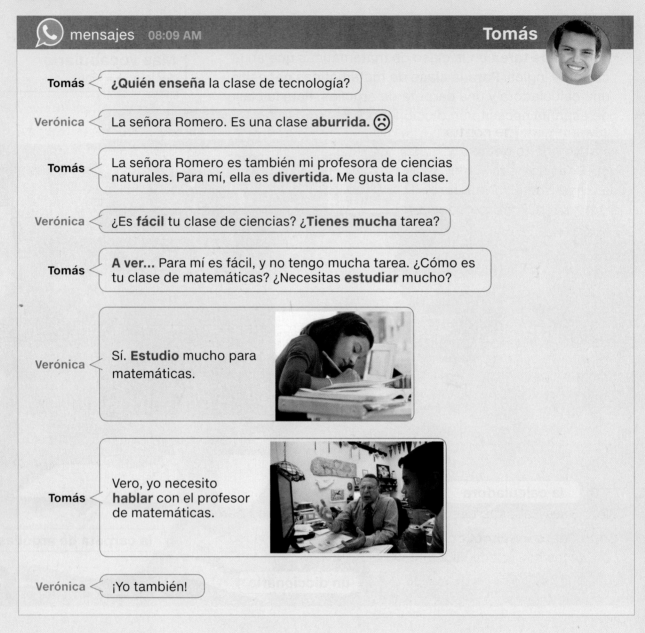

mensajes 08:09 AM **Tomás**

Tomás ¿**Quién enseña** la clase de tecnología?

Verónica La señora Romero. Es una clase **aburrida.** ☹

Tomás La señora Romero es también mi profesora de ciencias naturales. Para mí, ella es **divertida.** Me gusta la clase.

Verónica ¿Es **fácil** tu clase de ciencias? ¿**Tienes mucha** tarea?

Tomás **A ver...** Para mí es fácil, y no tengo mucha tarea. ¿Cómo es tu clase de matemáticas? ¿Necesitas **estudiar** mucho?

Verónica Sí. **Estudio** mucho para matemáticas.

Tomás Vero, yo necesito **hablar** con el profesor de matemáticas.

Verónica ¡Yo también!

3

¿Sí o no?

 ESCRIBIR Lee las oraciones. Escribe *Sí* si la oración es correcta o *No* si es incorrecta. *Corrige* (Correct) las oraciones incorrectas.

1. La señora Romero enseña la clase de teconología y la clase de ciencias naturales.

2. Para Tomás, la clase de ciencias es difícil.

3. Verónica estudia mucho para su clase de matemáticas.

4. La señora Romero no enseña la clase de tecnología.

5. Tomás y Verónica necesitan hablar con el profesor de matemáticas.

Videohistoria

Las clases hoy

Before You Watch

Connect with the context Think about what you do to get ready for school each day. Does someone help you? What do you discuss? Use your routine and these photos from a school day to connect to the video.

Complete the Activity

Para las clases ¿Qué necesitas para las clases? Describe los libros y los objetos que necesitas según tu horario de clases hoy.

▶ Watch the Video

What does Sebastián and his family do in the morning before school?

Go to **PearsonSchool.com/Autentico** to watch the video *Las clases hoy* and to view the script.

Sebastián

After You Watch

¿COMPRENDES?

1. Complete the sentences based on your understanding of the video.
   a. Daniel tiene las clases de _____ y _____.
   b. Gabriela necesita _____ y _____.
   c. La mamá de Sebastián necesita _____ con el profesor de ciencias.
   d. Sebastián tiene el primer almuerzo. Es a las _____.
   e. Al papá de los chicos le gusta _____ la música de Colombia.
2. ¿Quién hace los almuerzos de los chicos, la mamá o el papá?
3. ¿Quién hace la tarea con Gabriela y Daniel, la mamá, el papá o Sebastián?

Vocabulario en uso

OBJECTIVES
▶ Read and write about school subjects and schedules
▶ Discuss and compare classes and opinions about school

4

Un horario

LEER, ESCRIBIR Read the list of classes offered at a high school in Querétaro, Mexico. This school has a special focus on the arts. Answer the questions about the schedule.

1. ¿Cuántas clases hay cada *(each)* semana?

2. ¿Cuántas horas de inglés hay?

3. ¿Cuántas clases de ciencias sociales hay?

4. ¿Cuántas clases de ciencias naturales hay?

5. Escribe los nombres de las diferentes clases de arte.

México

Centro de Educación Artística

"IGNACIO MARIANO DE LAS CASAS"

Primer Semestre		
	Español	5 h semanales
	Matemáticas	5 h semanales
	Historia universal	3 h semanales
	Educación cívica y ética	3 h semanales
	Biología	3 h semanales
	Introducción a la física	3 h semanales
	Inglés	3 h semanales
	Danza	3 h semanales
	Teatro	3 h semanales
	Artes plásticas	3 h semanales
	Música	3 h semanales
	TOTAL	37 h semanales

5

Mi horario

ESCRIBIR Write out your class schedule. Copy the chart and provide the information for each class.

Modelo

Hora	Clase	Profesor(a)
la primera hora	*la clase de inglés*	*la Sra. Sánchez*

¿Recuerdas?
Use *señor, señora,* and *señorita* when talking **to** adults. Use *el* in front of *señor* and *la* in front of *señora* or *señorita* when talking **about** adults.

6

Mucha tarea

 HABLAR EN PAREJA Ask and respond to questions about everyday life. With a partner, ask and tell if you have a lot of homework in each class. Follow the model, then switch roles.

Videomodelo

A —¿Tienes mucha tarea en la clase de matemáticas?
B —Sí, tengo mucha tarea.
o: —No, no tengo mucha tarea.
o: —No estudio matemáticas.

Estudiante A

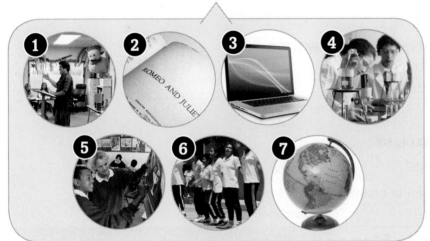

Estudiante B

¡Respuesta personal!

7

Me gusta más . . .

 ESCRIBIR Write sentences stating which of the two classes you like better and why. Use the list of adjectives to help with your response. Save your paper for Actividad 8.

Modelo

inglés/español
Me gusta más la clase de español. Es divertida.
o: *Me gusta más la clase de español. No es aburrida.*
o: *No me gusta ni la clase de español ni la clase de inglés.*

aburrida	divertida	interesante
difícil	fácil	práctica

1. inglés / español
2. arte / educación física
3. inglés / matemáticas
4. ciencias sociales / ciencias naturales
5. tecnología / música
6. matemáticas / ciencias sociales

¿Qué te gusta más?

HABLAR EN PAREJA Work with a partner and exchange opinions about your classes. Use your notes from Actividad 7 to tell which classes you like best and why.

Videomodelo

A —*¿Te gusta más la clase de inglés o la clase de español?*

B —*A ver . . . Para mí, la clase de español es más divertida que la clase de inglés.*

Y tú, ¿qué dices?

ESCRIBIR, HABLAR Ask and respond to questions about everyday life with a partner.

1. ¿Qué clase te gusta más?

2. ¿Cómo es la clase?

3. ¿En qué hora tienes la clase?

4. ¿Quién enseña la clase?

5. ¿Tienes mucha tarea en la clase?

CULTURA ❭ El mundo hispano

Studying English While you're in Spanish class at your school, large numbers of Spanish-speaking students are studying to learn the most popular foreign language worldwide: English. Many children begin to study English in grade school and continue through high school. They often attend a special language school for additional English classes. When visiting a Spanish-speaking country, you might easily find someone who is eager to practice his or her English skills with you in exchange for helping you improve your Spanish.

Pre-AP Integration: Innovations How can technology help you learn another language?

Clase de inglés en México ▶

Exploración del lenguaje ⟨ Connections between Latin, English, and Spanish

Many words in English and Spanish are based on Latin. Seeing the relationship between these words will help expand your English or Spanish vocabulary. Look at the list of Latin root forms for the numbers 1 to 10.

Try it out! For each Roman numeral listed, choose one of the root forms (if more than one is listed) and write down a Spanish or English word you know that is based on that root.

Try it out! The Roman year used to begin with the month of March. Knowing that, can you explain why *septiembre, octubre, noviembre,* and *diciembre* use the Latin root forms for seven, eight, nine, and ten?

Roman numeral	root form
I	uni- prim-
II	du- bi- second-
III	tri-
IV	quadr- quart-
V	quint-
VI	sext-
VII	sept-
VII	oct- octav-
IX	novem-
X	dec- decim-

CULTURA ⟨ España

Many Spanish words are derived from Latin because Spain was once part of the Roman Empire. Rome occupied most of Spain from about 209 B.C. to 586 A.D. During that time, massive public structures, including aqueducts and theaters, were built. Some of these, such as the aqueduct that towers over the modern city of Segovia, are still standing. The Latin name for Spain was *Hispania*.

• Can you see the similarity between *Hispania* and the country's name in Spanish, *España?* Also compare both names to English and identify any similarities.

 **Mapa global interactivo** Explore the beautiful city of Segovia in Spain and locate the aqueduct left by the Roman Empire.

El Acueducto de Segovia ▶

Gramática

OBJECTIVE
▶ Identify, talk to, and write about different people

Subject pronouns

The subject of a sentence tells who is doing the action. You often use people's names as the subject:

Gregorio escucha música.	*Gregory listens to music.*
Ana canta y baila.	*Ana sings and dances.*

You also use subject pronouns (*I, you, he, she, we, they*) to tell who is doing an action. The subject pronouns replace people's names:

Él escucha música.	*He listens to music.*
Ella canta y baila.	*She sings and dances.*

Here are all the subject pronouns in Spanish:

yo	I	nosotros nosotras	we (masc., masc./fem.) we (fem.)
tú **usted (Ud.)**	you (familiar) you (formal)	**vosotros** **vosotras** **ustedes (Uds.)**	you (masc., masc./fem.) you (fem.) you (formal)
(él) **(ella)**	he she	**ellos** **ellas**	they (masc., masc./fem.) they (fem.)

Tú, usted, ustedes, and *vosotros(as)* all mean "you."

- Use *tú* with family, friends, people your age or younger, and anyone you call by his or her first name.
- Use *usted* with adults you address with a title, such as *señor, señora, profesor(a),* etc. *Usted* is usually written as *Ud.*
- In Latin America, use *ustedes* when speaking to two or more people, regardless of age. *Ustedes* is usually written as *Uds.*
- In Spain, use *vosotros(as)* when speaking to two or more people you call *tú* individually: *tú + tú = vosotros(as).* Use *ustedes* when talking to two or more people you call *usted* individually.

If a group is made up of males only or of both males and females together, use the masculine forms: *nosotros, vosotros, ellos.*

If a group is all females, use the feminine forms:

   nosotras, vosotras, ellas.

You can combine a subject pronoun and a name to form a subject.

Alejandro y yo = **nosotros**	Pepe y tú = **ustedes**
Carlos y ella = **ellos**	Lola y ella = **ellas**

Más recursos ONLINE

▶ *GramActiva* Video

▶ **Tutorials:** Present indicative, Pronouns, Subject pronouns, Subjects

✎ *GramActiva* Activity

10

¡Señala!

ESCUCHAR, HABLAR EN PAREJA   Your teacher will name several subject pronouns. Point to people in the classroom who represent the pronoun you hear. After you have practiced with your teacher, practice with a partner.

11

¿Es ella?

ESCRIBIR   What subject pronouns would you use to talk about these people?

Modelo
Gloria
Ella.

1. Carlos

2. Felipe y yo

3. María y Sarita

4. Pablo, Tomás y Anita

5. el señor Treviño

6. tú y Esteban

12

¿Tú, Ud. o Uds.?

HABLAR EN PAREJA   Tell whether you would use *tú, Ud.,* or *Uds.* with these people.

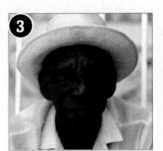

Gramática

OBJECTIVES
▶ Write and exchange information about what you and others study and do
▶ Listen to a description of activities during recess
▶ Compare the Mayan numbering system to the one you use

Present tense of -ar verbs

You already know that the infinitive forms of Spanish verbs always end in *-ar, -er,* or *-ir.*

The largest group of verbs end in *-ar. Hablar* is one of these *-ar* verbs.

You will want to use verbs in ways other than in the infinitive form. To do this, you will drop the *-ar* ending and make changes.

To create the forms of most *-ar* verbs, you first drop the *-ar* from the infinitive, leaving the stem:

hablar → habl-

Then you add the verb endings *-o, -as, -a, -amos, -áis,* or *-an* to the stem.

Here are the forms of *hablar:*

(yo)	habl**o**	(nosotros) (nosotras)	habl**amos**
(tú)	habl**as**	(vosotros) (vosotras)	habl**áis**
Ud. (él) (ella)	habl**a**	Uds. (ellos) (ellas)	habl**an**

Hablo can be translated into English in two ways:

Hablo español. *I speak* Spanish.

I am speaking Spanish.

The verb endings always indicate who is doing the action. In this case, they tell *who* is speaking. Because of this, you can often use the verb without a subject:

Hablo inglés. **¿Hablas** español?

Subject pronouns are often used for emphasis or clarification.

Ella habla inglés pero **él** habla español.

¿Recuerdas?
You already know many *-ar* verbs, such as *cantar* and *bailar.*

Más recursos ONLINE

▶ *GramActiva* Video

▶ **Tutorials:** -Subject and verb agreement, Verbs, *-ar* verbs, Singular and plural, Definite and indefinite articles

◀)) *Canción de hip hop: En la clase*

✎ *GramActiva* Activity

---

13 ¿Una mano o dos?

ESCUCHAR You will hear eight *-ar* verbs. If the ending tells you one person is performing the action, raise one hand. If the ending tells you more than one person is doing something, raise both hands.

Strategy
Listening for information Always listen carefully for the endings on verbs to know who is doing the action.

14

¿Qué estudian?

 ESCRIBIR, HABLAR Look at the pictures and tell what these people are studying.

Modelo

Tomás
Tomás estudia música.

1. Laura

2. Josefina, Elena y yo

3. tú

4. Catalina y José

5. Joaquín y tú

6. yo

15

Juego

ESCUCHAR, HABLAR EN PAREJA

1 Work with a partner and tear a sheet of paper into eight pieces of equal size. Write a different subject pronoun on each piece *(yo, tú, él, ella, Ud., nosotros, ellas, Uds.).* Place the subject pronouns face down in a pile.

2 Your teacher will say an infinitive. One partner will select the top piece of paper from the pile, read the subject pronoun, and say the correct verb form. A correct answer earns one point. Place the "used" subject pronouns in a separate pile. Take turns selecting from the pile and answering.

3 When your teacher tells you to stop, shuffle the pieces of paper with subject pronouns and place them in a new pile face down. When the next verb is read aloud, continue playing. The partner with the most correct answers is the winner.

En la escuela

ESCRIBIR Use the verbs in the list to complete the sentences about what different activities take place during school.

necesitar	hablar	dibujar
usar	practicar	enseñar
patinar	bailar	

Modelo

*Yo **estudio** mucho en la clase de español.*

1. Lupe y Guillermo ___ mucho en la clase de arte.

2. Tú ___ la computadora en la clase de tecnología.

3. Yo ___ una calculadora y una carpeta para la clase de matemáticas.

4. Tomás y yo ___ deportes en la clase de educación física.

5. ¿Quién ___ la clase de ciencias naturales?

6. Marta ___ mucho en la clase de español.

17

Escucha y escribe

ESCUCHAR, ESCRIBIR Listen to a student describe this picture of himself and other students during their *recreo.* Write what you hear.

CULTURA **El mundo hispano**

El recreo In Spanish-speaking countries, students usually have *el recreo* (recess or break) in the school *patio*. Students take time to relax and spend time with friends, eat a snack, or participate in activities such as a quick game of basketball, soccer, or volleyball.

Pre-AP Integration: Relationships Compare the *recreo* to the time you have to socialize in your school. How do you think this affects personal relationships among students?

Estudiantes en el recreo ▶

18

Actividades y más actividades

ESCRIBIR, HABLAR EN PAREJA

1 Work with a partner. Copy the Venn diagram on a sheet of paper. Label the oval on the left *Yo.* Label the oval on the right with the name of your partner. Label the overlapping area *Nosotros* or *Nosotras.*

Modelo

Yo   Nosotros   Diego

2 From the list below, choose five activities you do a lot. Write your activities in the oval labeled *Yo.* Be sure to conjugate the verb in the *yo* form.

montar en bicicleta	estudiar	hablar español	trabajar
hablar por teléfono	pasar tiempo con amigos	nadar	cantar
escuchar música	practicar deportes	usar la computadora	bailar
dibujar			

3 Interview your partner. Ask questions to find out the five activities your partner wrote in his or her diagram. When you find out an activity, write it in the right oval of your diagram. Be sure to conjugate the verb in the *él / ella* form. Save your diagram for Actividad 19.

Videomodelo

A —¿Dibujas mucho?
B —A ver . . . No, no dibujo mucho.
A —Pues, ¿trabajas mucho?
B —Sí, trabajo mucho.

¿Recuerdas?
When you answer in the negative, you often use *no* twice. The first *no* answers the question. The second *no* goes before the verb and means "not."

19

Nosotros(as) . . .

ESCRIBIR Compare the two sides of your diagram. Write the activities you and your partner both do in the center. Be sure to use the *nosotros(as)* form. Then use your completed diagram from Actividad 18 to write about what you and/or your partner do. Write at least five complete sentences.

Modelo
Diego y yo trabajamos.
Yo dibujo.

Y tú, ¿qué dices?

HABLAR State you opinions and preferences about school. Use the questions as a guide.

1. En tu escuela, ¿quién enseña la clase de arte? ¿Quién enseña la clase de educación física? ¿Cómo son los profesores?

2. En tu escuela, ¿quién canta muy bien *(well)*? ¿Quién dibuja muy bien?

3. ¿Escuchan tus amigos(as) mucha música? ¿Bailan bien tú y tus amigos(as)?

4. ¿Qué estudias en la primera hora? ¿Cómo son los profesores?

5. ¿Qué clase tienes en la tercera hora? En tu opinión, ¿cómo es la clase?

Los números mayas

LEER, ESCRIBIR Long before the Spaniards set foot in the Americas, many different civilizations already existed here. One of these, the Maya, lived in southern Mexico and Central America, where their decendants still make their home. One of the accomplishments of the ancient Maya was the development of a system of mathematics.

Conexiones ◢ Las matemáticas

The Maya used three symbols to write numbers:

a dot ●, a bar ━━━━, and a drawing of a shell .

The dot equals 1, the bar equals 5, and the shell equals 0. Mayan numbers were written from bottom to top, not from left to right. Look at the Mayan numbers below.

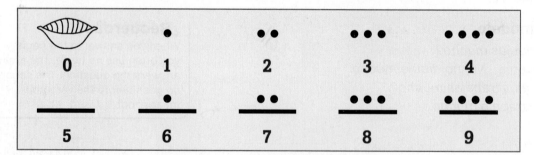

What would these Mayan numbers be in our numbering system?

1. ═══   2.   3. ══ with ●●

Now write these numbers in the Mayan system.

4. 13   5. 16   6. 19

Are you familiar with any other numbering systems that remind you of the Mayan system?

Pronunciación ⟨ **The letter *c*** ⟩

In Spanish the pronunciation of the letter *c* depends on the letter that follows it.

When the letter *c* comes before *a, o, u,* or another consonant, it is pronounced like the *c* in "cat." Listen to and say these words:

computadora	**ca**ntar	es**cu**ela
tampo**co**	**có**mo	to**car**
correr	practi**car**	**Ca**rlos

When the letter *c* comes before *e* or *i*, most Spanish speakers pronounce it like the *s* in "Sally." Listen to and say these words:

ve**ce**s	so**ci**able	gra**ci**oso	gra**ci**as
ha**cer**	on**ce**	do**ce**	tre**ce**

Try it out! Listen to this rhyme. Listen particularly for the sound of the letter *c*. Then repeat the rhyme.

Cero más cuatro,
o cuatro más cero,
siempre¹ son cuatro.
¿No es verdadero²?

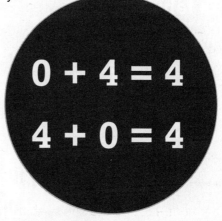

Say the rhyme again, first replacing *cuatro* with *doce*, then replacing *cuatro* with *trece*. Then say the rhyme quickly several times.

¹always ²true

El español en la comunidad

Do you know about opportunities to learn Spanish in your community outside of your school? Do some research using the Internet. Consult the web pages of local colleges, universities, libraries, or language schools to find out about Spanish classes or private lessons offered in your community. Make a list of your findings. Why do you think people in your community want to study Spanish?

Lectura

OBJECTIVES

▸ Read about a language school in Costa Rica

▸ Use photos to help you understand what you read

▸ Analyze how the 24-hour clock is used in Spanish-speaking countries

Strategy

Using photos Look at the photos to help you understand the contents of a brochure or advertisement.

Consider what an immersion experience in Spanish would be like for you as you read this brochure from a Spanish language school in Costa Rica.

Costa Rica

La Escuela Español Vivo

¡Una experiencia fabulosa en Costa Rica!

¡Estudia español con nosotros en la Escuela Español Vivo!

Es verano, el mes de junio. Eres estudiante en Santa Ana, un pueblo en las montañas de Costa Rica.

¿Y cómo es una clase? Hay cinco estudiantes en tu clase. Uds. escuchan, hablan y practican el español todo el día. También usan la computadora.

En la escuela hay estudiantes de muchos países: Estados Unidos, Inglaterra, Francia, Brasil, Canadá, Japón, India, Sudáfrica y otros. ¡Todos estudian español!

Los sábados y los domingos hay actividades muy interesantes: visitar un volcán o un parque nacional, nadar en el océano Pacífico. . . ¡y más!

hora	lunes a viernes
El horario de clases en la escuela es:	
08:00–10:30	Clases de español
10:30–11:00	Recreo
11:00–13:00	Clases de español
13:00–14:00	Almuerzo
14:00–15:30	Conversaciones
15:30–16:30	Clase de música y baile

sábados/domingos

- visitar un volcán
- visitar un parque nacional
- nadar en el océano Pacífico

¿Por qué la Escuela Español Vivo?

- La naturaleza de Costa Rica en el pueblo de Santa Ana
- Amigos de muchos países
- Mucha práctica y conversación en español
- Clases de música y baile
- Excursiones los sábados y domingos

 ## ¿Comprendes?

1. When does the program take place?
2. Describe what a class is like.
3. What key words tell you which activities are offered on the weekends?
4. How many hours are spent on learning and using Spanish each week?
5. Would you like to study Spanish in Costa Rica? Why or why not?

 Mapa global interactivo Explore Costa Rica's geography and investigate its mountains, volcanoes and national parks.

CULTURA ▸ **El mundo hispano**

La hora in Spanish-speaking countries is usually shown using the 24-hour clock on official schedules and timetables. Times in the morning are shown as 00:00 (midnight) through 11:59 (11:59 A.M.), 1:00 P.M. is shown as 13:00, 2:00 p.m. is 14:00, and so on.

Pre-AP Integration: Innovations How does new technology make it easier to access schedules and understand time differences in other countries?

En una estación de trenes de Madrid

La cultura en vivo

Aficionados al fútbol

El fútbol (soccer) is the favorite sport in most Spanish-speaking countries. In fact, it is the most popular sport in the entire world. It has grown in popularity in the United States over the past years. As with other sports you are familiar with, *fútbol* has loyal fans, cheers, team songs, and sometimes cheerleaders. If you attended a game in Venezuela at the Escuela Secundaria Bolívar you might hear the following chant:

♫ **Chiquitibúm a la bim bom bam**
A la bío
A la bao
A la bim bom bam
¡Bolívar! ¡Bolívar!
¡Ra, ra, ra!

Except for the school name, the words of this chant do not have any meaning.

Here's another cheer:

¡Se ve! ¡Se siente!	*You see it, you feel it!*
¡Bolívar está presente!	*Bolívar is here!*
¡Que sí, que no!	*Oh, yes, oh, no!*
¡Bolívar ya ganó!	*Bolívar has already won!*
¡A la bío, a la bao!	*¡A la bío! ¡A la bao!*
¡El otro está cansao!	*The other team is tired!*

Aficionados al fútbol, Bogotá, Colombia

Presentar In groups of five, select one of the chants and use it for a model to create a chant for one of your school teams. Present it to the class.

Comparación cultural How are these cheers and fan enthusiasm similar to or different from the cheers at your school?

Online Cultural Reading

Go to PearsonSchool.com/Autentico **ONLINE** to explore the web site of a school in a Spanish-speaking country.

Presentación oral

OBJECTIVES
▶ Describe your classes and schedule
▶ Use a chart to organize your ideas

Go **Online** to practice
PEARSON
realize™

PearsonSchool.com/Autentico

SPEAK/RECORD

🎙 Mis clases

TASK Imagine there is a new student from Costa Rica at your school. Tell the student your opinion about some of your classes.

Strategy
Using graphic organizers Simple charts can help you organize your main ideas and supporting opinions for a presentation.

1 Prepare Fill in a chart with information and your opinion about three of your classes. Use this chart to plan what you want to say about these classes.

Hora	Clase	Comentarios	Profesor(a)
primera	*español*	*me gusta hablar español*	*la Sra. Salinas*
cuarta	*arte*	*difícil*	*el Sr. Highsmith*
octava	*ciencias naturales*	*divertida*	*la Sra. Huerta*

2 Practice Go through your presentation several times. You can use your notes in practice, but your teacher may not want you to use them when presenting. Try to:

• mention the information about your classes and teachers
• use complete sentences and speak clearly

Modelo
En la primera hora tengo la clase de español. Me gusta hablar español. La clase es muy divertida. La Sra. Salinas es la profesora.

3 Present Describe the three classes you selected and give your opinion of each one.

4 Evaluation The following rubric will be used to grade your presentation.

Rubric	Score 1	Score 3	Score 5
How complete your preparation is	You have information written down but without the use of the chart.	You used the chart, but only partially completed it.	You used the chart and provided all the information.
Amount of information you give	You describe three classes but only provide one piece of information about each class.	You describe three classes but only provide two pieces of information about each class.	You describe five classes and include all requested information.
How easily you are understood	You are very difficult to understand, using only isolated words and phrases.	You are understandable but have frequent errors in vocabulary and/or grammar.	You are easily understood. Your teacher does not have to "decode" what you are trying to say.

Auténtico

Partnered with IDB

Ventajas de dominar las matemáticas

Before You Listen

Use the Strategy: Listen for Key Details

The speaker suggests changes to the way math is taught in Latin America. Use the key vocabulary, the Spanish you know, and your experience to increase your understanding of the key details in the audio.

Listen for this Key Vocabulary

ventajas = advantages

dominar = master

validar teorías = validate theories

**encontrar sus
propias respuestas** = find their own answers

camino hacia el éxito = path to success

🔊 Listen to the Audio

Think of the ways in which you use math in daily life. What changes does the speaker propose so that students in Latin America may also apply math skills in daily life? How do these changes reflect cultural changes towards education? Use your experience and the key details you understand from the audio to help you infer the speaker's message.

Go to **PearsonSchool.com/Autentico** and listen to the audio *¿Qué ventajas tienen los niños que dominan matemáticas?* to hear about proposed changes to math instruction in Latin America.

Complete the Activities

Mientras escuchas As you listen to the audio, identify which of the following are key details from the speaker's suggestions.

pensar por sí mismo   **resolver problemas**

usar experiencias reales   **aprender más**

encontrar respuestas   **usar fórmulas**

Integration

Después de escuchar Answer the following questions to demonstrate your understanding of key details in the audio.

1. What is one of the speaker's suggestions?

2. The speaker states that schools should present an *idea positiva de matemáticas*. Based on that, what can you infer about how math is presented now?

3. The speaker says that math is a *path to success*. Do you agree or disagree? Support your answer with ideas you inferred from the audio.

 For more activities, go to the *Authentic Resources Workbook.*

Escuelas en Latinoamérica

Expansión Find other authentic resources about schools in *Auténtico* online, then answer the question.

 2A Auténtico

Integración de ideas The authentic resources present schools in Spanish-speaking countries. Write a sentence to describe a detail of a school that you find interesting.

Comparación cultural What similarities and differences are there between these schools and your own school?

Repaso del capítulo

OBJECTIVES
▶ Review the vocabulary and grammar
▶ Demonstrate you can perform the tasks on p. 97

🔊 Vocabulario

to talk about your school day

el almuerzo	lunch
la clase	class
la clase de . . .	. . . class
arte	art
español	Spanish
ciencias naturales	science
ciencias sociales	social studies
educación física	physical education
inglés	English
matemáticas	mathematics
tecnología	technology/computers
el horario	schedule
en la . . . hora	in the . . . hour (class period)
la tarea	homework

to describe school activities

enseñar	to teach
estudiar	to study
hablar	to talk

to talk about the order of things

primero*, -a	first
segundo, -a	second
tercero*, -a	third
cuarto, -a	fourth
quinto, -a	fifth
sexto, -a	sixth
séptimo, -a	seventh
octavo, -a	eighth
noveno, -a	ninth
décimo, -a	tenth

Changes to primer, tercer before a masculine singular noun.

For *Vocabulario adicional,* see pp. 472–473.

to talk about things you need for school

la calculadora	calculator
la carpeta de argollas	three-ring binder
el diccionario	dictionary
necesito	I need
necesitas	you need

to describe your classes

aburrido, -a	boring
difícil	difficult
divertido, -a	amusing, fun
fácil	easy
favorito, -a	favorite
interesante	interesting
más . . . que	more . . . than
práctico, -a	practical

other useful words

a ver . . .	Let's see
mucho	a lot
para	for
¿Quién?	Who?
(yo) tengo	I have
(tú) tienes	you have

Gramática

subject pronouns

yo	I	nosotros	we (masc., masc. / fem.)
		nosotras	we (fem.)
tú	you (fam.)	vosotros	you (masc. masc. / fem.)
usted (Ud.)	you (form.)	vosotras	you (fem.)
		ustedes (Uds.)	you (form.)
él	he	ellos	they (masc., masc. / fem.)
ella	she	ellas	they (fem.)

hablar *to talk*

hablo	hablamos
hablas	habláis
habla	hablan

Preparación para el examen

What you need to be able to do for the exam . . .	Here are practice tasks similar to those you will find on the exam . . .	For review go to your print or digital textbook . . .
Interpretive		
① ESCUCHAR I can listen and understand people talking about their schedules and their classes.	Listen to two students who have just attended some of the classes on their new schedules. a) Which class does each one like? Why? b) Which class does each one dislike? Why?	**pp. 74–77** *Vocabulario en contexto* **p. 75** *Actividades 1–2* **p. 79** *Actividad 7* **p. 80** *Actividades 8–9*
Interpersonal		
② HABLAR I can greet my teacher and talk about activities that me and my friends have in common.	To get to know you, your teacher asks you to talk or write about what you and your friends have in common, such as school subjects and music or activities. For example, *cantamos.* You might also tell how you and your friends are different. For example, *Yo toco la guitarra y ellos practican deportes.*	**p. 80** *Actividad 8* **p. 86** *Actividad 16* **p. 87** *Actividades 18–19* **p. 93** *Presentación oral*
Interpretive		
③ LEER I can read and understand someone's e-mail description of his or her classes.	Read this e-mail that your friend received from his e-pal. What does the e-pal study? What does he think of his classes? Do you agree? Why? ¿Cómo son mis clases? Yo tengo ocho clases: ciencias naturales, inglés, español, educación física, geografía, matemáticas, tecnología y ciencias sociales. ¡Me gusta más la clase de inglés! Necesito hablar inglés aquí en Ecuador, pero es MUY difícil. Mi clase de geografía es muy aburrida y mi clase de educación física es muy divertida.	**pp. 74–77** *Vocabulario en contexto* **p. 78** *Actividad 4* **pp. 90–91** *Lectura*
Presentational		
④ ESCRIBIR I can write my schedule including hour, class, and teacher's name, and give opinions.	Write a note to a counselor giving your opinion of your classes and listing reasons why you want to drop two of the classes on your schedule. What might be some reasons? You might say that your first hour class is boring and that your second hour class is difficult for you.	**p. 78** *Actividad 5* **p. 79** *Actividades 6–7* **p. 93** *Presentación oral*
Culture		
⑤ COMPARACIÓN CULTURAL I can understand cultural practices concerning sports.	Think about the sports at your school that attract the most fans to their games or competitions. Are these the same sports that are most popular in Spanish-speaking countries? How do spectators show their enthusiasm? How is this similar to or different from the United States?	**p. 92** *La cultura en vivo*

Tu sala de clases

Honduras — España
México — Cuba — Puerto Rico
Guatemala — Venezuela
El Salvador
Nicaragua — Panamá
Costa Rica
Perú

CHAPTER OBJECTIVES

Communication

By the end of this chapter you will be able to:

- Listen to and read conversations and notes about school.
- Talk and write about classes, classrooms, and where things are located.
- Exchange information while describing someone's location.

Culture

You will also be able to:

- **Auténtico:** Identify cultural practices viewed in an authentic video about school homework.
- Compare perspectives towards school and uniforms in the Spanish-speaking world and the United States

You will demonstrate what you know and can do:

- Presentación escrita: Tu sala de clases
- Repaso del capítulo: Preparación para el examen

You will use:

Vocabulary
- Classroom items and furniture
- Computers
- Words to describe location

Grammar
- The verb *estar*
- Plurals of nouns and articles

ARTE y CULTURA ⟩ México

Sor Juana Inés de la Cruz (1648–1695), born near Mexico City, was one of the greatest intellectuals of her time. She wrote poetry, essays, music, and plays. Sor Juana also defended a woman's right to an education at a time when few women had access to it. She entered a convent at the age of 19 and over the years built a library of several thousand books. Sor Juana's living quarters in the convent became a meeting place for other writers and intellectuals, who were drawn to her because of her intelligence and knowledge.

▶ How are various aspects of Sor Juana's life represented in this painting? If you were to pose for a portrait, what objects would you include that represent you and your interests?

Retrato de Sor Juana Inés de la Cruz, siglo XVII ▶

Foto: Archivo Agencia EL UNIVERSAL.

Go **Online** to practice

PEARSON
realize™

PearsonSchool.com/Autentico

AUDIO

VIDEO

WRITING

SPEAK/RECORD

MAPA GLOBAL

AUTÉNTICO

FLASCHARDS

ETEXT 2.0

GAMES

Estudiantes mexicanas

▶ Videocultura **Los uniformes escolares**

"Estamos en mi clase de español. El escritorio de la profesora está **delante de** la clase. **Aquí** está el escritorio de mi profesora, **al lado de** una ventana.

El sacapuntas está **encima del** escritorio. **Detrás del** escritorio **hay** una bandera, y **debajo** hay un reloj. ¡La profesora es muy ordenada! Me gusta estudiar **en** la clase de español. Y a ti, ¿te gusta **tu** clase de español?"

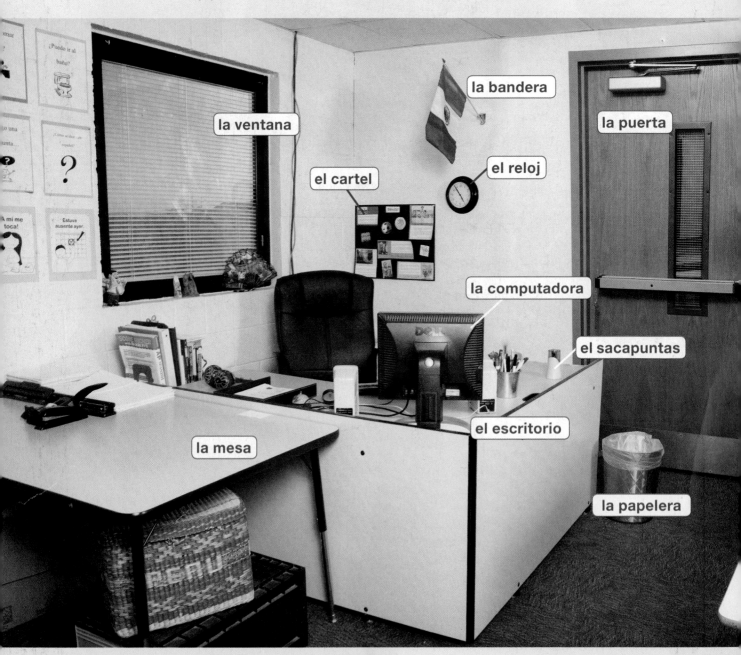

la bandera

la ventana

la puerta

el cartel

el reloj

la computadora

el sacapuntas

el escritorio

la mesa

la papelera

«Me gusta estudiar aquí, pero hay muchos estudiantes y es importante ser ordenada. Mi **mochila** está debajo de la mesa. Mi ratón está al lado de mi teclado. Es bueno estudiar aquí. ¿A ti dónde te gusta estudiar? ».

Más vocabulario
el disco compacto = compact disc
el DVD = DVD (disc)

la pantalla

el teclado

el ratón

la silla

1

¿Está en la clase de español?

ESCUCHAR Listen to the statements about school items while looking at the two photos. If you see the item in either photo, give a "thumbs up". If it isn't there, give a "thumbs down".

2

¿Dónde están las cosas?

ESCUCHAR Listen to descriptions of where things are located in the two school photos. Pay attention to the key details. Touch the item(s) mentioned in each description.

🔊 Un teléfono en la clase

Profesor: Rosi, ¿qué es esto?

Rosi: ¿Dónde?

Profesor: **Allí**, en tu mochila.

Rosi: **Es un** teléfono.

Profesor: ¿Un teléfono en mi clase?

Rosi: Sí, profesor.

Profesor: No me gustan **los** teléfonos en mi clase.

Rosi: Pero necesito mi teléfono para estudiar.

Profesor: ¿Qué?

Rosi: Sí. Mi teléfono tiene un diccionario muy práctico.

Profesor: Rosi, hablamos en mi oficina.

Rosi: Sí, señor.

Rosi

profesor

3

¿Sí o no?

 ESCRIBIR Lee las oraciones. Escribe *Sí* si la oración es correcta o *No* si es incorrecta. *Corrige* (Correct) las oraciones incorrectas.

1. Rosi tiene un teléfono en la clase.

2. El teléfono está encima del libro.

3. Al profesor no le gustan los teléfonos en su clase.

4. Rosi necesita la calculadora de su teléfono.

5. El profesor necesita hablar con Rosi en su oficina.

Videohistoria

Enseñar en Guatemala

Before You Watch

Complete the Activity

Predicting Read the questions in *After You Watch* to predict what you will learn in the video. Based on key words from the questions, what do you think this episode is about? What will you see?

En Guatemala Describe la escuela oficial rural de Guatemala que ves en las fotos.

▶ Watch the Video

What do you think schools are like in other Spanish-speaking countries?

Go to **PearsonSchool.com/Autentico** to watch the video *Enseñar en Guatemala* and to view the script.

Ximena   **Camila**

After You Watch

 ¿COMPRENDES? Listen for these key words. Indicate if each statement is *cierto* or *falso* based on the video.

1. uniforme: Los niños no necesitan uniformes para ir a la escuela.
2. pizarrón: Hay un pizarrón y una pantalla en las salas de clase.
3. computación: No hay videojuegos en la sala de computación.
4. cafetería: Los niños siempre pasan el almuerzo en la cafetería.
5. deportes: Practican deportes en una sala grande.

Comparación cultural ¿Qué hay en la escuela de Guatemala en el video que también hay en tu escuela? ¿Qué no hay?

Vocabulario en uso

OBJECTIVES
▶ Write and talk about objects in a classroom
▶ Describe a bedroom and a classroom
▶ Exchange information about school supplies and their location

4

¿Qué hay?

ESCRIBIR Describe these objects. Write the names of the things you see.

Modelo
Hay una bandera.

5

¿Es lógico o no?

ESCRIBIR Write the word that doesn't belong in each group.
Then supply a word that logically belongs.

Modelo
el ratón   el teclado   la pantalla   la ventana
La ventana: ¡No! La computadora: ¡Sí!

1. una mesa   una silla   una mochila   un escritorio

2. la sala de clases   al lado de   detrás de   encima de

3. un diccionario   una calculadora   un reloj   una computadora

4. leer   estudiar   escribir   bailar

5. está   habla   necesitan   trabaja

6. el profesor   la chica   el estudiante   el señor

6

¿Dónde está?

 HABLAR EN PAREJA Take turns with a partner to ask and tell where various items in Beto's bedroom are located.

 Videomodelo

A —¿Dónde está **el escritorio**?
B —Está **debajo de la ventana**.

Nota
When the preposition *de* is followed by the masculine definite article *el*, the contraction *del* must be used.
• La papelera está al lado del escritorio.

Estudiante A

¿Dónde está . . . ?

Estudiante B

al lado de	detrás de
delante de	encima de
debajo de	

7

Juego

 HABLAR, ESCUCHAR

1 Work with a partner. Your partner will face away from you and have a blank piece of paper and a pen or a pencil.

2 Choose four classroom items and arrange them on your desk, putting objects on top of others, next to each other, and so forth.

Videomodelo

A —¿Tienes un sacapuntas?
B —No, no tengo un sacapuntas.
A —¿Tienes una calculadora?
B —Sí, tengo una calculadora.
A —¿Dónde está?
B —Está encima de la carpeta.

3 Your partner will ask you questions about what is on your desk and how the items are positioned. You will use the vocabulary key words to answer. Based on your answers, he or she will try to draw the arrangement on your desk.

4 When your teacher tells you to stop, see how closely the picture matches the actual arrangement. Then switch roles.

Para decir más . . .
a la izquierda de = to the left of
a la derecha de = to the right of

Exploración del lenguaje ⟨ Language through gestures

In Spanish, just as in English, nonverbal body language in the form of gestures, or *gestos,* is very important to communication.

Do you know the expression *¡Ojo!*? The word literally means "eye," but it is used to mean "be careful" or "pay attention." It is usually accompanied by a gesture, and often people use the *¡Ojo!* gesture without saying the word.

• Can you show other gestures that are used to communicate? What do they mean?

CULTURA ⟨ El mundo hispano

School uniforms Many schools in Spanish-speaking countries require their students to wear uniforms. Often students wear a full uniform, like the ones you see in the photo. Sometimes the uniform consists of something more like a smock that is worn over a student's regular clothes and helps protect them from becoming dirty or torn during the school day.

Pre-AP Integration: Education Communities How does wearing a uniform affect a person's connection to a school community as compared to not wearing a uniform?

Estudiantes durante el descanso
Santa Clara, Cuba ▶

8

Y tú, ¿qué dices?

ESCRIBIR/HABLAR Describe your classroom and the objects in it. Use the questions as a guide. Write the description or present orally to the class.

1. ¿Dónde está la puerta?

2. ¿Qué hay al lado de la puerta?

3. ¿Hay ventanas en la clase? ¿Cuántas?

4. ¿Hay un reloj en la clase? ¿Dónde está?

5. ¿Cuántos escritorios y sillas hay?

6. ¿Qué más *(What else)* hay?

Gramática

OBJECTIVES
▶ Write about and discuss the location of people and things
▶ Listen to a description of the position of people in a photo
▶ Compare prices for backpacks in Spanish-speaking countries

Go **Online** to practice   PearsonSchool.co

PEARSON **realize**™
WRITING   VIDEO

The verb *estar*

The *-ar* verbs you have used until now are called **regular verbs** because they follow a regular pattern. Verbs that do not follow a regular pattern are called **irregular verbs.**

Estar is irregular because the *yo* form doesn't follow a regular pattern and because the forms *estás, está,* and *están* require accent marks.

Use *estar* to tell how someone feels or where someone or something is located.

(yo)	est**oy**	(nosotros) (nosotras)	est**amos**
(tú)	est**ás**	(vosotros) (vosotras)	est**áis**
Ud. (él) (ella)	est**á**	Uds. (ellos) (ellas)	est**án**

¿Recuerdas?
You have used the verb *estar* to ask how someone is.
 ¿Cómo **estás**?
 ¿Cómo **está** Ud.?

Más recursos ONLINE
▶ *GramActiva* Video
▶ Tutorial: *Estar*
▶ Animated Verbs
✎ *GramActiva* Activity

9

¡Hola! ¿Cómo estás?

 ESCRIBIR Write the correct forms of *estar* on a separate sheet of paper.

Marcos: ¡Buenos días! ¿Cómo __1.__ Uds.?

Paula y Roberta: ¡Hola, Marcos! Nosotras __2.__ bien, gracias. ¿Y tú?

Marcos: __3.__ muy bien. ¿Dónde __4.__ Pedro y Juana?

Roberta: Pedro __5.__ en la sala de clases. Juana __6.__ en la oficina.

10

¿En qué clase están?

 HABLAR EN PAREJA Take turns with a partner to give the correct forms of *estar* as you tell what class each person is in.

Modelo
Ella
Ella está en la clase de tecnología.

1. yo

2. los profesores

3. la profesora

4. nosotros

5. ella

6. tú

¿Cierto o falso?

 ESCUCHAR Write the numbers 1–6 on a sheet of paper. Listen to the statements about Javier's Spanish club photo and write *cierto* or *falso* based on the key details provided as you view the photograph from *your* perspective.

¿Y dónde están todos?

 HABLAR EN PAREJA Work with a partner. Using the club picture above, find out where the various students are located from *Javier's* perspective. Follow the model.

▶ **Videomodelo**
A —¿Y dónde está *Lucita*?
B —*Lucita* está **encima del escritorio**.

1. Julián y Mateo
2. Rosa
3. Sara
4. yo

5. el Sr. Salas
6. Lucita y José
7. Benito
8. Sara y yo

13

Juego

ESCRIBIR, HABLAR EN PAREJA Work with a partner. Write down the name of someone in the classroom. Your partner can ask only *sí / no* questions to find out the name. When your partner has guessed the mystery student's identity, change roles.

Videomodelo

A —*¿Es una estudiante?*

B —*Sí.*

A —*¿Está al lado de Tomás?*

B —*No.*

A —*¿Está detrás de mí?*

B —*Sí.*

A —*¿Es Patricia?*

B —*Sí.*

> **Para decir más . . .**
> **detrás de mí** = behind me
> **detrás de ti** = behind you

14

Los precios de mochilas

LEER, ESCRIBIR

Conexiones ⟨ **Las matemáticas**

Most countries have their own currencies. In Mexico, people pay for their purchases in *pesos,* in Peru they use *nuevos soles,* and so on. The value of each currency can go up or down daily in relation to other countries' currencies. For example, a dollar might be worth 10 Mexican *pesos* one day and 11 *pesos* the following day. Read the prices for una *mochila* in six different countries.

1. How much does a typical *mochila* cost in your community?

2. Convert the prices for *una mochila* into dollars. You can find a currency converter on the Internet.

3. How do these prices compare to those in your community? Why might the same item have different values in different countries?

Los precios de mochilas en el mundo hispano	
País	**Precio**
España	24 euros
Perú	80 nuevos soles
Puerto Rico	25 dólares
México	425 pesos
Venezuela	110 bolívares fuertes
Guatemala	200 quetzales

Gramática

> ## OBJECTIVES
> ▶ Identify and describe the location of objects around school
> ▶ Exchange information about the location of things in a classroom

The plurals of nouns and articles

To make nouns plural you usually add *-s* to words ending in a vowel and *-es* to words ending in a consonant.

silla ➜ silla**s**   teclado ➜ teclado**s**   cartel ➜ cartel**es**

Singular nouns that end in *z* change the *z* to *c* in the plural.

el lápi**z** ➜ los lápi**ces**

The plural definite articles are *los* and *las*. Like *el* and *la*, they both mean "the."

las sillas ➜ *the chairs*

The plural indefinite articles are *unos* and *unas*. They both mean "some" or "a few."

unos carteles ➜ *some posters*

Singular		Plural	
el reloj	**la** ventana	**los** reloj**es**	**las** ventana**s**
un cuaderno	**una** mesa	**unos** cuaderno**s**	**unas** mesa**s**

> ### ¿Recuerdas?
> You have used definite and indefinite articles in the singular:
> **el, la** = the
> **un, una** = a, an

> ### Más recursos   ONLINE
> ▶ *GramActiva* Video
> ▶ **Tutorials:** Noun-adjective agreement, Singular plural formation
> ◀)) *Canción de hip hop:* ¿Qué hay?
> ✎ *GramActiva* Activity

15

Palabras plurales

ESCRIBIR Write the plural forms of the articles and nouns below.

1. el cuaderno
2. la bandera
3. la papelera
4. el profesor
5. una clase
6. una mochila
7. un escritorio
8. un pupitre

16

¡A estudiar!

LEER, ESCRIBIR, HABLAR EN PAREJA Marta and Berta are getting ready for school. Read the dialogue with a partner and fill in the blanks with the correct definite articles.

Marta: ¿Dónde están __1.__ lápices?

Berta: Aquí están, en __2.__ mochila.

Marta: ¿Y tienes __3.__ bolígrafos y __4.__ libros?

Berta: No. Están allí, encima de __5.__ mesa, debajo de __6.__ ventanas.

Marta: Ah, sí. ¿Y __7.__ cuadernos y __8.__ carpetas? ¿Dónde están?

Berta: Están encima de __9.__ mesa, detrás de __10.__ computadoras.

17

Más palabras plurales

 ESCUCHAR, HABLAR You will hear eight words. Say the plural form of each word as you hear it.

 Modelo
You will hear: *el libro*
You will say: *los libros*

18

Es el cuaderno de . . .

 HABLAR EN GRUPO Describe an object and its location orally to a group. Work in groups of four. Each of you should choose a classroom object you have brought to class. Show your group your object. Your teacher will collect all the items, then place them in view in different parts of the classroom. Ask your group where your object is. Take turns until all objects and their location have been described.

> **Nota**
> In Spanish, you express possession by using *de* and the name of the owner of the item.
>   el escritorio **de** la profesora
>   *the teacher's desk*

 Videomodelo
A —*¿Dónde está mi calculadora?*
B —*Tu calculadora está debajo de la silla de Margarita.*

El español en el mundo del trabajo

School districts in the United States have many positions in which employees need to speak Spanish. For example, school counselors work with new students and parents from Spanish-speaking countries. Counselors help them set up schedules, talk about school policies, and answer questions. Both the parents and the new students feel much more comfortable when the counselor can communicate with them in Spanish.

- Does your district need employees who speak Spanish? In what other jobs within a school system would speaking Spanish be helpful?

Una clase de inglés

ESCRIBIR, HABLAR EN PAREJA Look at this picture of a high school class in Cuba.

1 Study the photograph and make a list in Spanish of items you can name.

2 Write two questions about the photograph, then ask your partner the questions. Use the models below.

Videomodelo

A —*¿Cuántos estudiantes hay en la clase?*
B —*Hay seis estudiantes.*
A —*¿Hay banderas en la clase?*
B —*No, no hay banderas.*

¿Qué es esto?	¿Quién está . . . ?
¿Cuántos(as) . . . hay?	¿Hay . . . ?
¿Dónde está(n) . . . ?	¿Qué hay

Y tú, ¿qué dices?

ESCRIBIR Look around your classroom and write five sentences to describe it.

Modelo

En mi clase de español hay 33 estudiantes. Hay 35 pupitres y un escritorio. El escritorio está delante de los pupitres. La computadora está encima del escritorio. No hay bandera en mi clase.

Pronunciación ‹ The letter *g*

In Spanish, the letter *g* sounds like *g* in "go" when it is followed by *a, o,* or *u,* although it often has a slightly softer sound than in English. Listen to and say the following words and sentences:

Gustavo	domin**go**	ten**go**
a**go**sto	pre**gu**nta	lue**go**
ami**go**	ar**go**llas	**ga**to

In Spanish, the letter *g* sounds like the letter *h* in "hot" when it is followed by *e* or *i.* Listen to and say the following words. Some of these words you have not yet heard or seen. Can you guess the meanings of the cognates?

inteli**ge**nte	**ge**neroso	**ge**neral
gimnasio	tecnolo**gí**a	biolo**gí**a

Try it out! See if you can guess how to pronounce the following Spanish first names. Keep in mind the pronunciation rules for the *g* sound.

Estudiantes en un gimnasio

Gabriela	Ángela	Gerardo
Gilberto	Gustavo	Rodrigo
Olga	Rogelio	Gregorio

CULTURA ‹ El mundo hispano

School gyms are rare in Spanish-speaking countries. Students usually have physical education classes in the school's *patio.* High school students usually have P.E. one or two times a week, sometimes before or after regular school hours. School sports teams are also less common than in the United States.

Pre-AP Integration: Education and Careers What are some reasons that schools in Spanish-speaking countries might place less emphasis on physical education, sports, and gymnasiums?

Una clase de educación física de una escuela primaria, México ▶

Lectura

Lee este artículo sobre UNICEF.

UNICEF y una convención para los niños[1]

¿Sabes que es un privilegio estar en una escuela, tener una mochila con libros, unos lápices, una calculadora, unas hojas de papel y un profesor bueno? En ciertas[2] naciones, ir a la escuela es difícil o no es posible.

UNICEF es la organización internacional de las Naciones Unidas que trabaja para los niños. UNICEF es una sigla[3] inglesa que significa "Fondo Internacional de Emergencia de las Naciones Unidas para los Niños". Tiene siete oficinas regionales en diversas naciones y un Centro de Investigaciones en Italia. El 20 de noviembre de 1989, la Organización de las Naciones Unidas escribió[4] "una convención para los niños" en inglés, árabe, chino, ruso y francés.

[1]children [2]some [3]acronym [4]wrote

Esta convención dice que[5] los niños de todas[6] las naciones necesitan:

- dignidad
- una casa
- protección
- una buena dieta
- la práctica de deportes
- atención especial para los niños con problemas físicos
- amor y la comprensión de la familia
- expresar sus opiniones
- una comunidad sin[7] violencia
- ir a la escuela para ser inteligentes y sociables

[5]says that [6]all [7]without

 ¿Comprendes?

1. Para los estudiantes de todas las naciones es fácil estar en una escuela y tener una mochila. ¿Cierto o falso?
2. ¿Cuántas oficinas regionales tiene UNICEF?
3. ¿Qué significa la sigla UNICEF?
4. ¿Dónde está el Centro de Investigaciones?
5. La convención es para los niños de todas las naciones. ¿Cierto o falso?
6. ¿Qué palabras clave indican cuatro cosas que necesitan todos los niños?

¿Cómo es la escuela?

Did you know that students in many Spanish-speaking countries spend more time in school than you do? The graph below shows the length of the school year in various countries.

School Facts You May Not Know

- In many schools, when a teacher enters the classroom, the students stand.

- The teacher may call the students by their last name.

- The students, on the other hand, are more likely to address their teacher simply as *maestro(a), profesor(a),* or just *profe,* without a last name.

- Class time is generally spent with the teacher lecturing rather than with class discussion.

- Many public and private schools require uniforms.

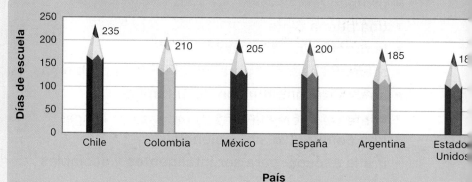

Días de escuela

Chile 235
Colombia 210
México 205
España 200
Argentina 185
Estados Unidos 18

País

Comparación cultural Based on the information above, what might you assume are the attitudes toward school in Spanish-speaking cultures? How are these the same as or different from attitudes in your community? List five suggestions that might help an exchange student from Mexico City adjust to your school.

Investigar How are other schools in your area similar to or different from yours? How are they similar to or different from those in Spanish-speaking countries? Make a list of schools in your area and describe these similarities and differences. Are some schools more formal? Do students take classes that are different from the ones you take?

Online Cultural Reading

Go to PearsonSchool.com/Autentico ONLINE to read and understand a website selling school supplies.

Strategy: Scan the web page for categories and words you understand in order to find information you need.

Inténtalo: Demonstrate your understanding of the site by identifying the products you need for school and their cost.

Presentación escrita

OBJECTIVES
▶ Write a description of your classroom
▶ Make a sketch to remember ideas

Go Online to practice
PEARSON
realize™

PearsonSchool.com/Autentico

WRITING

Tu sala de clases

TASK Your pen pal from Mexico is coming to visit your school. Write him or her a note describing your Spanish classroom.

1 **Prewrite** Sketch your classroom, showing and labeling the items you intend to describe.

2 **Draft** Write the first draft of your note. Use your sketch to remember which items you want to describe and where they are. Use the model to organize your draft.

Modelo

En mi sala de clases hay cuatro ventanas. Mi pupitre está delante del escritorio de la profesora. La bandera está al lado de la puerta. Las computadoras están encima de la mesa.

Strategy
Creating visuals Creating a sketch or a drawing can help you remember the things you want to write about in a description.

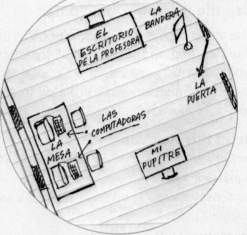

3 **Revise** Check your note for correct spelling, as well as for the categories under Evaluation. Share your note with a partner, who will check for the following:

• Is your note easy to understand?

• Could you add other information?

• Are there any errors?

Rewrite your note making any necessary changes.

4 **Publish** Make a final copy of your note for display in the classroom or for your portfolio.

5 **Evaluation** The following rubric will be used to grade your note.

Rubric	Score 1	Score 3	Score 5
Use of newly acquired vocabulary	You use very little variation of vocabulary with frequent usage errors.	You use limited vocabulary with some usage errors.	You use an extended variety of vocabulary with very few usage errors.
Correct use of the verb *estar*	You use many repetitions of incorrect verb forms.	You use frequent repetitions of incorrect verb forms.	You use very few incorrect verb forms.
Amount of information	You provide information about two or fewer items in the classroom.	You provide information about three or fewer items in the classroom.	You provide information about four or more items in the classroom.

Auténtico

Vencer las molestias de la tarea

Before You Watch

Use the Strategy: Anticipate

The video provides homework tips to parents. Use information that you know to anticipate what the study tips might be in Spanish. Also review Spanish key words related to school you have already learned.

Read this Key Vocabulary

vencer = overcome

la molestia = annoyance

los consejos = tips

el lugar = place

concentrarse = to concentrate

la habitación = bedroom

mejor = best

el esfuerzo = effort

▶ Watch the Video

Think about the challenges you face while doing your homework. What tips (consejos) does the speaker give parents so they can help their children with homework?

Go to **PearsonSchool.com/Autentico** and watch the video **Vencer las molestias de la tarea** to learn about homework tips.

Complete the Activities

Mientras ves As you watch the video, indicate which of the following words are included and note which kind of tip they support in the video. Write a three column chart with the heads: *Lugar / Concentrarse / Rutina,* to organize the words you hear.

calculadora	bolígrafos
escuela	tarea
lápices	tiempo
escritorio	hablar por teléfono
mesa	les gusta

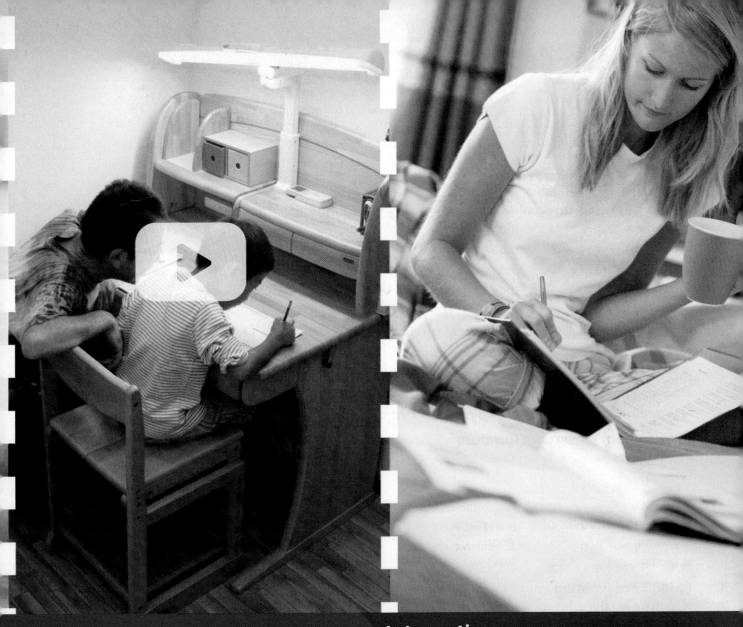

Integration

Después de ver Review the video as needed to answer the following questions.

1. According to the video, what do students need to have nearby before they start their homework?

2. What time management tips can you understand from the video?

3. In the final scene, the word *perseverancia* appears. What might perseverance have to do with overcoming the *molestias de la tarea*?

 For more activities, go to the *Authentic Resources Workbook.*

Las escuelas en Latinoamérica

Expansión Find other authentic resources in *Auténtico* online, then answer the question.

 2B Auténtico

Integración de ideas The authentic resources present information about studying in Spanish-speaking countries. Write a sentence to describe an aspect of education that you find interesting.

Comparación cultural Write about the similarities and differences of education as compared to your own experience.

Repaso del capítulo

OBJECTIVES
▶ Review the vocabulary and grammar
▶ Demonstrate you can perform the tasks on p. 121

🔊 Vocabulario

to talk about classroom items

la bandera	flag
el cartel	poster
la computadora	computer
la mochila	bookbag, backpack
la pantalla	(computer) screen
la papelera	wastepaper basket
el ratón	(computer) mouse
el reloj	clock
el sacapuntas	pencil sharpener
el teclado	(computer) keyboard

to talk about classroom furniture

el escritorio	desk
la mesa	table
la silla	chair

to talk about parts of a classroom

la puerta	door
la ventana	window

to indicate location

al lado de la / del	next to, beside
allí	there
aquí	here
debajo de la / del	underneath
delante de la / del	in front of
detrás de la / del	behind
¿Dónde?	Where?
en	in, on
encima de la / del	on top of

For *Vocabulario adicional,* see pp. 472–473.

to indicate possession

de	of
mi	my
tu	your

to identify (description, quantity)

Es un(a) . . .	It's a . . .
Hay	There is, There are
¿Qué es esto?	What is this?

Gramática

estar *to be*

estoy	estamos
estás	estáis
está	están

to identify gender and quantity of nouns

los, las	the
unos, unas	some

Preparación para el examen

Más recursos   PearsonSchool.com/Autentico

▦ Games   ▭ Flashcards   ✎ Instant check

▶ Tutorials   ▶ *Gram*Activa videos   ▶ Animated verbs

What you need to be able to do for the exam . . .	Here are practice tasks similar to those you will find on the exam . . .	For review go to your print or digital textbook . . .
Interpretive		
1 ESCUCHAR I can listen to and identify classrooms and locations.	Listen as a student frantically asks some of his friends where he left his homework. Can you identify all of the classrooms and places they suggest that he look?	**pp. 100–103** *Vocabulario en contexto* **p. 105 Actividades 6–7** **p. 111 Actividad 18**
Interpersonal		
2 HABLAR, ESCRIBIR I can talk or write about where someone is located by describing where that person is in relation to objects in the classroom.	You are trying to find out the name of someone in your class. You ask the person next to you, but he doesn't understand whom you are talking about. Give at least three statements that would help him identify the person. You might include where he or she is in relation to the teacher's desk, the window, someone else's desk, and so on.	**pp. 100–103** *Vocabulario en contexto* **p. 105 Actividades 6–7** **p. 108 Actividades 11–12** **p. 109 Actividad 13** **p. 111 Actividad 18**
Interpretive		
3 LEER I can read and understand a letter that contains questions and concerns about school issues.	The school counselor has asked you to help him read a note written by a new Spanish-speaking student at school. After reading it, tell the counselor what the problem is and the kinds of questions the student asks. **Necesito una clase para la primera hora. ¿Cómo es la clase de tecnología, fácil o difícil? ¿Qué necesito para la clase? ¿Cuántos estudiantes hay en la clase? ¿Hay mucha tarea?**	**pp. 100–103** *Vocabulario en contexto* **p. 112 Actividad 19** **p. 114** *Lectura*
Presentational		
4 ESCRIBIR I can write an email to a friend about one of her classes.	You have just moved to a new town and are sending an e-mail to a friend from your old school. You have lots of questions about her classes. Write at least three questions about one of her classes: whether she likes it, how many students are in it, where her desk is in the room, what else is in the room, etc.	**pp. 100–103** *Vocabulario en contexto* **p. 112 Actividad 19**
Cultures		
5 COMPARAR I can demonstrate an understanding of cultural differences in schools.	Think about how students and teachers interact within a typical classroom in a Spanish-speaking country. What are at least four things you might find different from most schools in the United States?	**p. 106** *Fondo cultural* **p. 113** *Fondo cultural* **p. 116** *Perspectivas del mundo hispano*

3A
¿Desayuno o almuerzo?

Country Connections Explorar el mundo hispano

España
México
Venezuela
Costa Rica
Ecuador
Colombia
Perú
Bolivia
Chile

CHAPTER OBJECTIVES

Communication

By the end of this chapter you will be able to:

- Listen to and read descriptions of meals and menus.
- Talk and write about foods you and others like and dislike.
- Exchange information about food preferences.

Culture

You will also be able to:

- **Auténtico:** Identify cultural practices viewed in an authentic video about food.
- Analyze the exchange of native foods between the Americas and Europe.

You will demonstrate what you know and can do

- Presentación oral: ¿Qué te gusta comer?
- Repaso del capítulo: Preparación para el examen

You will use

Vocabulary

- Foods and beverages for breakfast and lunch
- Expressions of frequency

Grammar

- Present tense of -er and -ir verbs
- Me gustan, me encantan

ARTE y CULTURA   España

Bartolomé Murillo (1617–1682) was the first Spanish painter to become famous throughout Europe. Several of his early paintings featured children from his native Sevilla. Murillo used color, light, and a natural portrayal of his subjects to create memorable masterpieces.

▶ Study the painting and come up with three adjectives that describe it. Would you say the impression Murillo gives of the boys is positive or negative? Why?

 Mapa global interactivo Explore Sevilla, Spain and the home of Bartolomé Murillo and examine the connections between the city and the artist

"Niños comiendo fruta" (ca. 1650) Bartolomé Murillo ▶

© ARS, NY. Copyright Scala/Art Resource, NY. Alte Pinakothek, Munich, Germany

Un almuerzo con toda la familia

OBJECTIVES
Read, listen to, and understand information about foods and beverages for breakfast and lunch

los plátanos

el yogur de fresa

la salchicha

la limonada

el té

la ensalada de frutas

el jugo de naranja

el pan

el cereal

el café

el jamón

el queso

los huevos

el té

" **El desayuno** es mi **comida** favorita. **En el desayuno**, yo **como** cereal **con** leche, tocino y **pan tostado. Todos los días bebo** jugo de naranja. **Nunca** bebo té **sin** leche. Y tú, ¿qué **comes** en el desayuno? "

Más vocabulario
la pizza = pizza
el té helado = iced tea

" **Me encanta** el Restaurante de la Plaza.
La comida es muy buena. **En el almuerzo,**
como una ensalada de frutas o un sándwich
de jamón y queso. **Siempre** bebo agua. Es
importante **beber** mucha agua, ¿**verdad**? ".

las galletas

**el perrito
caliente**

**la
hamburguesa**

el agua*

**el jugo de
manzana**

**los
refrescos**

el tocino

**las papas
fritas**

**la sopa de
verduras**

la leche

**el sándwich de
jamón y queso**

* Note that *agua* is a feminine noun. However, you use the masculine
article *el* to make it easier to say.

1

¿Beber o comer?

 ESCUCHAR   Listen to the names of ten foods and
beverages. If an item is a food, pantomime eating. If it's a
beverage, pantomime drinking.

2

¿El desayuno o el almuerzo?

ESCUCHAR   Listen as different people tell what they are
eating. Hold up one hand if the meal is *el desayuno* and
hold up both hands if it is *el almuerzo*.

María y Carlos mandan mensajes para hablar de las bebidas y comidas. María es de México pero está en San Antonio.

📞 **mensajes**   08:07 AM

María — ¿**Cuál** es tu almuerzo favorito?

Carlos — **Me encantan** los sándwiches. ☺

María — A mí me encantan las tortas.

Carlos — **No comprendo.** ❓ ¿Qué es una torta?

María — En México, una torta es un sándwich, pero el pan es especial.

Carlos — ¿Hay tortas de salchicha?

María — **Por supuesto.** Las tortas de huevo con salchicha son deliciosas. También me gusta comer **ensalada** de verduras, de frutas o de huevos.

Carlos — ¿Ensalada de huevos? **¡Qué asco!** ☹ No me gusta nada.

María — ¿Qué **bebes** con los sándwiches? ¿Te gustan los jugos?

Carlos — **Más o menos.** 😐

María — Me encantan las aguas frescas. Es como jugo pero con menos fruta. Mañana, yo **comparto** mi bebida y tú **compartes** tu sándwich.

3

El almuerzo favorito

ESCRIBIR   Lee las frases. Escribe *C (cierto)* si la frase es correcta o *F (falso)* si la frase es incorrecta.

1. A María le encantan las tortas.

2. En México, una torta es un taco.

3. A Carlos le encantan los jugos.

4. Las aguas frescas tienen fruta.

Videohistoria

El almuerzo

Before You Watch

Using visuals to infer meaning Use the images to help you infer the meaning of unknown words in the descriptions of traditional foods. Have you ever had foods similar to those in the photos?

Complete the Activity

Tu comida favorita Escribe una lista de las comidas que te gusta comer y las bebidas que te gusta beber en el almuerzo.

▶ Watch the Video

What foods will Valentina present as typical lunches in other Spanish-speaking countries?

Go to **PearsonSchool.com/Autentico** to watch the video *El almuerzo* and to view the script.

Valentina   **Sebastián**

After You Watch

 ¿COMPRENDES?   Complete the following sentences based on what you infer from the video.

1. Valentina estudia la comida de otros países en la clase de _____.
2. El ajiaco y el locro son _____ tradicionales en los países de Colombia y Ecuador.
3. En España, un bocadillo es un tipo de _____.
4. Un ejemplo de comida chatarra es _____.
5. En Argentina, un alfajor es una _____ popular.

Comparación cultural   Según la presentación de Valentina, ¿es la comida en el almuerzo de otros países diferente a la comida que tú comes? ¿Por qué?

OBJECTIVES
▸ Listen to a description and distinguish between breakfast and lunch foods
▸ Write about and discuss what you and others eat and drink for breakfast and lunch
▸ Exchange information about likes and dislikes
▸ Read about the American and European origins of foods to analyze a recipe

4

El desayuno o el almuerzo

 ESCRIBIR Think about the breakfast and lunch items that you have in your kitchen. Now look at the photo and list the foods and beverages that would typically be for breakfast, lunch or both.

desayuno
Modelo *los huevos*

desayuno y almuerzo

almuerzo
Modelo *el refresco*

5

¿Dónde están?

 ESCUCHAR, ESCRIBIR Vas a escuchar ocho descripciones sobre la foto de esta página. Escribe los números del 1 al 8 en una hoja de papel y escribe C si la descripción es cierta y *F* si es falsa.

6

¿Qué bebes?

 ESCRIBIR

1. On a sheet of paper, make three columns with these headings:

   Todos los días, A veces, Nunca. Write the names of these or other beverages under the appropriate heading based on how often you drink them.

2. Write complete sentences telling how often you drink these or other beverages.

Modelo

Bebo limonada todos los días.
Bebo jugo de manzana a veces.
Nunca bebo café.

> **También se dice...**
> **beber** = tomar *(México)*
> **el jugo** = el zumo *(España)*
> **la naranja** = la china *(Puerto Rico)*
> **las papas** = las patatas *(España)*
> **el plátano** = la banana,
>   el guineo *(Puerto Rico)*
> **el sándwich** = el bocadillo
>   *(España)*, la torta *(México)*

7

¿Qué comes?

 HABLAR EN PAREJA Trabaja con otro(a) estudiante y habla de lo que comes.

Videomodelo

 A —*¿Comes cereal?*
B —*Sí, como cereal todos los días.*
o: *No, nunca como cereal.*

Estudiante A

Estudiante B

> Sí, todos los días.
> Sí, a veces.
> Sí, siempre.
> No, nunca.
> No, ¡qué asco!

Mis comidas favoritas

HABLAR EN PAREJA Trabaja con otro(a) estudiante y habla de las comidas que te gustan y que no te gustan.

Videomodelo

A —*Te gustan los plátanos, ¿verdad?*
B —*Sí, ¡por supuesto! Me encantan.*

Estudiante A

Estudiante B

> Sí, ¡por supuesto! Me encantan.
> Sí, más o menos.
> No, no me gustan.
> No, ¡qué asco!

Exploración del lenguaje ‹ Using a noun to modify another noun

In English, one noun is often used to describe another noun: *vegetable soup, strawberry yogurt.* Notice that the noun that is being described comes second.

In Spanish, however, the noun that is being described comes first and is followed by **de** + the describing noun: *la sopa de verduras, el yogur de fresa.* Notice that you don't use a definite article in front of the second noun.

The form of the noun following **de** does not change even when the first noun becomes plural.

> el sándwich de **jamón**
> los sándwiches de **jamón**

Try it out! Name five examples of foods or beverages from this chapter that follow this pattern.

Now that you know the pattern, say what these foods and beverages are called in Spanish:

la lechuga

la piña

el pollo

el tomate

El intercambio entre dos mundos

LEER

Conexiones **La historia**

Think about how your meals would be different without corn, beans, squash, tomatoes, avocados, chiles, peanuts, cashews, turkey, pineapples, potatoes, vanilla, and chocolate. What do these foods have in common? They all had their origin in the Americas and were unknown in Europe until Columbus brought them there from his voyages in the fifteenth century. Today these foods are found in dishes in many countries.

The product exchange benefited both sides of the Atlantic Ocean. The Europeans brought to the Americas a wide range of foods including chicken, pork, beef, milk, cheese, sugar, grapes, and grains such as wheat and barley.

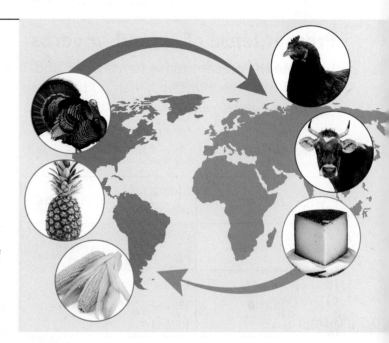

- What factors must have contributed to the successful establishment of crops or animals in the new countries?

Las enchiladas

LEER, ESCRIBIR   Read the list of ingredients for a traditional Mexican dish of *enchiladas*. Based upon the information you just read and saw on the map, write which ingredients had their origins in the Americas and which came from Europe.

Ingredientes > **Enchiladas de pollo¹ con salsa de tomate**

12	tortillas de maíz ²
1	taza³ de pollo
1	taza de queso fresco ⁴
6	tomates grandes ⁵
2	cebollas ⁶ no muy grandes
	crema
	aceite ⁷ de maíz

¹chicken ²corn ³cup ⁴fresh ⁵large ⁶onions ⁷oil

Y tú, ¿qué dices?

HABLAR EN PAREJA   Express and exchange opinions and preferences about food with a partner.

1. ¿Cuál es tu comida favorita, el desayuno o el almuerzo?

2. ¿Cuál es tu almuerzo favorito? ¿Y tu desayuno favorito?

3. ¿Qué frutas te gustan más?

Gramática

OBJECTIVES
▶ Read, write, and talk about what you and others eat for breakfast and lunch, and about everyday activities
▶ Exchange information with classmates about favorite foods and drinks

Present tense of *-er* and *-ir* verbs

To create the present-tense forms of *-er* and *-ir* verbs, drop the endings from the infinitives, then add the verb endings *-o, -es, -e, -emos / -imos, -éis / -ís,* or *-en* to the stem.

Here are the present-tense forms of *-er* and *-ir* verbs using *comer* and *compartir*:

¿Recuerdas?
The pattern of present-tense *-ar* verbs is:

toco	tocamos
tocas	tocáis
toca	tocan

(yo)	com**o**	(nosotros) (nosotras)	com**emos**
(tú)	com**es**	(vosotros) (vosotras)	com**éis**
Ud. (él) (ella)	com**e**	Uds. (ellos) (ellas)	com**en**

(yo)	compart**o**	(nosotros) (nosotras)	compart**imos**
(tú)	compart**es**	(vosotros) (vosotras)	compart**ís**
Ud. (él) (ella)	compart**e**	Uds. (ellos) (ellas)	compart**en**

- Regular *-er* verbs that you know are *beber, comer, comprender, correr,* and *leer.*
- Regular *-ir* verbs that you know are *compartir* and *escribir.*
- You also know the verb *ver.* It is regular except in the *yo* form, which is *veo.*

Más recursos ONLINE

▶ *GramActiva* video
▶ Tutorials: *-er* verbs, *-ir* verbs, Regular verbs, Stem-endings
▶ Animated verbs
🔊 *Canción de hip hop:* ¿*Qué comes?*
✎ *GramActiva* Activity

12

¿Quiénes comparten el almuerzo?

ESCRIBIR On a sheet of paper, write complete sentences saying what each person is sharing and with whom. Follow the model.

Modelo
Elena / una manzana / Raúl
Elena comparte una manzana con Raúl.

1. Tomás / una pizza / María
2. tú / unos sándwiches / Ramón
3. nosotros / unas papas fritas / los estudiantes
4. Uds. / unas galletas / el profesor
5. ellas / unos perritos calientes / nosotros
6. tú y yo / unos plátanos / Luis y Roberta
7. yo / ¿-? / mi amigo

¿Qué beben y qué comen?

 HABLAR EN PAREJA   Work with a partner. Use the verbs comer and beber to ask questions.

 Videomodelo

Juan / desayuno

A —¿Qué come *Juan* en el *desayuno*?

B —*Juan come pan tostado.*

Miguel y Carlos / almuerzo

A —¿Qué beben *Miguel y Carlos* en *el almuerzo*?

B —*Miguel y Carlos beben limonada.*

   1. Raúl y Gloria / desayuno

   4. Carolina / almuerzo

   2. tú / almuerzo

   5. tu familia y tú / desayuno

   3. Graciela y Carlos / desayuno

   6. tú / almuerzo
¡Respuesta personal!

Un blog

 LEER, ESCRIBIR   Lee el blog de una amiga de Venezuela. En una hoja de papel, escribe la forma correcta del verbo apropiado que está entre paréntesis. Escribe un comentario al blog en el que expreses tus opiniones.

 **El blog de Carolina**

Elena y yo estamos en Caracas. Nosotras __1.__ (comprender / correr) todos los días y __2.__ (comer / ver) muy bien.

Los estudiantes aquí __3.__ (comer / leer) mucha pizza y __4.__ (ver / beber) mucho café. Ellos __5.__ (leer / beber) muchos libros y __6.__ (escribir / ver) mucho también para las clases. Las clases son difíciles pero me encantan.

En la clase de español nosotros __7.__ (correr / leer) revistas y cuentos en español. Elena __8.__ (comprender / beber) muy bien pero para mí es un poco difícil.

Tengo que estudiar. ¡Hasta luego! ☺

15

Los sábados y la comida

ESCRIBIR, HABLAR   What do you and your classmates eat and drink for breakfast and lunch on Saturdays? Make a chart like the one below on a sheet of paper and complete each box with information about yourself. Then survey two classmates to find out what their habits are. Record the information in the chart.

Para decir más...
la crema de cacahuate = peanut butter
el pan dulce = breakfast pastry
el panqueque = pancake
el pollo = chicken

Modelo
Los sábados, ¿qué comes en el desayuno? ¿Qué bebes?
¿Qué comes en el almuerzo? ¿Qué bebes?

	¿Qué comes?	¿Qué bebes?
el desayuno	Yo: huevos, pan tostado, tocino Sandra: cereal, plátanos, pan tostado	
el almuerzo		

16

Los hábitos de la clase

ESCRIBIR   Use your completed chart from Actividad 15 to write summary statements based on your survey. Be prepared to read your sentences to the class.

Modelo
Sandra y yo comemos huevos y cereal en el desayuno.
Gregorio no bebe jugo de naranja en el desayuno y le gusta mucho la leche.
Sofía come cereal y bebe leche en el desayuno.

CULTURA ◄ El mundo hispano

El desayuno Existe una gran variedad de alimentos en el desayuno en los países hispanos. En España se desayunan los churros con chocolate caliente; en Colombia comen las arepas de maíz o los patacones (de plátano verde). En muchos países la gente[1] prefiere un desayuno ligero[2]: pan dulce[3] o panecillos, café o té, y jugo. El cereal, los huevos, el jamón y las salchichas son menos comunes.

Pre-AP Integration: Los estilos de vida Compara lo que tú comes en la mañana con los desayunos en los países hispanos.

Pan dulce, México

[1]people [2]light [3]sweet

Gramática

Go **Online** to practice

PEARSON

realize™

PearsonSchool.com/Autentico

WRITING

AUDIO

OBJECTIVES
▶ Indicate and write about what you like and don't like to eat
▶ Read and answer questions about a food survey and a menu
▶ Exchange information about food preferences

Me gustan, me encantan

Use *me gusta* and *me encanta* to talk about a singular noun.

Me gusta **el té** pero me encanta **el té helado**.

Use *me gustan* and *me encantan* to talk about plural nouns.

Me encant**an las fresas** pero no me gust**an** mucho **los plátanos**.

When you use *me gusta(n)* and *me encanta(n)* to talk about a noun, include *el, la, los,* or *las*.

Me encanta **el** jugo de naranja pero no me gusta **la** leche.

¿Qué te gustan más, **las** hamburguesas o **los** perritos calientes?

Más recursos ONLINE

▶ *GramActiva* video

▶ Tutorials: -er verbs

✎ *GramActiva* Activity

17 ¿Gusta o gustan?

 ESCUCHAR, GRAMACTIVA

1. Tear a sheet of paper in thirds. On the first piece, write *No.* On the second piece write *me gusta*. On the third piece, write *n*.

2. You will hear eight food items. Indicate whether you like each item by holding up one, two, or all three pieces of paper. Remember to use *me gustan* when the item you hear is plural!

No ⟩ *me gusta* ⟩ *n*

18 ¿Qué te gusta?

 ESCRIBIR EN PAREJA Exchange text messages with a classmate to express your opinions and preferences about foods. Write a text message for each food pictured.

Modelo

Me gustan las manzanas.

o: *No me gustan nada las manzanas.*

o: *Me encantan las manzanas.*

 ❶

 ❷

 ❸

 ❹

 ❺

 ❻

19

¿Qué te gusta más?

LEER, ESCRIBIR EN PAREJA Read a survey and exchange opinions and preferences with a partner.

1. A popular magazine has provided this survey to see how much you and a friend have in common. On a sheet of paper, write the numbers 1–7 and then write your preferences.

2. Take turns exchanging emails with your partner about the survey items. Keep track of your similarities and differences. See how the magazine rates you.

Videomodelo

¿La comida mexicana o la comida italiana?

A —¿Qué te gusta más, la comida mexicana o la comida italiana?

B —Me gusta más la comida italiana.

o: —No me gusta ni la comida mexicana ni la comida italiana.

A —A mí también.

B —A mí me gusta la comida mexicana.

o: —A mí tampoco.

¿Qué te gusta más?

1	.... la comida mexicana	o	la comida italiana
2	................el desayno	o	el almuerzo
3	.... el cereal con fruta	o	el cereal sin fruta
4	.... las revistas	o	los libros
5	.... la música rock	o	la música rap
6	..... los amigos graciosos	o	los amigos serios
7	.........las hamburguesas con queso	o	las hamburguesas sin queso

Respuestas similares...

7—6 ¡Uds. son gemelos¹
5—4 Tienen mucho en común, ¿verdad?

3—2 ¡Un poco similares/un poco diferentes!
1—0 ¿Los opuestos² se atraen?³ ¡Por supuesto!

¹twins ²opposites ³attract

Pronunciación ‹ The letters *h* and *j*

In Spanish, the letter *h* is never pronounced. Listen to and say these words:

    hora   hablar   hasta   hola

    hoy   hace   hacer   hotel

The letter *j* is pronounced like the letter *h* in "hat" but with more of a breathy sound. It is made far back in the mouth—almost in the throat. Listen to and say these words:

    trabajar   dibujar   jugar   videojuegos

    hoja   jueves   junio   julio

Try it out! Find and say five examples of foods or beverages from this chapter that have *h* or *j* in their spelling.

Try it out! Say this *trabalenguas* three times as fast as you can:

Debajo del puente de Guadalajara había un conejo debajo del agua.

20

¿Qué comida hay en el Ciberc@fé @rrob@?

 LEER, ESCRIBIR, HABLAR   Lee el menú y contesta las preguntas.

Strategy

Skimming Look quickly through the menu. What meal is it for? Find three dishes you recognize and two that are new to you.

Menú del Ciberc@fé @rrob@

Tel: **212 03 95**
#65 Col. Centro

Desayunos

No. 1	Huevos: *(jamón, tocino, chorizo¹)*	$27.00
	Con cóctel de fruta	$30.00
No. 2	Sincronizadas: *(tortilla de harina,²*	$33.00
	queso amarillo, jamón)	
	Con cóctel de fruta	$36.00
No. 3	Cuernitos: *(jamón, queso, tomate*	$30.00
	y lechuga)	
	Con cóctel de fruta	$33.00
No. 4	Chilaquiles: *verdes o rojos*	$21.00
	Con cóctel de fruta	$24.00
No. 5	Omelet: *(con pollo, jamón, tomate*	$27.00
	cebolla, champiñones³ o queso)	
No. 6	Crepas (champiñones, jamón, pollo)	$19.00

Refrescos *$7.50*   Café *$6.00*   Jugos *$11.50*   Té o té helado *$6.00*

Crepas de cuitlacoche

Chilaquiles

¹spicy sausage ²flour ³mushrooms

¿Comprendes?

1. Comes el desayuno No. 1, con un jugo de naranja. ¿Cuál es el precio *(price)* del desayuno?

2. Comes un omelet con un café. ¿Cuál es el precio?

3. No te gustan nada los huevos. ¿Qué comes del menú?

4. No te gusta ni el café ni el té helado. ¿Qué bebes?

El español en la comunidad

Foods from different Spanish-speaking countries have become very popular in the United States. Visit a local grocery store and make a list of different types of foods that come from Spanish-speaking countries. Which of these foods have you tried?

Lectura

OBJECTIVES

▶ Read about fruits native to the Americas
▶ Use cognates and context to understand unknown words
▶ Learn about produce imported from Chile

Strategy

Making guesses When you find an unknown word, try to guess the meaning. Is it a cognate? What might it mean within the context of the reading and other words around it? Keep reading and the meaning may become clear.

Frutas y verduras de las Américas

Hay muchas frutas y verduras que son originalmente de las Américas que hoy se comen en todos los países. Las verduras más populares son la papa, el maíz, los frijoles y muchas variedades de chiles. También hay una gran variedad de frutas como la papaya, la piña y el aguacate. Estas frutas y verduras son muy nutritivas, se pueden preparar fácilmente y son muy sabrosas. La papaya y la piña son frutas que se comen en el desayuno o de postre. ¿Cuáles de estas frutas comes?

el aguacate

La pulpa del aguacate es una fuente de energía, proteínas, vitaminas y minerales. Tiene vitaminas A y B.

el mango

Aunque[1] el mango es originalmente del Asia, se cultiva en las regiones tropicales de muchos países de las Américas. Tiene calcio y vitaminas A y C, como la naranja.

[1]Although

la papaya

Es una fruta con mucha agua. Es perfecta para el verano. Tiene más vitamina C que la naranja.

la receta > Licuado de plátano

Licuado de plátano

★ ★ ★ ★ ☆ comentarios (129)

El licuado es una bebida muy popular en los países tropicales. ¡Es delicioso y muy nutritivo!

 1 porción

 5 minutos

Ingredientes

1 plátano
2 vasos de leche
1 cucharadita de azúcar
hielo

Preparación

1. Cortar el plátano.
2. Colocar los ingredientes en la licuadora.
3. Licuar por unos 5 ó 10 segundos.

 # ¿Comprendes?

1. ¿Qué vitaminas tienen las frutas en la página anterior?
2. De las frutas y verduras del artículo, ¿cuáles (which ones) te gustan? ¿Cuáles no te gustan?
3. ¿Qué otras frutas te gustan? ¿Comes estas frutas en el desayuno o en el almuerzo?
4. ¿Qué fruta no es originalmente de las Américas?

Chile

CULTURA ‹ Chile

Frutas y verduras Los Estados Unidos importan una variedad de frutas. Durante el invierno importan manzanas, duraznos y uvas de Chile. Todo el año importan frutas tropicales, como[1] la papaya o el mango, de México, la República Dominicana y otros países de Centro y Sudamérica.

Pre-AP Integration: Los temas económicos ¿Es importante el clima de un país en la importación de las frutas y verduras? ¿Por qué?

 Mapa global interactivo Explore the geography of Chile and locate the agricultural regions.

Uvas de Chile

[1]like

La cultura en vivo

Churros y chocolate

Empezar el día con churros y chocolate es una tradición muy española y también de otros países de habla hispana. Hay restaurantes o cafés que se llaman churrerías y se especializan en los churros o puedes comprar los churros en puestos de la calle.

Los churros son pastas (*pastries*) que se fríen (*are fried*) en aceite (*oil*). Lo típico es comer los churros con chocolate caliente, una bebida rica y espesa (*thick*). Puedes tomar esta comida deliciosa en el desayuno o una merienda (*snack*). Pero cuidado... no debes comer muchos porque tienen grasa.

Comparación cultural ¿Qué combinaciones de comida o bebida les gustan a ti y a tus amigos? ¿Comen algo parecido (*like*) a los churros y chocolate?

Online Cultural Reading

Go to PearsonSchool.com/Autentico ONLINE to read and understand a website with information about meals on a day trip.

Strategy: Use background knowledge to identify cultural differences. Notice information in a website that differs from your own experience.

Aplicación: Find the section about food on the web site and identify cultural practices related to food and mealtimes. Identify the meals and foods for purchase and compare the times of each meal to times you eat and foods you typically have.

Churros

1 cup water	1/2 cup unsalted butter (= *1 stick*)
1/4 teaspoon salt	1 cup all-purpose flour
4 large eggs	oil for deep frying
1 cup sugar	

In a heavy saucepan, bring water, butter, and salt to a full boil. Remove from heat. Add the flour all at once, stirring briskly. Stir until the mixture pulls away from the side of the pan and forms a ball. Put the mixture in a bowl. With an electric mixer on medium speed, add one egg at a time. After adding the last egg, beat the mixture for one more minute.

With adult supervision, heat 2–3 inches of oil to 375° F in a deep, heavy pan. Fit a pastry bag or cookie press with a 1/2 inch star tip. Pipe out 6 inch-long tubes of dough into the oil. ***Be extremely cautious adding dough to the oil, because the oil may spatter and burn you!*** Fry, turning a few times, for 3–5 minutes or until golden brown. Place the sugar on a plate. Drain the *churros* well on paper towels and then roll them in the sugar.

Chocolate caliente

To make hot chocolate in Mexico, cacao beans are ground to a powder. Cinnamon, powdered almonds, and sugar are then added, and hot milk is poured in. The mixture is whipped with a wooden whisk called *un molinillo* or *un batidor*. You can find Mexican-style chocolate for making *chocolate caliente* in many supermarkets.

Churros y chocolate

Chocolate caliente

Presentación oral

OBJECTIVES
▶ Role-play an interview about classes, favorite activities, and favorite foods
▶ Use a list of questions to get the information you want

¿Y qué te gusta comer?

TASK You and a partner will role-play a telephone conversation between an exchange student from the United States and a member of his or her host family in Uruguay.

① **Prepare** Be sure to prepare for both roles. Here's how:

Host student: List at least four questions for the exchange student. Find out what he or she likes to study, eat and drink for breakfast and lunch, and his or her favorite activities.

Exchange student: Write some possible answers to questions from the host student and be prepared to give information about yourself.

Strategy

Making lists Making lists of questions can help you in conversations where you need to find out specific information.

② **Practice** Work with a partner to practice different questions and different responses. Here's how you might start your conversation:

> **Host student:** ¡Hola, Pablo! Soy Rosa.
>
> **Exchange student:** ¡Hola, Rosa! ¿Cómo estás?
>
> **Host Student:** Bien, gracias. Pues Pablo, ¿te gusta . . . ?

Continue the conversation. Use your notes in practice, but not to present.

③ **Present** You will be paired with another student, and your teacher will assign roles. The host student begins the conversation. Listen to your partner's questions and responses and keep the conversation going.

④ **Evaluation** The following rubric will be used to grade your presentation.

Rubric	Score 1	Score 3	Score 5
Completion of task	You ask or answer two questions during the conversation.	You ask or answer three questions during the conversation.	You ask or answer four or more questions during the conversation.
How easily you are understood	You are extremely difficult to understand. Your teacher could only recognize isolated words and phrases.	You are understandable, but have frequent errors in vocabulary and/or grammar that hinder your comprehensibility.	You are easily understood. You teacher does not have to "decode" what you are trying to say.
Your ability to keep the conversation going	You provide no conversational response or follow-up to what your partner says.	You provide frequent response or follow-up to what your partner says.	You always provide a response to your partner, listen and ask follow-up questions or volunteer additional information.

Auténtico

Quesadillas en las calles de México

Before You Watch

Use the Strategy: Visuals

Use the visuals to increase your understanding of the key ideas in the video. Watch for details of the foods, how people are eating them, and their reaction as they eat.

Read this Key Vocabulary

al gusto = to taste

un poquito de hambre = a little hungry

¿está rico? = Is it tasty?

nopal = prickly pear cactus, a common ingredient in Mexican cuisine

uno de los mejores que he comido = one of the best that I have eaten

chicharrón = crispy pork rind

▶ Watch the Video

What kinds of foods do you think would be in a *quesadilla* served on the streets of Mexico City?

Go to **PearsonSchool.com/Autentico** and watch the video *Raúl de Molina se dio gusto comiendo quesadillas en las calles de México* to see how eating street food can be a cultural experience for the senses.

Complete the Activities

Mientras ves As you watch the video, indicate the ingredients from the list below that you see or hear in the different food items.

queso	chile
carne	nopal
tortilla	croquetas
chicharrón	cereal
café	arroz

Integration

Después de ver Review the video as needed to answer the following questions.

1. En el video, ¿a los clientes les gusta (*do they like*) la comida? ¿Qué palabras o expresiones usan?

2. Escribe los ingredientes que tienen las quesadillas.

3. At the end of the video, Raúl says that eating at this food stand is "mejor que comer en un restaurante de cinco estrellas". What words and visual clues from the video help you to understand what he means?

 For more activities, go to the *Authentic Resources Workbook*.

Los estilos de vida y las tradiciones sociales

Expansión Find other authentic resources in *Auténtico* online, then answer the question.

 3A Auténtico

Integración de ideas En los dos recursos auténticos, ¿cuáles son los ingredientes que las comidas tienen en común? Explica la importancia de un ingrediente en la comida mexicana.

Comparación cultural Compara la comida típica en tu casa con la comida mexicana.

Repaso del capítulo

OBJECTIVES
▶ Review the vocabulary and grammar
▶ Demonstrate you can perform the tasks on p. 145

🔊 Vocabulario

to talk about breakfast

en el desayuno	for breakfast
el cereal	cereal
el desayuno	breakfast
los huevos	eggs
el pan	bread
el pan tostado	toast
el plátano	banana
la salchicha	sausage
el tocino	bacon
el yogur	yogurt

to talk about lunch

en el almuerzo	for lunch
la ensalada	salad
la ensalada de frutas	fruit salad
las fresas	strawberries
la galleta	cookie
la hamburguesa	hamburger
el jamón	ham
la manzana	apple
la naranja	orange
las papas fritas	French fries
el perrito caliente	hot dog
la pizza	pizza
el queso	cheese
el sándwich de jamón y queso	ham and cheese sandwich
la sopa de verduras	vegetable soup

to talk about beverages

el agua f.	water
el café	coffee
el jugo de manzana	apple juice
el jugo de naranja	orange juice
la leche	milk
la limonada	lemonade
el refresco	soft drink
el té	tea
el té helado	iced tea

to talk about eating and drinking

beber	to drink
comer	to eat
la comida	food, meal
compartir	to share

to indicate how often

nunca	never
siempre	always
todos los días	every day

to say that you like / love something

Me / te encanta(n) ____.	I / you love (____).
Me / te gusta(n) ____.	I / you like (____).

other useful words

comprender	to understand
con	with
¿Cuál?	Which? What?
más o menos	more or less
por supuesto	of course
¡Qué asco!	How awful!
sin	without
¿Verdad?	Right?

Gramática

present tense of -er verbs

como	comemos
comes	coméis
come	comen

present tense of -ir verbs

comparto	compartimos
compartes	compartis
comparte	comparten

For *Vocabulario adicional*, see pp. 472–473.

Preparación para el examen

What you need to be able to do for the exam...	Here are practice tasks similar to those you will find on the exam...	For review go to your print or digital textbook...
Interpretive		
1 ESCUCHAR I can understand descriptions of what people eat and drink for lunch.	Listen as three students describe what they typically eat and drink for lunch. Which is most like the kind of lunch you eat? Did they mention anything you could not buy in your school cafeteria?	**pp. 124–127** *Vocabulario en contexto* **p. 125 Actividades 1–2** **p. 128 Actividad 5**
Interpersonal		
2 HABLAR I can tell someone what I typically eat for breakfast and ask them the same.	Your Spanish club is meeting for breakfast before school next week. Find out what other people in your class typically eat for breakfast. After you tell at least two people what you eat for breakfast, ask what they like to eat. Does everyone eat the same kind of breakfast or do you all like to eat different things?	**p. 129 Actividad 7** **p. 130 Actividad 8** **p. 131 Actividad 11** **p. 133 Actividad 13** **p. 134 Actividades 15–16** **p. 141** *Presentación oral*
Interpretive		
3 LEER I can read and understand words on a menu.	You are trying to help a child order from the lunch menu below, but he is very difficult to please. He doesn't like anything white. And he refuses to eat anything that grows on trees. Which items from the menu do you think he would refuse to eat or drink? **Almuerzo** hamburguesa plátanos pizza manzana ensalada leche	**pp. 124–127** *Vocabulario en contexto* **p. 131 Actividad 10** **p. 137 Actividad 20** **pp. 138–139** *Lectura*
Presentational		
4 ESCRIBIR I can write a list of the foods that I like and dislike.	Your Spanish club is sponsoring a "Super Spanish Saturday." Your teacher wants to know what foods the class likes and dislikes so that the club can buy what most people like. Write the headings *Me gusta(n)* and *No me gusta(n)* in two columns. List at least four items that you like to eat and drink for breakfast and four items for lunch. Then list what you don't like to eat and drink for these same meals.	**p. 128 Actividad 4** **p. 129 Actividad 6** **p. 131 Actividad 11** **p. 134 Actividad 16** **p. 135 Actividad 18** **p. 137 Actividad 20**
Culture		
5 COMPARAR I can understand some cultural differences regarding snacks.	Think about popular food combinations in the United States, such as a cup of coffee and a doughnut. What is a similar combination that is popular in many Spanish-speaking countries, and where are you able to buy it?	**p. 140** *La cultura en vivo*

CAPÍTULO 3B
Para mantener la salud

Country Connections Explorar el mundo hispano

España
México
Guatemala
Costa Rica
Chile
Paraguay
Uruguay
Argentina

CHAPTER OBJECTIVES

Communication

By the end of this chapter you will be able to:

- Listen to and read descriptions of healthy and unhealthy lifestyles.
- Talk and write about food, health, and exercise choices.
- Exchange information while expressing your opinions about food choices and health.

Culture

You will also be able to:

- **Auténtico:** Read an authentic text about healthy foods and identify cultural practices.
- Understand cultural perspectives on medicines and health care.

- Compare traditional foods, markets, and festivals in the Spanish-speaking world with those in the United States.

You will demonstrate what you know and can do:

- Presentación escrita: Para mantener la salud
- Repaso del capítulo: Preparación para el examen

You will use:

Vocabulary
- Food groups
- Healthy activities
- Ways to describe foods

Grammar
- Plurals of adjectives
- The verb *ser*

ARTE y CULTURA ⟩ México

Diego Rivera (1886–1957) This detail of a mural entitled "La Gran Tenochtitlán" by Mexican artist Diego Rivera is located in the Palacio Nacional in Mexico City. It shows *el tianguis,* the bustling marketplace at Tenochtitlán, capital of the Aztec Empire. In the center right there are many kinds of food being traded, including tomatoes, squash, and different varieties of chile peppers. This mural is one of many by Rivera that focus on pre-Columbian life and civilizations.

- What impression do you think Rivera is giving about life in the pre-Columbian civilizations?

🌐 **Mapa global interactivo** Explore downtown Mexico City, and locate the Zócalo and Palacio Nacional.

Detalle de *"La Gran Tenochtitlán"* (1945), Diego Rivera ▶

The Great City of Tenochtitlan, detail of a woman selling vegetables, 1945 (mural), Rivera, Diego (1886-1957)/Palacio Nacional, Mexico City, Mexico/Giraudon/The Bridgeman Art Library.

Mercado de la Boquería,
Barcelona, España

▶ **Videocultura El maíz:** *comida esencial*

Vocabulario en contexto

OBJECTIVES

Read, listen to, and understand information about
▸ food groups
▸ healthy activities
▸ ways to describe food

Paco y Tía Adela hablan de la comida.

Paco: **Tengo hambre.** Necesito comer **algo** bueno, por ejemplo, unos huevos rancheros.

Tía: Sí. Los huevos rancheros **son** muy **sabrosos.** Pero no **debes** comer **muchas** grasas, Paco. **¿Por qué** no comes una ensalada de tomates y cebollas?

Paco: ¡Qué **horrible! Prefiero** un helado o un pastel.

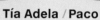

Tía Adela / Paco

las uvas

las zanahorias

los tomates

las cebollas

la lechuga

las grasas

la mantequilla

las papas

las judías verdes

los guisantes

la carne

el bistec

el pollo

el pescado

Paco: Mi familia dice que mi dieta es **mala**. ¿Qué **hago**?

Tía: **Para mantener la salud,** debes comer de **todo**. Come muchas verduras, frutas y también cereales. Paco, **¿haces ejercicio?**

Paco: Pues sí, **cada día**. Me gusta caminar y a veces levanto pesas.

Tía: ¡Muy bien!

caminar

los espaguetis

el helado

los pasteles

los cereales

el arroz

levantar pesas

1

¿Qué debe comer Paco?

 ESCUCHAR Listen to Paco's friend giving him advice on his diet. Touch the photo of each item she mentions.

2

Una salud perfecta

 ESCUCHAR Listen to a student describing his health habits. Raise one hand if he is describing things that are healthy and two hands if he is describing things that are unhealthy.

La cena con papá

Celia: **Tengo sed**, papá. Necesito una leche con chocolate para **la cena**.

Papá: Celia, nunca bebes agua. Debes beber más agua.

Celia: Sí papá, pero **prefiero** la leche con chocolate. Es más sabrosa.

Papá: **Estoy de acuerdo**, pero mucho chocolate es malo **para la salud**. ¿Qué **bebida prefieres**: agua, agua fresca o jugo?

Celia

Papá

Celia: Está bien, papá. Entonces, para beber, un agua fresca de mango **porque** tengo mucha, mucha sed. Y para comer, una sopa, unas enchiladas de pollo y...

Papá: **Creo que** es mucha comida.

Celia: ¡Yo **creo que no**! Tengo hambre, papá.

Papá: Está bien, Celia. Por favor, dos aguas frescas para beber. Y para comer, una sopa y unas enchiladas de pollo para ella. Y para mí... A ver... una ensalada de frijoles. Gracias.

3

Celia tiene sed y hambre

ESCRIBIR Lee las frases. Escribe C (cierto) si la frase es correcta o F (falso) si la frase es incorrecta.

1. Celia bebe agua fresca de mango.

2. No es bueno para la salud comer mucho chocolate.

3. A Celia le gusta comer enchiladas de pescado.

4. Celia y su papá comparten una cena de sopa, ensalada y leche con chocolate.

Videohistoria

Go **Online** to practice
PEARSON realize™
 AUDIO VIDEO WRITING SCRIPT

PearsonSchool.com/Autentico

Comida tropical

Before You Watch

Using prior experience Think about what you see in the supermarket. Have you tried all the fruits and vegetables there? Which ones does your family typically eat most often?

Complete the Activity

Las verduras y frutas ¿Cuáles son las frutas y verduras que más come tu familia? ¿Comes las frutas, verduras y comidas de las fotos?

▶ Watch the Video

What different foods does Teo buy at the market for his Dad's Cuban recipes?

Go to **PearsonSchool.com/Autentico** to watch the video *Comida tropical* and to view the script.

Camila

Mateo

After You Watch

¿COMPRENDES? Answer the following questions based on the video.

1. ¿Dónde está Teo? ¿Cómo habla con Camila?
2. ¿Qué verduras necesita Teo para la receta de ropa vieja?
3. ¿Qué más necesita para la ropa vieja?
4. Para hacer el flan, ¿necesita cocos o plátanos?
5. ¿Quién come muchas manzanas?
6. ¿Quién prefiere comidas con grasa?

Comparación cultural Compara las comidas cubanas de la familia de Teo con la comida de tu familia. ¿Comes las verduras, frutas o carnes que come la familia de Teo?

OBJECTIVES
▶ Identify foods from the different groups
▶ Discuss food preferences and healthy food choices
▶ Exchange information while giving advice about staying healthy
▶ Read and write about healthy activities

4

¡Claro que no!

LEER, ESCRIBIR For each group of words, choose the word or expression that doesn't belong and write it down on a sheet of paper. Then think of one more word or expression that does fit with the group and write it down beside the first word you wrote.

Modelo
la cebolla / la lechuga / la uva
la uva   la zanahoria

1. el pollo / el pescado / el arroz
2. las zanahorias / los pasteles / las judías verdes
3. caminar / correr / ver la televisión
4. malo / horrible / sabroso
5. comer mucho / levantar pesas / hacer ejercicio
6. los tomates / el pan / los espaguetis
7. cada día / un día / todos los días
8. el bistec / las papas / el pollo
9. la mantequilla / el helado / el pescado

5

¿En el refrigerador o no?

ESCRIBIR Escribe dos listas. En la primera lista, escribe las comidas y bebidas que deben estar en el refrigerador. En la segunda lista, escribe las comidas y bebidas que no necesitan estar en el refrigerador.

El mate es la bebida nacional de Argentina, Paraguay y Uruguay. Este té de hierbas[1] es bueno para beber con la familia y con los amigos. Las personas ponen el té en una calabaza hueca[2], que se llama mate. Beben el té con una paja[3] que se llama una bombilla.

Pre-AP Integration: Las tradiciones y los valores sociales ¿En los Estados Unidos hay una bebida nacional o una bebida favorita (popular)? ¿Cuál es?

[1]herb [2]hollow gourd [3]straw

Una mujer toma mate, Buenos Aires, Argentina. ▶

6

¿Qué prefieres?

HABLAR EN PAREJA   Ask your partner which of two foods he or she prefers. Your partner will state his or her preference and ask you which one you prefer.

Videomodelo

A —*¿Qué prefieres, **carne** o **pescado**?*

B —*Prefiero **carne**. Y tú, ¿qué prefieres?*

o: —*No como ni **carne** ni **pescado**. Y tú, ¿qué prefieres?*

A —*Prefiero **pescado**.*

Estudiante A

Estudiante B

¡Respuesta personal!

7

¿Sí o no?

HABLAR EN PAREJA   Pregunta a tu compañero(a) qué debe comer y beber para mantener su salud. Luego, dile otras recomendaciones que debe hacer según su respuesta.

Modelo

A —*¿Debes **beber leche** cada día para mantener la salud?*

B —***Creo que sí.** Necesitas beber mucha leche.*

o: —***Creo que no.** No necesitas beber mucha leche.*

Estudiante A

Estudiante B

Creo que . . .

¿Hay algo para comer?

HABLAR EN PAREJA   Pregunta a tu compañero(a) qué debe comer y beber a las horas indicadas. Luego, dile otras recomendaciones que debe hacer según su respuesta.

Para decir más...
de la mañana = in the morning
de la tarde = in the afternoon
de la noche = in the evening

Modelo

A —*Son las **ocho de la mañana** y tienes hambre y sed. ¿Qué debes comer y beber?*

B —*Debo comer **cereal y pan tostado**, y debo beber **jugo de manzana**.*

Estudiante A

Estudiante B

¡Respuesta personal!

9

Los buenos consejos

LEER, ESCRIBIR   Da consejos *(Give advice)* sobre lo que una persona debe o necesita hacer para mantener la salud. Copia y completa las frases. Necesitas tus frases para la Actividad 10.

1. Para mantener la salud, debes ____ todos los días.

2. Necesitas beber ____ cada día.

3. Debes comer ____ en la cena.

4. ____ es malo para la salud.

5. El jugo de zanahoria es ____.

6. Debes comer ____ todos los días.

7. Nunca debes comer ____.

10

¿Estás de acuerdo?

ESCRIBIR EN PAREJA   Intercambia tus consejos de la Actividad 9 con otro(a) estudiante por e-mail. ¿Está de acuerdo con tus consejos? Escribe la respuesta en otro e-mail.

También se dice...
los guisantes = los chícharos *(México)*, las arvejas *(Argentina, Bolivia)*
el tomate = el jitomate *(México)*

Modelo

A —*Hola, Cristina: ¿Estás de acuerdo con lo que debes hacer para mantener la salud? ¿Debes practicar deportes todos los días?*

B —*No estoy de acuerdo...*

11

¿Qué haces . . .?

LEER, ESCRIBIR EN PAREJA Take this test on healthy activities to see how you rate.

1 Write your answers in complete sentences on a sheet of paper.

2 Write an email to ask a partner each question. Tally your partner's *sí* and *no* answers.

3 Send an email to your partner with three recommendations that he or she should follow based on the survey score. Ask what else he or she needs to do to stay healthy.

Modelo
Debes caminar o correr todos los días.

¿Qué haces para mantener la salud?

Contesta las preguntas según las actividades que haces cada día. Cada "sí" = 1 punto.

sí	no	
☐	☐	1. ¿Haces ejercicio?
☐	☐	2. ¿Practicas deportes?
☐	☐	3. ¿Comes verduras?
☐	☐	4. ¿Comes frutas?
☐	☐	5. ¿Caminas o corres?
☐	☐	6. ¿Comes un buen desayuno?
☐	☐	7. ¿Comes comida que es buena para la salud?
☐	☐	8. ¿Bebes cinco vasos* de agua?
☐	☐	9. ¿Pasas tiempo con amigos?
☐	☐	10. ¿Ves tres horas o menos de televisión?

9–10 puntos
¡Felicidades! ¡Haces mucho para mantener la salud!

6–8 puntos
Bien, pero debes hacer más para mantener la salud.

0–5 puntos
¡Ay, ay, ay! Necesitas hacer algo para mantener la salud.

*glasses

Pronunciación ◀ The sounds *l* and *ll*

In Spanish, the letter *l* is pronounced much like the letter *l* in the English word "leaf." Listen to and say these words:

lechuga	lunes	pasteles	helado
almuerzo	sol	abril	difícil

For most Spanish speakers, the letter combination *ll* is similar to the sound of the letter *y* in "yes." Listen to and say these words:

llamo	silla	allí	llueve
cebolla	pollo	ella	mantequilla

Try it out! Listen to this song and then sing it.

Canta el gallo, canta el gallo

con el kiri, kiri, kiri, kiri, kiri;

La gallina, la g allina

con el cara, cara, cara, cara, cara;

Los polluelos, los polluelos

con el pío, pío, pío, pío, pío, pío, pí.

Gramática

OBJECTIVES
▶ Express opinions about food and describe people
▶ Discuss and compare food and beverage preferences with classmates

The plurals of adjectives

Just as adjectives agree with a noun depending on whether it's masculine or feminine, they also agree according to whether the noun is singular or plural. To make adjectives plural, just add an -s after the vowel at the end of the adjective. If the adjective ends in a consonant, add -es.

La hamburguesa es sabrosa. Las hamburguesas son sabrosas.

El pastel es muy popular. Los pasteles son muy populares.

When an adjective describes a group including both masculine and feminine nouns, use the masculine plural form.

La lechuga, las zanahorias y los tomates son buenos para la salud.

Don't forget that the singular form of *mucho* means "much" or "a lot of," but that the plural form, *muchos(as),* means "many."

No como mucha carne, pero como muchas verduras.

¿Recuerdas?
Adjectives agree in gender with the masculine or feminine nouns they describe.
El bistec es sabros**o**.
La ensalada es sabros**a**.

Más recursos ONLINE
▶ *Gram*Activa Video
🔊 *Canción de hip hop:*
¿Sabroso o malo?
✏ *Gram*Activa Activity

12

¿Sabroso o sabrosa?

 LEER Copy the different adjective stems and endings shown here onto note cards. Then your teacher will show you pictures of several foods. Show how you feel about each food item by holding up the appropriate adjective stem and the appropriate ending.

buen   sabros   mal

-o   -a   -os   -as

CULTURA ‹ España

La Tomatina ¿Te gusta la idea de un festival con una gran pelea[1] con tomates? Así es la fiesta anual de La Tomatina en Buñol, España. El consejo[2] municipal distribuye más de 130 toneladas de tomates maduros[3]. Los participantes del festival tiran[4] los tomates durante una hora.

• Describe los festivales de comida de tu comunidad o tu estado. ¿Son como La Tomatina?

[1]fight [2]council [3]ripe [4]throw

La Tomatina, en Buñol, España

13

¿Cómo son?

ESCRIBIR, HABLAR EN PAREJA

1 For each of these adjectives, name two famous people, cartoon characters, or people in your school whom the adjective fits. Then write a sentence that describes both of them.

Videomodelo
A —*Creo que Cameron Diaz y Antonio Banderas son talentosos.*

1. artístico, -a
2. deportista. -a
3. atrevido, -a
4. gracioso, -a
5. serio, -a
6. talentoso, -a
7. divertido, -a
8. trabajador, -a

2 Use your sentences to describe people orally. Speak with a partner and exchange personal opinions about who fits the adjectives. Who fits the adjectives in your partner's opinion?

Videomodelo
B —*Estoy de acuerdo. Julia Roberts y Tom Cruise son talentosos también.*
o: —*Sí, pero Julia Roberts y Tom Cruise son más talentosos que Cameron Diaz y Antonio Banderas.*

14

¿Qué prefieres?

ESCRIBIR, HABLAR EN GRUPO   Your class will be divided into groups of five to see what foods and beverages you prefer.

Conexiones ◄ **Las matemáticas**

1 Ask your group members what their favorites are from each of the following groups: *frutas, verduras, carnes,* and *bebidas*. Write the answers on a sheet of paper.

Videomodelo
A —*¿Qué verdura prefieres?*
B —*Prefiero las zanahorias.*

2 Tally the results to see which foods and beverages are the most popular in each group. Indicate these favorites on a bar graph as shown. As a group, write four sentences that summarize your results. Compare your group's preferences to those of the other groups.

Prefieren...

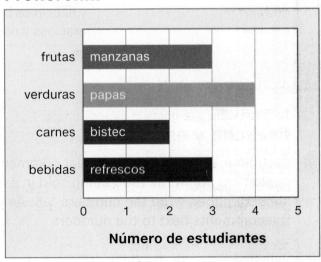

Modelo
Del grupo de las verduras, cuatro estudiantes prefieren las papas.

Gramática

OBJECTIVES

▶ Listen to descriptions of food in a market
▶ Describe people, places, and foods
▶ Compare opinions about food with a classmate
▶ Read and write about pizza

The verb *ser*

Ser, which means "to be," is an irregular verb. Use *ser* to describe what a person or thing is like. Here are the present-tense forms:

(yo)	**soy**	(nosotros) (nosotras)	**somos**
(tú)	**eres**	(vosotros) (vosotras)	**sois**
Ud. (él) (ella)	**es**	Uds. (ellos) (ellas)	**son**

¿Recuerdas?

In previous chapters, you learned how to talk about what a person is like.
—Tú **eres** muy deportista, ¿no?
—Sí, **soy** deportista.
—Mi amigo Pablo **es** deportista también.

Más recursos ONLINE

▶ *Gram*Activa Video
▶ Tutorials: *ser*
▶ Animated verbs
✎ *Gram*Activa Activity

15

Línea romántica

 LEER, ESCRIBIR Rafa has to tell his father why the cell phone bill was so high. Complete his explanations by using the correct form of the verb *ser*.

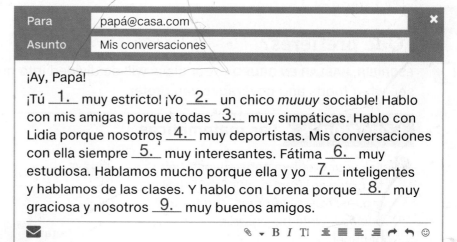

Para	papá@casa.com	✕
Asunto	Mis conversaciones	

¡Ay, Papá!

¡Tú __1.__ muy estricto! ¡Yo __2.__ un chico *muuuy* sociable! Hablo con mis amigas porque todas __3.__ muy simpáticas. Hablo con Lidia porque nosotros __4.__ muy deportistas. Mis conversaciones con ella siempre __5.__ muy interesantes. Fátima __6.__ muy estudiosa. Hablamos mucho porque ella y yo __7.__ inteligentes y hablamos de las clases. Y hablo con Lorena porque __8.__ muy graciosa y nosotros __9.__ muy buenos amigos.

16

Escucha y escribe

 ESCUCHAR, ESCRIBIR You will hear comments from five customers about the food being sold in a market. On a sheet of paper, write the numbers 1–5. As you listen, write the comments next to the numbers.

17

En tu escuela

HABLAR   Describe orally the people and places in your school.

Modelo
el / la profesor(a) de tu clase de español
La profesora de mi clase de español es muy simpática.

1. tu clase de español

2. las chicas en tu clase de español

3. los chicos en tu clase de español

4. el / la director(a) de tu escuela

5. la comida de la cafetería

6. tú y tus amigos

18

¿Sabroso o malo?

HABLAR EN PAREJA   En tu opinión, ¿cómo son las comidas y las bebidas?
Habla con un(a) compañero(a). Usa los verbos *comer* o *beber*.

Videomodelo
A —¿Comes *zanahorias* en la cena?
B —No, no como *zanahorias* en la cena porque *son horribles.*
o: —Sí, como zanahorias en la cena porque *son buenas para
la salud.*

Estudiante A

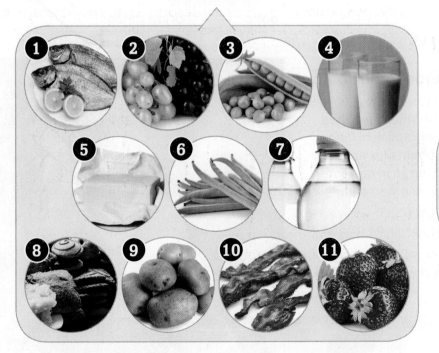

Estudiante B

(muy) sabroso
bueno para la salud
malo para la salud
horrible
¡Respuesta personal!

Los mercados son comunes en América Latina. Un día a la semana, hay un mercado central; es posible comprar[1] comida, flores, artesanías[2] y ropa[3].

Pre-AP® Integration: Las tradiciones y los valores sociales ¿Cómo venden[4] las frutas y las verduras en tu comunidad? Compara la foto con los mercados en tu comunidad.

---

[1]to buy [2]crafts [3]clothes [4]to sell

Un mercado guatemalteco ▶

Exploración del lenguaje ◀ Where did it come from?

The names of many foods in Spanish come from Latin as well as from other languages as diverse as Arabic, Italian, Greek, Turkish, and English. While it's clear that the word *espaguetis* comes from the Italian word *spaghetti*, it's not obvious that the word *zanahoria* comes from the Arabic word *safunariya*.

Try it out! Read the Spanish words in the first column and match them up to their counterparts in their language of origin.

agua	*piscatu* (latín)
arroz	*aqua* (latín)
pan	*beefsteak* (inglés)
bistec	*panis* (latín)
salchichas	*pullu* (latín)
pescado	*kahvé* (turco)
café	*salciccia* (italiano)
pollo	*óryza* (griego)

El español en el mundo del trabajo

Rick Bayless's career as a world-class Mexican chef began at the age of 14, when he visited Mexico and decided to study Spanish. Since 1987, Rick has opened gourmet Mexican restaurants, created and starred in cooking shows, written cookbooks, and won many awards.

• How would Rick's Spanish skills be helpful in his career?

Un molcajete *(mortar and pestle)* de México

19

Una pizza para la buena salud

LEER, ESCRIBIR Lee este anuncio *(ad)* de una pizzería y
contesta las preguntas.

1. Find and list three cognates in this ad.

2. Write three recommendations in Spanish for a healthier
pizza. Send your recommendations in a text message
to a classmate to tell them the kinds of pizza they
should eat.

Strategy

Using cognates Be sure to look
for cognates to help you read
this ad.

≡ PIZZAS SALUDABLES

Pizzería Lilia
¡Pizzas saludables!

A veces la pizza tiene muchas
calorías y grasas que no son
buenas para la salud.

La Pizzería Lilia tiene una variedad
de pizzas con ingredientes que
son buenos y saludables.

- Menos queso
- Usamos ingredientes nutritivos
  - Más verduras (tienen pocas calorías y
    son muy nutritivas)
- Evita[1] la combinación de carnes
  - Las carnes tienen mucho sodio y grasas
  - El pollo o el jamón son mejores[2]
    que las salchichas

¡Llámanos!
¡Estamos aquí para servirte!
372 42 89
Calle Independencia, 28

[1]Avoid [2]better

20

Y tú, ¿qué dices?

HABLAR Expresa y explica tus preferencias personales sobre las comidas
y la salud.

1. Describe tu pizza favorita.

2. ¿Crees que la pizza es buena o mala para la salud? ¿Por qué?

3. ¿Qué verduras prefieres? ¿Qué verduras no te gustan?

4. ¿Qué ejercicio haces con los brazos? ¿Qué ejercicio haces con las piernas?

Lectura

OBJECTIVES

▶ Read about a sports diet and learn about an athlete

▶ Skim what you read to find specific information

▶ Learn about soccer in Spanish-speaking countries and compare attitudes towards soccer with those in the United States

La comida de los atletas

Lee este artículo *(article)* de una revista deportiva. ¿Qué comen y qué beben los atletas profesionales para mantener la salud y estar en buena forma?

Strategy

Skimming List three things that you would expect to find in an article about athletes' eating habits. Skim the article to find the information.

¿Qué come un jugador de fútbol?

Los jugadores[1] de fútbol comen comidas equilibradas con muchos carbohidratos, minerales y vitaminas. Ellos consumen cerca de 5.000 calorías en total todos los días.

13% Grasas
17% Proteínas
70% Carbohidratos

Para el desayuno el día de un partido[2], un jugador come mucho pan con mantequilla y jalea[3], yogur y té.

Para el almuerzo antes del[4] partido, come pan, pasta, pollo sin grasa, verduras, frutas y una ensalada.

Para la cena después del[5] partido, el atleta come papas, carne sin grasa y más verduras y frutas.

También es muy importante beber muchos líquidos. La noche antes del partido, el jugador bebe un litro de jugo de naranja y durante el partido bebe hasta[6] dos litros de agua y bebidas deportivas.

[1]players [2]game [3]jam [4]before the [5]after the [6]up to

Go **Online** to practice

PearsonSchool.com/Autentico

PEARSON
realize™

WRITING

MAPA GLOBAL

Nombre: Lionel Messi

Fecha de nacimiento: 24 de junio de 1987

Lugar de nacimiento: Rosario

País de nacimiento: Argentina

Nacionalidad: argentino/español

Equipo[7]**:** FC Barcelona

Función: delantero

En esta foto, Messi representa al equipo nacional de Argentina.

Argentina

 ## ¿Comprendes?

1. ¿Qué debe comer Lionel Messi antes de un partido de fútbol?

2. ¿Qué debe beber?

3. ¿Qué comida no debe comer Messi?

4. ¿Es tu dieta diferente de la dieta de un jugador de fútbol profesional? ¿Cómo?

5. ¿Cuál es la fecha de nacimiento *(birth date)* de Messi? Escribe tu fecha de nacimiento como lo hacen en los países hispanohablantes.

¿Qué debes comer?

Habla con un(a) compañero(a) sobre los deportes que practican. Basándose en la lectura, haz *(ask)* preguntas y responde sobre lo que debe comer cada uno(a) según los deportes que practican.

CULTURA El mundo hispano

¡Goooooooooooool! Hacer el gol ganador[1] en el fútbol es muy emocionante. El fútbol es el deporte más popular del mundo, y en países donde la gente habla español, el fútbol es parte de la cultura. Cada cuatro años, equipos[2] de todo el mundo compiten en el evento deportivo más popular del mundo: la Copa Mundial.

• ¿Es muy popular el fútbol en Estados Unidos? ¿Es más o menos popular que en los países donde la gente habla español?

 Mapa global interactivo Ubica y explora los estadios de fútbol más importantes de España, ganadora de la Copa Mundial de 2010.

[1]winner [2]teams

España gana la Copa Mundial, 2010.

Perspectivas del mundo hispano

¿Qué haces para mantener la salud?

Have you ever eaten chicken soup when you have a cold? How about putting aloe on a sunburn? In many countries, including those in the Spanish-speaking world, traditional remedies consisting of medicinal herbs have been used for centuries to treat common medical problems. In Mexico, a mint known as *yerbabuena* may be made into tea and given to someone with a stomachache. Remedies such as these may not be prescribed by licensed physicians, but people have confidence in them because they have been passed down through the generations.

Online Cultural Reading

Go to Auténtico ONLINE to read and understand a website with menus from the Spanish-speaking world.

Researchers study traditional herbal remedies to find modern-day medical solutions. In the Amazon rainforest in South America, an amazing abundance of plant life may hold the key to treating a wide variety of common ailments and diseases. Drug companies are looking for cures found in these plants and herbs that could be reproduced in today's modern drugs.

Increasingly, medicinal herbs are accepted not only as the basis for pharmaceutical drugs, but also for their own inherent healing qualities. In many countries, including the United States, herbal remedies are sometimes used in combination with conventional health care.

Analizar In many Spanish-speaking cultures, herbal remedies have been accepted for centuries. Do you think that medicinal herbs can provide relief and cures? Why or why not?

Comparación cultural What special foods or drinks do you like to have when you don't feel well? Answer the following questions, then write a statement explaining what, if any, foods or drinks help you when you feel sick.

Modelo
Cuando estoy enfermo (*sick*) prefiero comer sopa de pollo.

1. Cuando estoy enfermo, prefiero comer _____.

2. Cuando estoy enfermo, me gusta beber _____.

3. Cuando me duele el estómago, (no) me gusta _____.

4. Cuando me duele la cabeza, prefiero _____.

En un mercado de Guanajuato, México ▶

Presentación escrita

OBJECTIVES
▶ Create a poster promoting healthy choices
▶ Gather information from a number of sources

Go **Online** to practice
PEARSON
realize™

PearsonSchool.com/Autentico

WRITING

Para mantener la salud

TASK You are researching good eating and exercise habits for your health class. Make a poster in Spanish in which you state your opinion with five supporting suggestions about how to lead a healthier life.

1 Prewrite Ask people at school and home about good eating and exercise habits for teens. List their ideas under these headings to organize your information.

- *Debes comer . . .*
- *Debes beber . . .*
- *Debes . . . para mantener la salud*
- *No debes beber mucho(a) . . .*
- *No debes comer mucho(a) . . .*

Strategy
Gathering information Use information and opinions from a variety of sources to help you support your presentation on a topic.

2 Draft Decide how to present the information logically as you write your first draft. Use visuals for clarity and give your poster a title.

3 Revise Share your draft with a partner. Your partner should check the following:

- Have you communicated your opinion and supporting statements well?
- Do the visuals convey meaning? Is the poster attractive?
- Are the vocabulary and grammar correct?

Rewrite your poster making any necessary changes.

4 Publish Make a final copy for posting in the nurse's office, a community center, your classroom, or your portfolio.

5 Evaluation The following rubric will be used to grade your presentation.

Rubric	Score 1	Score 3	Score 5
Completion of task	You included at least three opinions about how to follow a healthy lifestyle.	You included at least four opinions about how to follow a healthy lifestyle.	You included five or more opinions about how to follow a healthy lifestyle.
Accuracy of vocabulary and grammar	You had very little variation of vocabulary use with many grammar errors.	You had limited usage of vocabulary and some grammar errors.	You had extended use of a variety of vocabulary with very few grammar errors.
Effective use of visuals	You included only three visuals that clearly connect to information.	You included only four visuals that clearly connect to information.	You included five visuals that clearly connect to information.

Auténtico

Alimentación saludable

Before You Read

Use the Strategy: Using Cognates

Use cognates to increase understanding and to help identify key words and details in a text. What words look just like a similar word in English?

Read this Key Vocabulary

la alimentación = nutrition

saludable = healthy

estilo de vida = lifestyle

lo conducirán = will lead you to

integrales = whole grain

enriquezca = enrich

legumbres = legumes (beans and peas)

las bayas = berries

logre su meta = reach your goal

Read the Text

Alimentación *saludable para un estilo de vida activa* is an infographic from the USDA that offers suggestions for diet and lifestyle. Think about 10 tips *(consejos)* that might help you lead a healthy lifestyle. See if they match with the 10 tips given here.

MiPlato
Choose**MyPlate**.gov

Go to **PearsonSchool.com/Autentico** and read the infographic *Alimentación saludable para un estilo de vida activa* to read nutrition tips.

Complete the Activities

Mientras lees As you read, identify words that are similar to English words. How do these cognates help you to infer key details of the text? Identify in the reading the key words listed here and provide their English equivalents. Write down additional cognates you find.

educación	enriquezca
optimizar	combinar
nutrición	productos lácteos
balancee	física
proteína	dieta
yogur	seleccione

Integration

Después de leer Demonstrate your understanding of the text by answering the following questions.

1. ¿Qué tipo de proteína es buena para la salud?

2. ¿Qué productos lácteos menciona el texto?

3. Estos consejos (tips) hablan de dos aspectos principales de un estilo de vida. ¿Cuáles son los dos aspectos?

 For more activities, go to the *Authentic Resources Workbook*.

Estilo de vida saludable

Expansión Find other authentic resources in *Auténtico* online, then answer the question.

 3B Auténtico

Integración de ideas En los dos recursos auténticos, ¿qué recomendaciones hay para un estilo de vida saludable?

Comparación cultural Compara el estilo de vida de los recursos auténticos con tu estilo de vida.

OBJECTIVES
▶ Review the vocabulary and grammar
▶ Demonstrate you can perform the tasks on p. 169

🔊 Vocabulario

to talk about food and beverages

la cena	dinner
el bistec	beefsteak
la carne	meat
el pescado	fish
el pollo	chicken
la cebolla	onion
los guisantes	peas
las judías verdes	green beans
la lechuga	lettuce
las papas	potatoes
los tomates	tomatoes
las uvas	grapes
las zanahorias	carrots
el arroz	rice
los cereales	grains
los espaguetis	spaghetti
las grasas	fats
la mantequilla	butter
el helado	ice cream
los pasteles	pastries
las bebidas	beverages

to talk about being hungry and thirsty

Tengo hambre.	I'm hungry.
Tengo sed.	I'm thirsty.

to discuss health

caminar	to walk
hacer ejercicio	to exercise
(yo) hago	I do
(tú) haces	you do
levantar pesas	to lift weights
para la salud	for one's health
para mantener	to maintain one's
la salud	health

to indicate a preference

(yo) prefiero	I prefer
(tú) prefieres	you prefer
deber	should, must

to indicate agreement or disagreement

creer	to think
Creo que . . .	I think . . .
Creo que sí / no.	I (don't) think so.
(No) estoy de acuerdo.	I (don't) agree.

to ask a question or give an answer

¿Por qué?	Why?
porque	because

to express quantity

algo	something
muchos, -as	many
todos, -as	all

to describe something

horrible	horrible
malo, -a	bad
sabroso, -a	tasty, flavorful

other useful words

cada día	every day

Gramática

plurals of adjectives

Masculine	Feminine
Singular / Plural	Singular / Plural
sabroso / sabrosos	sabrosa / sabrosas
popular / populares	popular / populares

ser *to be*

soy	somos
eres	sois
es	son

For *Vocabulario adicional,* see pp. 472–473.

Preparación para el examen

Más recursos   PearsonSchool.com/Autentico

▢ Games   ▭ Flashcards   ✎ Instant check

▶ Tutorials   ▶ *Gram*Activa videos   ▶ Animated verbs

What you need to be able to do for the exam . . .	Here are practice tasks similar to those you will find on the exam . . .	For review go to your print or digital textbook . . .
Interpretive		
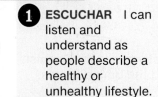 **1 ESCUCHAR** I can listen and understand as people describe a healthy or unhealthy lifestyle.	Listen as two people are interviewed about their habits. See if you can tell which one is an Olympic skier and which one is a drummer. Be prepared to explain your "educated guesses."	**pp. 148–151** *Vocabulario en contexto* **p. 149 Actividad 2**
Interpersonal		
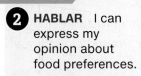 **2 HABLAR** I can express my opinion about food preferences.	During a telephone survey, you are asked some questions in Spanish about your food preferences. Say whether you think each food choice is good or bad for your health.	**p. 153 Actividades 6–7** **p. 154 Actividades 8, 10** **p. 157 Actividad 14** **p. 159 Actividad 18**
Interpretive		
 **3 LEER** I can read and compare what people do and eat in order to determine whether they lead a healthy or unhealthy lifestyle.	Read the online conversation that you have just joined in a chat room. Decide whether each person has a healthy or unhealthy lifestyle, based on what they tell each other. Chato: ¿Qué hago yo? Cuando hace buen tiempo, corro por treinta minutos. Cuando llueve, levanto pesas. Chispa: No me gusta hacer ejercicio. Prefiero comer papas fritas. Son muy sabrosas. Andrés: ¿Papas fritas? Son horribles para la salud. Para mantener la salud, nunca debes comer papas fritas.	**pp. 148–151** *Vocabulario en contexto* **p. 154 Actividad 9** **p. 155 Actividad 11** **p. 161 Actividad 19** **pp. 162–163** *Lectura*
Presentational		
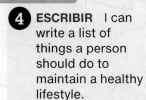 **4 ESCRIBIR** I can write a list of things a person should do to maintain a healthy lifestyle.	Many people think that teens don't know anything about a healthy lifestyle. You and your friends are compiling a top-ten list of ways to improve teens' health. Write at least three suggestions for the list.	**p. 154 Actividad 9** **p. 155 Actividad 11** **p. 161 Actividad 19** **p. 165** *Presentación escrita*
Cultures		
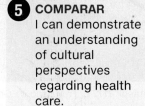 **5 COMPARAR** I can demonstrate an understanding of cultural perspectives regarding health care.	Give an example of an herbal remedy that is accepted in a Spanish-speaking country as a remedy for a common ailment. Compare this with a similar herbal/natural remedy believed by many in the United States to be a cure for a common ailment.	**p. 164** *Perspectivas del mundo hispano*

4A ¿Adónde vas?

Country Connections Explorar el mundo hispano

California
Illinois
Arizona
Texas
Florida
Puerto Rico
España
Ecuador
Perú
Bolivia
Chile

CHAPTER OBJECTIVES

Communication

By the end of this chapter you will be able to:

- Listen and read about leisure activities and schedules.
- Talk and write about places to go and activities to do during free time.
- Exchange information about weekend plans.

Culture

You will also be able to:

- **Auténtico:** Identify cultural practices in an authentic video about community.
- Understand the meaning and role of children's rhymes from the Spanish-speaking world.

- Compare leisure activities in the Spanish-speaking world and the United States.

You will demonstrate what you know and can do:

- Presentación oral: Un estudiante nuevo
- Repaso del capítulo: Preparación para el examen

You will use:

Vocabulary

- Leisure activities
- Places in the community

Grammar

- The verb *ir*
- Asking questions

ARTE y CULTURA España

"El quitasol" is a work by Spanish painter Francisco de Goya (1746–1828). He made this painting in 1777 as a design to be used in the manufacture of a royal tapestry. At that time Goya was already famous for the elegance of his artwork and his ability to capture ordinary events in realistic detail. The brilliant colors of this painting suggest a happy moment of relaxation for two young people.

▶ Why do people who live in the city go out to the country to relax?

 Mapa global interactivo Discover places of interest in Madrid, Spain and make a list of your favorite ones.

"El quitasol" (1777), Francisco de Goya ▲
Oil on canvas, 104 x 152 cm. Museo Nacional del Prado, Madrid, Spain.
Photo credit: Scala / Art Resource, NY.

Go **Online** to practice

PEARSON
realize™

PearsonSchool.com/Autentico

 AUDIO

 VIDEO

 WRITING

 SPEAK/RECORD

 MAPA GLOBAL

 AUTÉNTICO

 FLASCHARDS

 ETEXT 2.0

 GAMES

En el Parque Nacional Torres del Paine, Patagonia, Chile

▶ Videocultura **Los pasatiempos**

Vocabulario en contexto

Julia   Carmen

Julia: En tu **tiempo libre, después de** las clases, **¿vas a la** biblioteca?

Carmen: No todos los días. **Los lunes** y viernes **voy** a mi trabajo. ¿Y tú?

Julia: **Generalmente**, voy a mi clase de piano y **después**, al parque **para caminar** o **al** gimnasio **con mis amigos**.

Carmen: Después de trabajar, **¿vamos** al centro comercial?

Julia: ¡Uf!, no puedo. Necesito ir **a casa** a estudiar.

el gimnasio

la playa

la lección de piano

el trabajo

la biblioteca

el centro comercial

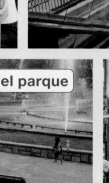

el parque

el restaurante

Julia: El **fin de semana** voy con mis amigos al cine a ver una película.

Carmen: **¿Con quién** vas?

Julia: Con José. ¿Y tú?

Carmen: **Me quedo en casa.** O mejor, ¡voy a la playa o a la montaña! Me encanta nadar o caminar.

Más vocabulario
la **iglesia** = church
la **mezquita** = mosque
la **sinagoga** = synagogue
el **templo** = temple, Protestant church

el campo

el cine

las montañas

ir de compras

ver una película

la piscina

1

Un fin de semana especial

ESCUCHAR You will hear Julia describe where she does seven activities. If a statement is logical, lift your right hand. If it is not logical, leave both hands on your desk.

2

¿Adónde van?

ESCUCHAR Identify key words for locations. Listen to students discuss where they go in their free time. Point to the picture of the location.

Adrián y Mateo escriben mensajes sobre sus actividades para el fin de semana.

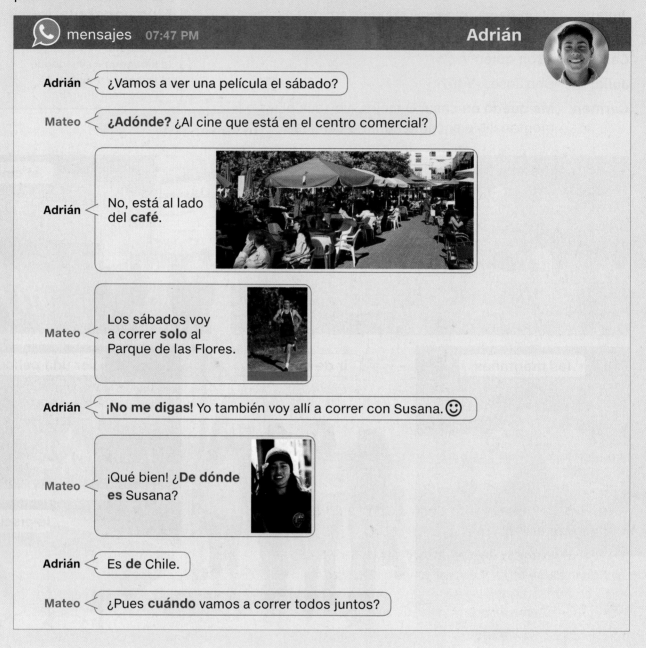

mensajes 07:47 PM **Adrián**

Adrián ¿Vamos a ver una película el sábado?

Mateo **¿Adónde?** ¿Al cine que está en el centro comercial?

Adrián No, está al lado del **café**.

Mateo Los sábados voy a correr **solo** al Parque de las Flores.

Adrián **¡No me digas!** Yo también voy allí a correr con Susana. ☺

Mateo ¡Qué bien! **¿De dónde es** Susana?

Adrián Es **de** Chile.

Mateo ¿Pues **cuándo** vamos a correr todos juntos?

3

Un fin de semana especial

ESCRIBIR Lee las frases. Escribe C (cierto) si la frase es correcta o F (falso) si la frase es incorrecta.

1. Adrián escribe a Mateo para ir al cine.

2. Adrián va al cine que está en el centro comercial.

3. Mateo va a correr con amigos al Parque de las Flores.

4. Mateo va al gimnasio todos los sábados.

5. Susana es de Chile.

Tiempo libre

Before You Watch

Watch and listen for key details If you were going to spend time somewhere new, what key information about places and activities do you need to enjoy your free time? How might these photos connect to free time in Costa Rica?

Complete the Activity

Tu tiempo libre ¿Adónde vas y qué haces en tu tiempo libre? Escribe una lista de cuatro lugares y las actividades que te gusta hacer allí.

▶ Watch the Video

How do volunteers with *Codo a Codo* spend their free time?

Go to **PearsonSchool.com/Autentico** to watch the video *Tiempo libre* and to view the script.

Ximena   Camila   Valentina   Mateo   Sebastián

After You Watch

¿COMPRENDES? Watch for key details in the video.

1. How does one *Codo a codo* volunteer spend his free time? For each place or activity, indicate if he likes to go there. If so, what he does and what day or time of day he goes.

   a. el centro comercial   b. el mercado local
   c. el gimnasio   d. el parque
   e. el cine   f. los restaurantes y los cafés
   g. el centro   h. los parques nacionales

2. ¿Con quién comparte el video Ximena?

Comparación cultural ¿Es posible hacer tus actividades favoritas en la comunidad que ves en el video? ¿Por qué?

OBJECTIVES
▶ Write and talk about places you go in your free time
▶ Listen to a description of a plaza
▶ Discuss and compare where you go and how often

4

¿Qué haces en . . . ?

ESCRIBIR, HABLAR Completa las frases lógicamente.

1. Hago ejercicio en . . .
2. Nado en . . .
3. Veo películas en . . .
4. Leo libros y revistas en . . .

5. Voy de compras en . . .
6. Esquío en . . .
7. Como el desayuno en . . .

¡Respuesta personal!

5

¿Vas mucho a . . . ?

ESCRIBIR On a sheet of paper, copy the diagram below and write the names of the places you go under the appropriate expression of frequency.

todos los días	mucho	a veces	nunca
		la playa	

6

¡No me digas!

HABLAR EN PAREJA   Work with a partner. Using what you wrote for Actividad 5, take turns saying where you go and how often. React to your partner's statements. Follow the model.

Videomodelo

A —*Voy a la playa a veces.*
B —*¡No me digas! Yo voy a la playa a veces también.*
o:—*¡No me digas! Yo nunca voy a la playa.*
o:—*Pues, yo voy a la playa todos los días.*

Nota
When *a* is used before *el*, the two words form the contraction *al* (to the):

a + el = al

• Voy *al* centro comercial a veces, pero voy *a la* piscina mucho.

También se dice...
la piscina = la alberca *(México)*; la pileta *(América del Sur)*

el restaurante = el restaurán *(América del Sur)*

7

Escucha y escribe

ESCUCHAR, ESCRIBIR   Look at the painting of the plaza below. On a sheet of paper, write the numbers 1–6. You will hear six statements about the painting. Write what you hear.

CULTURA ⟩ **El mundo hispano**

Pasear o caminar por la plaza mayor[1] de muchos pueblos y ciudades hispanos es una actividad popular para las personas. Una plaza mayor tiene tiendas, cafés, iglesias y edificios importantes. La gente va allí para comer, ir de compras, hacer negocios[2] y reunirse en celebraciones y festivales. Este cuadro de Pedro Lázaro (1956–) celebra la belleza y la importancia de la plaza en la cultura hispana.

Pre-AP® Integration: Los estilos de vida ¿Qué lugar de reunión social similar a una plaza hay en tu comunidad?

"La plaza" (1981), Pedro Lázaro ▲

Lázaro, Pedro born 1956. "La plaza" (The Plaza), 1981.
Painting. Madrid, Private Collection.
Copyright akg-images/Joseph Martin/Newscom.

¹main square ²conduct business

Exploración del lenguaje ⟨ Origins of the Spanish days of the week

The word *sábado*, like many Spanish words, is based on Latin. The Spanish days of the week come from the Latin names for the gods, planets, sun, and moon, all of which were important in Roman daily life.

Try it out! Match the Spanish days of the week with their Latin origins.

1. lunes
2. martes
3. miércoles
4. jueves
5. viernes
6. sábado
7. domingo

a. *dies Mercurii*
named after Mercury, the god of commerce and travelers

b. *dies Veneris*
named after Venus, the goddess of beauty and love

c. *dies lunae*
the day dedicated to the moon *(luna)*

d. *dies solis*
named after the sun *(sol)*, but later changed to *dies Dominicus,* which means "the Lord's day"

e. *dies Martis*
dedicated to Mars, the god of war

f. *dies Saturni*
named after Saturn; also called *dies Sabbati,* based on the Hebrew word *shabbath*, or "day of rest"

g. *dies Jovis*
named after Jove, or Jupiter, the ruler of the gods

- Since you know *día* means "day" in Spanish, what is the word for "day" in Latin?

8

¿Adónde vas?

HABLAR EN PAREJA Hacer y contestar preguntas sobre la vida diaria. Habla con otro(a) estudiante sobre los lugares *(about the places)* adonde vas y cuándo vas allí.

Videomodelo
los lunes
A —¿Adónde vas *los lunes*?
B —*Generalmente voy a mi lección de piano.*
o: —*Generalmente me quedo en casa.*

Nota
To say that something usually happens on a certain day every week, use *los* with the day of the week:
- Generalmente ellos van al campo **los viernes** o **los sábados.**

Estudiante A

1. los miércoles
2. los viernes
3. los sábados
4. los domingos
5. los fines de semana
6. después de las clases

Estudiante B

¡Respuesta personal!

9

Cuando no estamos en la escuela . . .

HABLAR EN GRUPO, ESCRIBIR ¿Cómo pasan el tiempo tus compañeros de clase cuando no están en la escuela? Sigue *(follow)* los pasos.

Conexiones ⟨ **Las matemáticas**

1 Working in groups of four, take turns asking each person how often he or she does the activities listed below. Answer using *mucho, a veces,* or *nunca.* Keep a group tally of the responses.

ver películas	ir de compras
correr	ir a un trabajo
usar la computadora	ir a la biblioteca

Videomodelo

A —¿*Con qué frecuencia* (How often) **usas la computadora?**

B —*Uso la computadora* **mucho.**

Un grupo de amigos en Lima, Perú

2 Get together with another group of four and combine the results of your tally sheets. Prepare summary statements to report to the class.

3 Report your summary statements to the class and make a class total. Convert each total to a percentage.

4 Create a bar graph like the one shown for each activity that shows the class's frequency of participation.

Frecuencia con que levantan pesas

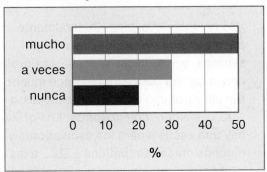

10

Y tú, ¿qué dices?

ESCRIBIR, HABLAR

1. ¿Dónde ves más películas, en casa o en el cine?

2. Cuando vas de compras, ¿adónde vas?

3. ¿Adónde vas los fines de semana? ¿Vas solo(a) o con tus amigos?

Gramática

OBJECTIVES
▶ Talk, read, and write about where you and others go
▶ Exchange information about where to go to do leisure activities

¿Recuerdas?
You have used the infinitive *ir* to talk about going to school.
• Me gusta **ir** a la escuela.

The verb *ir*

To say where someone is going, use the verb *ir*. Here are its present-tense forms:

(yo)	**voy**	(nosotros) (nosotras)	**vamos**
(tú)	**vas**	(vosotros) (vosotras)	**vais**
Ud. (él) (ella)	**va**	Uds. (ellos) (ellas)	**van**

The verb *ir* is almost always followed by *a*. To ask where someone is going, use ¿*Adónde*?

¿**Adónde** vas?   **Where** are you going (**to**)?

• You will often hear people say *¡Vamos!* This means, "Let's go!"

Más recursos ONLINE

▶ *GramActiva Video*
▶ Animated Verbs
🔊 *Canción de hip hop: ¿Adónde vas?*
✎ *GramActiva Activity*

11

Un invierno en Chile

  LEER, ESCRIBIR

1 María, una estudiante de Chicago, Illinois, pasa un año en Santiago, Chile, con una familia chilena. Lee el email y escribe las formas apropiadas del verbo *ir*.

Para	sonia@email.net

Querida Sonia:

¿Cómo estás? Yo, bien. Generalmente paso tiempo en casa los fines de semana, pero a veces yo __1.__ a Portillo con la familia para esquiar. Hace mucho frío allí y por eso mi "mamá" chilena no __2.__ siempre con nosotros. En Portillo hay una escuela para los esquiadores y muchos chicos simpáticos __3.__ a las lecciones. También hay un cibercafé con computadoras. Muchas personas __4.__ allí para pasar tiempo con los amigos. Nosotros __5.__ el domingo. Y tú, ¿__6.__ a la playa todos los días con tus amigos?

Hasta luego,

María

Portillo, Chile ▶

✉   ✎ ▾ B I T! ≡ ≡ ≡ ≡ ↱ ↰ ☺

2 Escribe el email de Sonia para responder a María.

12

El email

LEER, ESCRIBIR, HABLAR   Lee el email de María en la Actividad 11 y contesta las preguntas.

1. ¿Quién no va a veces con la familia a Portillo?

2. ¿Por qué a María le gusta ir a las lecciones de esquí?

3. ¿Adónde van para usar las computadoras?

4. ¿Cuándo van al cibercafé?

5. ¿Adónde van muchas personas para pasar tiempo con los amigos?

13

¿Adónde van todos?

LEER, HABLAR EN PAREJA, ESCRIBIR

1 Read the sentence and determine who does the activity. Using the correct form of *ir,* ask where they go to do the activity. Your partner will answer with the most logical place.

Videomodelo
A —Te gusta esquiar. *(tú) ¿Adónde vas?*
B —*Voy a las montañas para esquiar.*

1. Te gusta levantar pesas.

2. Tú y tu amigo corren mucho.

3. Tus amigos y tú ven muchas películas.

4. A tu amigo le gusta comer bistec.

5. Tus amigas nadan muy bien.

6. Tus amigos hacen ejercicio todos los días.

2 Now write four sentences about yourself and your friends, saying where you go and for what purpose.

Modelo
Vamos a . . . para . . .

CULTURA ⟩ El mundo hispano

Los clubes de deportes y los gimnasios son muy populares en los países hispanos. Hay pocos equipos deportivos[1] en las escuelas y muchos estudiantes van a gimnasios privados para hacer ejercicio. También practican deportes en equipos privados.

Pre-AP® Integration: Los intereses personales ¿Adónde vas para practicar deportes o hacer ejercicio? ¿Es privado o público?

---

[1]sport teams   [2]daily

Juego

ESCRIBIR, HABLAR EN GRUPO Play this game in teams of two.

1 With a partner, write five sentences saying what the two of you like to do in your free time and when. Also write sentences saying where you go for these activities.

Modelo
Nosotros corremos después de las clases. (Vamos al gimnasio.)

2 Read one of your statements about activities to another team of classmates, but don't read the part that tells where you go. Then have one person try to guess where you go to do this activity. If the student answers correctly, his or her team wins a point. The team that earns the most points wins.

Videomodelo
A —*Nosotros corremos después de las clases.*
B —*Uds. van al gimnasio, ¿verdad?*
A —*Sí, vamos al gimnasio para correr.*
o: —*No, no vamos al gimnasio para correr. Vamos al parque.*

El español en la comunidad

In many businesses and neighborhoods in the United States, you can hear Spanish being spoken. For example, the Pilsen neighborhood in Chicago, Illinois, is home to one of the nation's largest Mexican communities. The colorful murals, thriving businesses, and popular restaurants give Pilsen its own character.

• Are there areas near you where you can see expressions of community for Spanish speakers? What are they?

Mapa global interactivo Explore the city of Chicago and find the Pilsen neighborhood on a map.

En la comunidad de Pilsen, en Chicago

Pronunciación Stress and accents

How can you tell which syllable to stress, or emphasize, when you see words written in Spanish? Here are some general rules.

1. **When words end in a vowel, *n*, or *s*,** place the stress on the **next-to-last syllable.** Copy each of these words and draw a line under the next-to-last syllable. Then listen to and say these words, making sure you stress the underlined syllable:

centro	pasteles	piscina
computadora	trabajo	parque
mantequilla	escriben	generalmente

2. **When words end in a consonant (*except n or s*),** place the stress on the **last syllable.** Listen to and say these words, making sure you stress the last syllable:

señor	nariz	escribir
profesor	reloj	arroz
trabajador	comer	español

3. **When a word has a written accent,** place the stress on the **accented syllable.** One reason for written accents is to indicate exceptions to the first two rules. Listen to and say these words. Be sure to emphasize the accented syllable.

café	número	teléfono
difícil	película	lápiz
fácil	plátano	artístico

Try it out! Listen to the first verse of the song "La Bamba" and say each word with the stress on the correct syllable. Then listen to the recording again and see if you can sing along with the first verse. What do you think the song is about? Why?

La Bamba *de Richie Valens*

Para bailar la bamba, para bailar la bamba
se necesita una poca de gracia,
una poca de gracia y otra cosita
y arriba y arriba,
y arriba y arriba y arriba iré.

Yo no soy marinero, yo no soy marinero,
por ti seré, por ti seré, por ti seré.

CULTURA El mundo hispano

La Bamba es una canción folk mexicana del estado de Veracruz. La primera versión famosa es de Richie Valens, que fusiona[1] la canción tradicional con el *rock and roll*. Combina elementos musicales españoles, indígenas y africanos. Salió en una película llamada también La Bamba en 1987. Es una canción conocida[3] en todo el mundo y es muy importante en la historia del *rock and roll* en español.

• Según la historia de La Bamba, ¿son importantes las tradiciones folclóricas en la música mexicana? ¿Por qué?

[1]fuses [2]any

Gramática

OBJECTIVES
▸ Write and answer questions about leisure activities
▸ Exchange information about where you and others go in your free time
▸ Read and write about places in San Juan, Puerto Rico

Asking questions

You use interrogative words (*who, what, where,* and so on) to ask questions.

¿Qué?	*What?*	**¿Adónde?**	*(To) Where?*
¿Cómo?	*How?, What?*	**¿De dónde?**	*From where?*
¿Quién?	*Who?*	**¿Cuál?**	*Which?, What?*
¿Con quién?	*With whom?*	**¿Por qué?**	*Why?*
¿Dónde?	*Where?*	**¿Cuándo?**	*When?*
¿Cuántos, -as?	*How many?*		

In Spanish, when you ask a question with an interrogative word you put the verb before the subject.

¿Qué **come Elena** en el restaurante?　　　*What **does Elena eat** at the restaurant?*

¿Adónde **van Uds.** después de las clases?　　*Where **do you go** after classes?*

¿Por qué **va Ignacio** a la playa todos los días?　*Why **does Ignacio go** to the beach every day?*

You have already used several interrogative words. Notice that all interrogative words have a written accent mark.

For simple questions that can be answered by *sí* or *no*, you can indicate with your voice that you're asking a question:

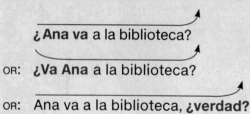

¿**Ana va** a la biblioteca?

OR: ¿**Va Ana** a la biblioteca?

OR: Ana va a la biblioteca, ¿verdad?

Más recursos　ONLINE

▶ *GramActiva* Video

▶ **Tutorials:** Questions with Interrogative Words, Question-word Questions, Formation of yes-no questions

✎ *GramActiva* Activity

15

Preguntas revueltas

LEER, ESCRIBIR EN PAREJA　Exchange written messages with a classmate to ask and answer questions about everyday life. First unscramble the questions. Then write them in the correct order and send them to a classmate to answer. Your classmate should send you responses and ask you similar questions.

1. ¿ / eres / de dónde / tú / ?

2. ¿ / Uds. / adónde / van / los fines de semana / ?

3. ¿ / al centro comercial / cuándo / van / Uds. / ?

4. ¿ / clases / tienes / cuántas / ?

5. ¿ / tú / qué / después de las clases / haces / ?

6. ¿ / vas / tú / con quién / al centro comercial / ?

¿Cómo es el cine?

 LEER, ESCRIBIR Lee este anuncio del cine.

Cine Parque Arauco

★ Excelente calidad de proyección

★ Estacionamientos iluminados, gratis

★ Para su comodidad, aire acondicionado

★ Las únicas butacas reclinables de la ciudad

★ Excelentes instalaciones para discapacitados

★ Diariamente funciones continuadas desde el mediodía

★ Funciones de trasnoche los miércoles, viernes y sábados

★ Palomitas recién preparadas

★ Servicio amable y eficiente

★ Precios especiales para grupos y arriendos de salas de cine

Situado delante del Centro Comercial Gigante

Según el anuncio del Cine Parque Arauco, escribe la palabra apropiada para cada pregunta.

Cuándo	Por qué
Cómo	Cuál
Dónde	Qué

1. ¿____ es la calidad de la proyección en el cine? *Excelente.*

2. ¿____ comen muchas personas allí? *Palomitas.*

3. ¿____ es el nombre del cine? *Cine Parque Arauco.*

4. ¿____ van las personas a ver películas muy tarde *(late)* por la noche? *Los miércoles, viernes y sábados.*

5. ¿____ está el cine? *Delante del Centro Comercial Gigante.*

CULTURA ❯ El mundo hispano

Las películas son una forma popular de entretenimiento[1] para los adolescentes en los países hispanos. España, México, Colombia y Venezuela tienen industrias del cine importantes, pero las películas de los Estados Unidos también son populares. Los adolescentes de habla hispana[2] van al cine en grupos.

Pre-AP® Integration: El entretenimiento y la diversión Compara tus hábitos de ir al cine con los de los adolescentes de habla hispana. ¿Vas con amigos o solo(a)? ¿Son las películas de países hispanos populares en tu comunidad? ¿Por qué?

[1]entertainment [2]Spanish-speaking

Los actores españoles Penélope Cruz y Javier Bardem

Los fines de semana

ESCRIBIR, HABLAR EN PAREJA

1 Ask questions about everyday life. Copy a chart like this one on a separate sheet of paper and fill in information about one activity you do on the weekends. Then find out the same information from three classmates.

Nombre	¿Adónde vas?	¿Con quién?
yo	a mi lección de guitarra	solo(a)
Laura	al centro comercial	con Selena

Videomodelo

A —¿Adónde vas los fines de semana?
B — *Voy al centro comercial.*
A —¿Con quién vas?
B — *Voy con Selena.*
o:— *Voy solo(a).*

2 Describe situations orally. Tell the class or a classmate where you and each of the three people you interviewed are going and with whom.

Videomodelo

Yo voy a mi lección de guitarra solo(a).
Laura va al centro comercial con Selena.

Y tú, ¿qué preguntas?

ESCRIBIR EN PAREJA, HABLAR Escribe mensajes de texto a otro estudiante para hacer y contestar preguntas sobre la vida diaria.

1 Escribe un mensaje de texto a tu compañero(a) con tres preguntas sobre lo que va a hacer este fin de semana.

2 Tu compañero debe contestar tus preguntas y hacer tres preguntas más. Responde sus preguntas para hacer planes.

CULTURA ‹ Puerto Rico

El Viejo San Juan es una parte popular y llena de vida de la capital de Puerto Rico, San Juan. El gobierno[1] de Puerto Rico trabaja para preservar las casas y edificios[2] coloniales y devolverles[3] su condición original.

Pre-AP® Integration: La arquitectura
¿Hay áreas o casas históricas en tu comunidad? ¿Están en buenas condiciones o necesitan reparación? ¿Es importante preservar casas históricas en tu comunidad o en el Viejo San Juan?

¹government ²buildings ³return

El Viejo San Juan, Puerto Rico

19

¡Vamos al Viejo San Juan!

LEER, ESCRIBIR Puerto Rico has been a commonwealth of the United States since 1952. It is an island with a fascinating past. Look at the photos and read about a historic section of Puerto Rico's capital. Then answer the questions below.

Conexiones ‹ La historia

El Viejo[1] San Juan es una zona histórica, pintoresca, colonial y muy popular en la capital de Puerto Rico. Los jóvenes[2] pasan el tiempo con sus amigos en los parques, cafés y plazas. Allí cantan, bailan y comen en los restaurantes típicos.

La Catedral de San Juan tiene ▶ muchas obras de arte[3]. Allí descansan[4] los restos[5] de Juan Ponce de León, famoso explorador de la Florida.

El Morro Construido en el siglo[6] XVI ▶ para combatir los ataques de los piratas ingleses y franceses[7]

Datos importantes

• Cristóbal Colón llega[8] aquí durante su segunda visita a las Américas en 1493.

• El Viejo San Juan llega a ser[9] la capital de Puerto Rico en 1521.

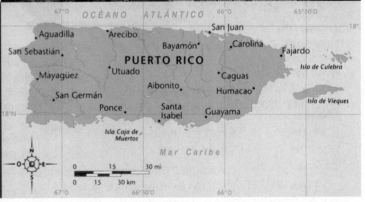

[1]Old [2]young people [3]works of art [4]lie [5]remains [6]century [7]French [8]arrives [9]becomes

1. For how many years has San Juan been the capital of Puerto Rico?

2. On which of his voyages did Christopher Columbus land on Puerto Rico?

3. Why did the Spaniards build El Morro?

4. What are two things you'll see when you visit the cathedral?

Mapa global interactivo Explore the geography of Puerto Rico and locate its capital, San Juan.

Lectura

OBJECTIVES
▶ Read about after-school and weekend activities at a mall
▶ Use prior knowledge to better understand what you read
▶ Compare the instruments used in Andean music to those used in music you enjoy

Strategy
Using prior knowledge Think about what you know about special-event weeks at shopping centers. List key words for events that you think might be offered at a mall.

Al centro comercial

Lee las actividades diferentes que puedes hacer en la semana del 11 al 17 de enero durante tu tiempo libre.

¡Vamos a la Plaza del Sol!

Aquí en la Plaza del Sol, ¡siempre hay algo que hacer!

Actividades para el 11 al 17 de enero	
lunes 11	
8.00 P.M.	Música andina
martes 12	
7.00 P.M.	Clase de yoga
miércoles 13	
8.00 P.M.	Noche de jazz
jueves 14	
7.00 P.M.	Clase de repostería[1]
viernes 15	
8.00 P.M.	Música andina
sábado 16	
1.30 P.M.	Exposición de fotografía
2.00 P.M.	Show infantil
4.00 P.M.	Exhibición de yoga
8.00 P.M.	Sábado flamenco
domingo 17	
1.30 P.M.	Exposición de fotografía
2.00 P.M.	Show infantil
4.00 P.M.	Exhibición de yoga
8.00 P.M.	Noche de tango

Música andina
Un grupo toca música andina fusionada con bossa nova y jazz el lunes a las 8.00 P.M. Abierto[2] al público.

Clase de yoga
La práctica de yoga es todos los martes desde las 7.00 hasta las 9.00 P.M. La instructora Lucía Gómez Paloma enseña los secretos de esta disciplina. Inscríbase[3] en el teléfono 224-24-16. Vacantes limitadas.

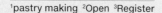
[1]pastry making [2]Open [3]Register

Sábado flamenco

El Sábado flamenco es el programa más popular de la semana. María del Carmen Ramachi baila acompañada por el guitarrista Ernesto Hermoza el sábado a las 8.00 P.M. Es una noche emocionante y sensacional de música y danza. Abierto al público.

Clase de repostería

Inscríbase gratis⁴ en la clase de repostería programada para el jueves a las 7.00 P.M. Preparamos unos pasteles deliciosos gracias a la Repostería Ideal y al maestro Rudolfo Torres. Inscríbase en el teléfono 224-24-16. Vacantes limitadas.

⁴free

¿Comprendes?

1. You will be in town from January 9 through February 2. Which activities will you be able to attend?

2. Which events require you to sign up in advance? Which do not? What key phrases provide this information?

3. Which day(s) would be best to go with a six-year-old child?

4. Según los intereses de estos chicos, ¿a qué eventos van ellos?

Raquel: Me gusta mucho hacer ejercicio.

Roberto: Me encantan los pasteles.

Teresa: Estudio baile. Tomo lecciones todos los jueves.

Alejandro: Me gusta escuchar música; toda clase de música.

5. ¿Qué actividad es más interesante para ti?

CULTURA Bolivia · Chile · Ecuador · Perú

La música andina es muy popular en todo el mundo. Este interesante estilo de música se originó en las montañas de los Andes en Perú, Ecuador, Bolivia y Chile. Los artistas a veces llevan trajes¹ tradicionales andinos. En la música andina los músicos tocan instrumentos especiales: los tambores² de materiales naturales, la flauta³ quena, la guaira⁴ o quena y una guitarra pequeña llamada charango.

• En la música andina los instrumentos son diferentes a los instrumentos de la música clásica. ¿Qué instrumentos usan en la música que te gusta a ti?

¹wear clothing   ²drums   ³flute   ⁴panpipes

Músicos en la Plaza de Armas, Cuzco, Perú

La cultura en vivo

Rimas infantiles

¿Recuerdas las canciones que aprendiste de niño? ¿Y las rimas[1] para saltar a la cuerda?

Estas son algunas canciones que los niños del mundo hispano cantan al jugar. La primera es el equivalente español a "Eenie, meenie, minie, moe...". Es una rima sin sentido[2] que se usa para seleccionar a una persona para un juego.

> Tin Marín de dopingüé
> cucaramanga titirifuera
> yo no fui,
> fue Teté.
> pégale, pégale,
> que ella fue.

Los niños cantan esta canción cuando saltan a la cuerda:

Salta, salta la perdiz	*The partridge jumps and jumps*
por los campos de maíz.	*Through the cornfields.*
¡Ten cuidado, por favor,	*Be careful, please!*
porque viene el cazador!	*Here comes the hunter!*
	(The jump rope then turns faster.)

Comparación cultural ¿Qué rimas y canciones conoces en inglés? ¿Son similares a las canciones en español? ¿Cómo reflejan la cultura?

[1]rhymes [2]nonsense

Niña saltando a la cuerda

Online Cultural Reading

Go to Auténtico ONLINE to read and learn about a list of movies playing at a cinema in Guadalajara, Mexico.

Here's a traditional game that combines Spanish, math, and hopping over a board. Place a long, narrow board on the floor. Take turns hopping with both feet from one side of the board to the other. Go forward as you hop. When you get to the end of the board, jump and turn in the air, facing the direction you came from. Continue hopping from side to side back to the other end. Be very careful! Try this in an area where you won't hurt yourself. As you are hopping, sing this song:

Brinca la tablita	*Jump over the board*
que yo la brinqué.	*That I already jumped.*
Bríncala tú ahora	*Now you jump*
que yo me cansé.	*Since I'm tired.*
Dos y dos son cuatro,	*Two and two are four,*
cuatro y dos son seis.	*Four and two are six.*
Seis y dos son ocho,	*Six and two are eight,*
y ocho dieciséis,	*And eight are sixteen,*
y ocho veinticuatro,	*And eight are twenty-four,*
y ocho treinta y dos.	*And eight are thirty-two.*
Y diez que le sumo	*And ten that I add*
son cuarenta y dos.	*Equals forty-two.*

Presentación oral

OBJECTIVES
▶ Role-play a conversation with another student about how you spend your free time
▶ Use models to prepare for your performance

🎤 Un estudiante nuevo

TASK Ask and answer questions about everyday life. You and a partner will play the roles of a new student and a student who has been at the school for a while. Find out information about the new student and answer any questions.

1 Prepare You will need to prepare for both roles.

Current student: List at least four questions. Greet the student and introduce yourself. Find out where the new student is from, what activities he or she likes to do and on what days, and where he or she goes and with whom.

New student: Look at the questions the current student will ask you and note your answers. Prepare two questions of your own.

2 Practice Work with a partner to practice different questions and responses. Be sure you are comfortable in both roles as you go through your presentation. Use your notes in practice, but not to present. Try to:

• get and give information
• keep the conversation going
• speak clearly

3 Present You will be paired with another student and your teacher will assign roles. The current student begins by greeting the new student. Listen to your partner's questions and responses and keep the conversation going.

Strategy

Using models It helps to go back and review models that prepare you for a task like this role play. Reread *Vocabulario en contexto* (pp. 172–175). Pay attention to the different questions and answers that will help you with this task.

4 Evaluation The following rubric will be used to grade your presentation.

Rubric	Score 1	Score 3	Score 5
Completion of task	You ask or answer two questions.	You ask or answer three questions.	You ask or answer four or more questions.
Your ability to keep the conversation going	You have no response or follow-up to what your partner says.	You have frequent response or follow-up to what your partner says.	You always respond to your partner and ask follow-up questions.
How easily you are understood	You are very difficult to understand. The teacher could only recognize isolated words and phrases.	You are understandable, but have frequent errors in vocabulary and/or grammar that hinder understanding.	You are easily understood. Your teacher does not have to "decode" what you are trying to say.

Auténtico

Partnered with UNIVISION® COMMUNICATIONS INC

Pequeña Oaxaca

Before You Watch

Use the Strategy: Listen with a Focus

As you watch the video, *Pequeña Oaxaca,* listen for key details to understand the reasons why Carslbad, California, feels like home for residents with roots from Oaxaca, Mexico.

Read this Key Vocabulary

barrio = neighborhood

Oaxaqueña = Oaxacan

clima = climate

seguridad = security

solidaridad = solidarity

plato típico = traditional dish

Watch the Video

What makes a community? What places and practices make a neighborhood feel like home?

Go to **PearsonSchool.com/Autentico** and watch the video *Pequeña Oaxaca* to see the attractions and pastimes of a neighborhood in Carlsbad, California.

Complete the Activities

Mientras ves As you watch the video, focus on key words and details to identify the ways in which Carlsbad, California, is appealing to residents originally from Oaxaca. Indicate which of the places from your chapter vocabulary are mentioned or shown in the video.

la biblioteca
el centro commercial
la iglesia
el restaurante

el parque
la playa
el gimnasio

Integration

Después de ver Review the video as needed to infer meaning and answer the following questions about the residents of Carlsbad.

1. ¿Qué les gusta de la ciudad de Carlsbad?

2. ¿Adónde van para los platos típicos?

3. At the end of the video one of the speakers explains that the Oaxacan community in Carlsbad maintains its traditions such as a kermés, a street fair held for fundraising. Why might the residents continue these traditions in their new home?

 For more activities, go to the *Authentic Resources Workbook*.

La communidad

Expansión Find other authentic resources for this chapter in *Auténtico* online, then answer the questions.

 4A Auténtico

Integración de ideas In the authentic resources you will learn about other communities. Describe one place you like in each community and explain why you like it.

Comparación cultural Compare the community in Carlsbad to your own community. What features make it feel like home to you?

OBJECTIVES
▶ Review the vocabulary and grammar
▶ Demonstrate you can perform the tasks on p. 195

🔊 Vocabulario

to talk about leisure activities

ir de compras	to go shopping
ver una película	to see a movie
la lección de piano	piano lesson (class)
Me quedo en casa.	I stay at home.

to talk about places

la biblioteca	library
el café	café
el campo	countryside
la casa	home, house
en casa	at home
el centro comercial	mall
el cine	movie theater
el gimnasio	gym
la iglesia	church
la mezquita	mosque
las montañas	mountains
el parque	park
la piscina	swimming pool
la playa	beach
el restaurante	restaurant
la sinagoga	synagogue
el templo	temple, Protestant church
el trabajo	work, job

to tell where you go

a	to (prep.)
a la, al (a + el)	to the
¿Adónde?	(To) Where?
a casa	(to) home

to tell with whom you go

¿Con quién?	With whom?
con mis / tus amigos	with my / your friends
solo, -a	alone

to talk about when things are done

¿Cuándo?	When?
después	afterwards
después (de)	after
los fines de semana	on weekends
los lunes, los martes . . .	on Mondays, on Tuesdays . . .
tiempo libre	free time

to talk about where someone is from

¿De dónde eres?	Where are you from?
de	from, of

to indicate how often

generalmente	generally

other useful words and expressions

¡No me digas!	You don't say!
para + infinitive	in order to + infinitive

Gramática

ir *to go*

voy	vamos
vas	vais
va	van

For *Vocabulario adicional*, see pp. 472–473.

Preparación para el examen

Más recursos   PearsonSchool.com/Autentico

🔲 Games   📑 Flashcards   ✏️ Instant check

▶️ Tutorials   ▶️ *Gram*Activa videos   ▶️ Animated verbs

What you need to be able to do for the exam . . .	Here are practice tasks similar to those you will find on the exam . . .	For review go to your print or digital textbook . . .
Interpretive		
① ESCUCHAR I can listen and understand as people ask questions about weekend events.	Two friends are trying to make plans for the weekend. Based on their dialogue, what do they finally agree on? Listen for key words about: a) Who is going? b) Where are they going? c) When are they going?	**pp. 172–175** *Vocabulario en contexto* **p. 186 Actividad 17**
Presentational		
② HABLAR I can talk about places to go and things to do on the weekend.	Describe what you're doing this weekend. Mention at least three places you plan to go or things you plan to do. For example, you might say *Voy de compras con mis amigos*.	**pp. 172–175** *Vocabulario en contexto* **p. 177 Actividad 6** **p. 178 Actividad 8** **p. 181 Actividad 13** **p. 182 Actividad 14** **p. 186 Actividad 17**
Interpretive		
③ LEER I can read and understand information about what a person does on particular days of the week.	Someone has left his or her planner at your house. Read the schedule for two days to try to figure out what type of person owns it. Indicate whether you agree or disagree with the statements about the person. MARTES: 6:00 Desayuno 4:00 Lección de piano 5:00 Trabajo 8:30 Clase aeróbica JUEVES: 3:30 Gimnasio 4:30 Piscina 6:00 Trabajo 8:00 Biblioteca *¿Estás de acuerdo o no? a) Es muy perezoso(a); b) Es atlético(a); c) Le gusta ir de compras.*	**pp. 172–175** *Vocabulario en contexto* **p. 176 Actividad 4** **p. 180 Actividad 11** **pp. 188–189** *Lectura*
Presentational		
④ ESCRIBIR I can write a short note to a friend to let him or her know where I am going after school.	Your friend is taking a make-up test after school, so you need to write her a short note to tell her what you are doing after school today. In the note, tell her where you are going and then at what time you are going home.	**p. 176 Actividad 4** **p. 179 Actividad 10** **p. 181 Actividad 13** **p. 182 Actividad 14** **p. 186 Actividad 18**
Culture		
⑤ COMPARAR I can demonstrate an understanding of rhymes, songs, and games from Spanish-speaking cultures.	Think about your favorite childhood game. How does it compare to the children's games you learned about in this chapter? Describe a traditional game from a Spanish-speaking country.	**p. 190** *La cultura en vivo*

¿Quieres ir conmigo?

Country Connections Explorar el mundo hispano

Texas
Nueva York
España
México
Florida
Chile

CHAPTER OBJECTIVES

Communication

By the end of this chapter you will be able to:

- Listen to and read invitations and responses.
- Discuss and write an invitation and an activity plan.
- Exchange information while responding to an invitation.

Culture

You will also be able to:

- **Auténtico:** Identify cultural perspectives in an authentic video about sports and free-time activities.
- Understand cultural differences regarding extracurricular activities.
- Compare and contrast the careers of two athletes.

You will demonstrate what you know and can do:

- Presentación escrita: Una invitación
- Repaso del capítulo: Preparación para el examen

You will use:

Vocabulary

- Sports and activities outside of school
- Telling time
- Extending, accepting, and declining invitations

Grammar

- *Ir + a +* infinitive
- The verb *jugar*

ARTE y CULTURA ▶ El mundo hispano

Paralympic Games Starting with the first Paralympic Games in Rome in 1960, the International Paralympics Committee has organized summer and winter games that follow the regular Olympic Games and are hosted by the same city. Athletes with all types of disabilities compete in the Paralympics. In the most recent Summer and Winter Paralympics, more than 150 nations participated, with over 4,200 athletes worldwide.

▶ How do you think athletes with disabilities benefit from competing in the Paralympics or in similar local events?

Spanish swimmer Teresa Perales, posing with her bronze medal at the London 2012 Paralympic Games ▶

Go **Online** to practice
PEARSON
realize™

PearsonSchool.com/Autentico

 AUDIO
 VIDEO
 WRITING
 SPEAK/RECORD
 MAPA GLOBAL
 AUTÉNTICO
 FLASCHARDS
 ETEXT 2.O
GAMES

Pablo Javier Robledo, de
Argentina, en los Juegos
Paralímpicos de Sochi 2014

Videocultura **Los pasatiempos**

Vocabulario en contexto

OBJECTIVES

Read, listen to, and understand information about sports and activities outside of school, and extending and responding to invitations.

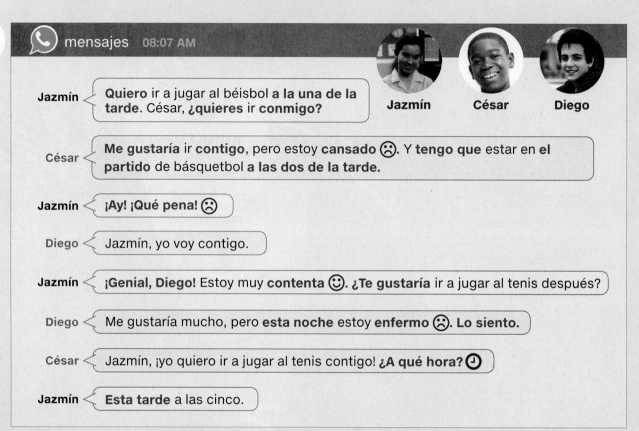

mensajes 08:07 AM

Jazmín Jazmín • César • Diego

Jazmín Quiero ir a jugar al béisbol **a la una de la tarde.** César, **¿quieres** ir **conmigo?**

César **Me gustaría** ir **contigo,** pero estoy **cansado** ☹. Y **tengo que** estar en **el partido** de básquetbol **a las dos de la tarde.**

Jazmín **¡Ay! ¡Qué pena!** ☹

Diego Jazmín, yo voy contigo.

Jazmín **¡Genial, Diego!** Estoy muy **contenta** ☺. **¿Te gustaría** ir a jugar al tenis después?

Diego Me gustaría mucho, pero **esta noche** estoy **enfermo** ☹. **Lo siento.**

César Jazmín, ¡yo quiero ir a jugar al tenis contigo! **¿A qué hora?** 🕐

Jazmín **Esta tarde** a las cinco.

jugar al fútbol

jugar al golf

jugar al tenis

jugar al básquetbol

jugar al béisbol

jugar al fútbol americano

jugar al vóleibol

💬 mensajes 05:20 PM

César — ¡**Oye**, Diego!, ¿vas de pesca también?

Diego — ¡**Qué buena idea!** ¡Voy de pesca, sí! **Puedo** ir a las ocho **de la mañana.**

Jazmín — Estoy **triste** 🙁 porque no **puedes** ir con nosotros, Diego. Siempre estás **demasiado ocupado.**

Diego — ¡Pero puedo ir a la fiesta con ustedes **este fin de semana!**

César — **Entonces**, nos vemos pronto.

el concierto

la fiesta

el baile

ir de cámping

ir de pesca

el partido

1

Hoy yo estoy...

🔊 **ESCUCHAR** You will hear people talk about how they are feeling today. Act out the appropriate feeling when you hear it.

2

¡Genial!

🔊 **ESCUCHAR** Juan Antonio is making plans for his week. As he lists the activities, point to the appropriate picture.

¿Quieres hacer algo?

Santiago y Cristina hablan de sus planes este fin de semana.

Santiago: Cristina, ¿vas al baile de la escuela el sábado? Yo quiero ir.

Cristina: ¿Quieres ir al baile? ¿Por qué? Yo **sé** que no te gusta bailar.

Santiago: Es verdad, no me gusta bailar. Pero me gustaría mucho hablar con Marina.

Cristina: Ay, lo siento, pero Marina está ocupada el sábado. Vamos al concierto en el centro comercial.

Santiago: ¡No me digas! Entonces, creo que voy a estar **mal** y **un poco** enfermo. Me quedo en casa el sábado, hay un partido de béisbol que **puedo** ver en la televisión.

Cristina: Santiago, tú **sabes** que Marina y yo somos amigas. **Puedes** ir a la fiesta conmigo el viernes. ¿Te gustaría? Allí puedes hablar mucho con Marina.

Santiago: ¡Genial! ¡Qué buena idea! ¿A qué hora?

Cristina: A las siete **de la noche** en el parque central. Ok, tengo que ir a mi lección de piano. ¡Hasta pronto!

Santiago: ¡Chao!

Cristina

Santiago

3

¿Sí o no?

ESCRIBIR Contesta a las preguntas con *Sí* o *No*.

1. El baile es en el centro comercial.

2. A Santiago no le gusta bailar.

3. Marina está enferma.

4. Cristina va al concierto con Santiago.

5. Santiago está contento porque va a hablar con Marina en la fiesta.

Videohistoria

¿Te gustaría ir de cámping?

Before You Watch

Focus on key words As you watch the video, focus on the use of the verb *ir a* with a place, or *ir a* and *ir de* with an activity, to understand each character's plans. What phrase with *ir* describes each photo?

Complete the Activity

¿Qué vas a hacer? ¿Qué vas a hacer este fin de semana? ¿Vas a jugar un deporte o ir a un evento especial? Describe tres actividades que vas a hacer y el día y la hora del evento.

▶ Watch the Video

What are Valentina and Yoojee planning to do this weekend?

Go to **PearsonSchool.com/Autentico** to watch the video *¿Te gustaría ir de cámping?* and to view the script.

Valentina

After You Watch

 ¿COMPRENDES?   Answer the following questions by focusing on the different conjugations of the key word *ir.*

1. ¿Quién va a estos lugares o hace estas actividades, Valentina or Yoojee?

   a. al campo
   b. acampar
   c. de pesca
   d. jugar al básquetbol
   e. de compras
   f. a la iglesia
   g. a un concierto
   h. al baile

2. ¿Cuál de las dos chicas va a estar más ocupada este fin de semana? ¿Por qué?

Vocabulario en uso

OBJECTIVES
▶ Write and talk about activities you would like to do, and sports you know how to play
▶ Listen to invitations and responses
▶ Discuss what activities you and others will do and at what time
▶ Exchange information while extending, accepting, and declining invitations

---

4

Me gustaría ir . . .

 ESCRIBIR, HABLAR Say whether or not you would like to do these things this weekend.

Modelo
*Me gustaría ir a **una fiesta** este fin de semana.*
o: *No me gustaría ir a **una fiesta** este fin de semana.*

5

No sé jugar . . .

 ESCRIBIR, HABLAR Indica si sabes o no sabes jugar estos deportes.

Modelo
*Sé jugar al **béisbol** muy bien.*
o: *No sé jugar al **béisbol**.*

6

¿Qué deportes practicas?

 HABLAR EN PAREJA Using the information from Actividad 5, ask and tell about which sports you know, or don't know, how to play.

 ### Videomodelo
A —*¿Sabes jugar al béisbol?*
B —*¡Por supuesto! Sé jugar al béisbol muy bien.*
o:—*No, no sé jugar al béisbol.*

7

¿Cómo estás?

LEER, ESCRIBIR You've asked your friends how they are.
Now read each friend's reply and write the correct form of
the missing word from the list.

cansado, -a	contento, -a
enfermo, -a	mal
ocupado, -a	triste

Tú: ¿Cómo estás?

Felipe: Muy __1.__. Voy a un concierto esta noche con mis amigos.

Miguel: ¡ __2.__ ! Mi clase de ciencias es muy aburrida y no me gusta nada el profesor.

Marta: Estoy __3.__. Me duele la cabeza. Hoy no puedo jugar al tenis ni patinar.

Carlos: Estoy __4.__. Todos mis amigos van a la playa el sábado pero tengo que trabajar.

Gabriela: Un poco __5.__. Todas las noches trabajo en el centro comercial.

Dolores: Demasiado __6.__. Juego al básquetbol después de las clases,
              tomo lecciones de piano y practico cada día y tengo un trabajo también.

8

Lo siento

HABLAR EN PAREJA Make plans with a partner. Ask your
partner if he or she wants to do these activities with you.
Your partner can't go, and will offer excuses to explain why.

 Videomodelo

A —¡Oye! ¿Quieres **patinar** conmigo esta tarde?
B —Lo siento. Hoy no puedo. Estoy **demasiado enfermo(a)**.

Estudiante A

Estudiante B

muy	ocupado, -a
demasiado	enfermo, -a
un poco	cansado, -a
	triste
	mal
¡Respuesta personal!	

9

Escucha y escribe

ESCUCHAR, ESCRIBIR You will hear three invitations to events and
the responses given. On a sheet of paper, write the numbers 1–3.
As you listen, write down what each invitation is for and whether
the person accepted it (write *sí*) or turned it down (write *no*).

10

¿A qué hora?

HABLAR EN PAREJA   Take turns asking and telling what time the following activities take place.

Videomodelo

A —¿A qué hora es la película?
B —A las ocho de la noche.

8:00

1   9:00

2   2:30

3   1:30

4   8:30

5   7:30

6   7:00

11

Una invitación para el sábado

HABLAR EN PAREJA, ESCRIBIR EN PAREJA

1   Invite your partner to these places, and tell at what time you will go. Your partner will accept or decline. Follow the model.

Videomodelo

A —¿Te gustaría ir **al concierto** el sábado?
B —¿A qué hora?
A —A la una y media de la tarde.
B —¡Genial! ¡Nos vemos el sábado!

1:30

Nota

To ask and tell what time something happens, you say:

• **¿A qué hora** vas?
• Voy **a la** una.
• Voy **a las** tres y media.

To specify what part of the day, add:

de la mañana*   in the morning (A.M.)
de la tarde   in the afternoon (P.M.)
de la noche   in the evening, at night (P.M.)

*Mañana means "tomorrow";
  la mañana means "morning."

Estudiante A

1   7:30

2   8:30

3   5:30

4   1:00

5   4:15

6   11:00

Estudiante B

¡Por supuesto! Me gustaría mucho.
Lo siento, pero no puedo.
¡Ay! ¡Qué pena! Tengo que trabajar.
¡Genial! Nos vemos el sábado.
¡Qué buena idea! ¡Gracias!

¡Respuesta personal!

2   Choose two events from step 1 and send a text or written message to make plans with another classmate. Your classmate will accept or decline with a written response. Switch roles.

Exploración del lenguaje Spanish words borrowed from English

Languages often borrow words from one another. For example, "rodeo" and "patio" are Spanish words that have found their way into English. There are also many examples of English words that have entered Spanish. By recognizing these familiar words, you can increase your vocabulary in Spanish.

Try it out! Read the sentences and identify the "borrowed words." Don't forget to pronounce the words correctly in Spanish.

Quiero hacer videos.
¿Quieres jugar al básquetbol conmigo?
Practico el rugby y el ráquetbol.
Juego al fútbol en el cámping.
¡Me encantan los sándwiches!

Radio taxi

Tel:
447 52 83
#65 Col. Centro

⏱24 horas a su servicio

12

Y tú, ¿qué dices?

ESCRIBIR, HABLAR

1. ¿A qué hora te gusta ir al cine?

2. ¿Estás más contento(a) cuando practicas un deporte o cuando ves la televisión?

3. ¿Qué deportes te gustan más?

4. ¿Este fin de semana tienes que trabajar o puedes pasar tiempo con amigos?

CULTURA ◄ **México**

La Noche de los Rábanos[1] es una de las muchas fiestas del mundo hispano. La noche del 23 de diciembre en el zócalo, en la plaza principal[2] de Oaxaca, México, hay mesas que presentan los rábanos con formas fantásticas. Los oaxaqueños y los visitantes caminan por la plaza para ver o comprar estas creaciones maravillosas.

Pre-AP® Integration: Definiciones de la creatividad ¿Conoces comunidades o regiones de los Estados Unidos famosas por sus artesanías[4] o productos?

 Mapa global interactivo Explora la geografía de Oaxaca, México y describe lo que ves.

Rábanos esculpidos *(sculpted)*, Oaxaca, México

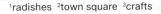
[1]radishes [2]town square [3]crafts

Gramática

OBJECTIVES
▶ Listen to phone messages about invitations
▶ Write about and discuss plans
▶ Read an ad and extend an invitation by phone

Ir + a + infinitive

Just as you use "going" + an infinitive in English to say what you are going to do, in Spanish you use a form of the verb *ir + a* + **an infinitive** to express the same thing:

Voy a jugar al tenis hoy.
I'm going to play tennis today.

¿Tú **vas a jugar** al golf esta tarde?
Are you going to play golf this afternoon?

Mis amigas **van a ir de cámping** mañana.
My friends are going camping tomorrow.

Javier: **¿Van a jugar** conmigo, o no?
Ana: Sí, **vamos a jugar** contigo.

Más recursos ONLINE

▶ **GramActiva** video

▶ **Tutorials:** Future with *ir + a* + infinitive, *Vamos a* + infinitive

◀)) **Canción de hip hop:** *¿Qué vas a hacer?*

✎ **GramActiva** Activity

13

Escucha y escribe

ESCUCHAR, ESCRIBIR Rosario and Pablo have left messages on your answering machine telling you what they are going to do and inviting you to join them. On a sheet of paper, write their names and, under each one, the numbers 1–3. As you listen to each message, write down information to answer these three questions:

1. ¿Adónde quiere ir?   2. ¿Qué va a hacer?   3. ¿A qué hora va a ir?

14

Este fin de semana vamos a . . .

ESCRIBIR, HABLAR ¿Qué va a hacer la familia Ríos este fin de semana?

Modelo
Estela / / 8:00
Estela va a estudiar a las ocho de la noche.

1. Angélica / / 3:30

2. Yo /  / 4:00

3. Esteban y un amigo /  / 10:00

4. Angélica y el Sr. Ríos / / 7:00

5. Los señores Ríos / / 7:30

6. Angélica, Esteban y yo / / 8:00

15

¿Qué vas a hacer?

ESCRIBIR, HABLAR EN PAREJA

1 Make a chart like this one to describe five things you're going to do, when you're going to do them, and with whom. Use the following words to say when you're going to do these things: *esta tarde, esta noche, mañana, el jueves, el fin de semana.*

Modelo

¿Qué?	¿Cuándo?	¿Con quién?
tocar la guitarra	*esta tarde*	*mis amigos*

2 Ask your partner what his or her plans are and offer alternative activities. Develop a plan to spend time that you agree on.

▲ Mañana voy a tocar la guitarra.

▶ **Videomodelo**

A —*¿Qué vas a hacer esta tarde?*
B —*Esta tarde mis amigos y yo vamos a tocar la guitarra.*

16

El teléfono celular

LEER, ESCRIBIR, HABLAR Lee el anuncio para el teléfono celular y contesta las preguntas.

1. ¿Por qué es bueno tener un teléfono celular?

2. ¿Te gusta hablar por teléfono celular? ¿Con quién?

3. ¿Crees que es bueno o malo usar un teléfono celular en un restaurante? ¿Por qué?

¿Te gustaría...   **¡Por supuesto!**

¡Con un teléfono celular puedes hacer planes para hacerlo todo!

- pasar más tiempo con tus amigos?
- ir de compras?
- ir al cine?
- escribir un mensaje?
- escuchar música?
- jugar a juegos?

17

¿Quieres ir conmigo?

ESCRIBIR EN PAREJA Send your partner a text message and invite him or her to do something with you. Your partner can't go and should tell you why. Offer an alternative plan.

Modelo

A —*Hola, Sara. Soy Rosa. ¿Quieres **jugar al tenis** conmigo **esta tarde**?*
B —*Lo siento, hoy no puedo. Voy a **estudiar para la clase de inglés.***
A —*¡Ay! ¡Qué pena!*

Gramática

OBJECTIVES
▶ Read, write, and talk about sports and athletes
▶ Exchange information about sports while playing a game
▶ Read and write about camping in Spain

The verb *jugar*

Use the verb *jugar* to talk about playing a sport or a game. Even though *jugar* uses the same endings as the other *-ar* verbs, it has a different stem in some forms. For those forms, the *-u-* becomes *-ue-*. This kind of verb is called a "stem-changing verb." Here are the present-tense forms:

(yo)	**juego**	(nosotros) (nosotras)	**jugamos**
(tú)	**juegas**	(vosotros) (vosotras)	**jugáis**
Ud. (él) (ella)	**juega**	Uds. (ellos) (ellas)	**juegan**

Nota
Many Spanish speakers always use *jugar* a and the name of the sport or game:
• ¿Juegas al vóleibol?
Others do not use the a:
• ¿Juegas vóleibol?

Más recursos ONLINE
▶ *GramActiva* video
▶ Animated Verbs
✎ *GramActiva* Activity

18

¿A qué juegan?

 ESCRIBIR Escribe frases para decir qué deportes practican estas personas.

Modelo
Albert Pujols juega al béisbol.

Albert Pujols

También se dice . . .
el básquetbol = el baloncesto
(muchos países)

el fútbol = el balompié *(muchos países)*

el vóleibol = el balonvolea *(España)*

Sergio García

Carla Cortijo

Pau Gasol

David Villa

Hanley Ramírez

Garbiñe Muguruza

7 Y tus amigos y tú, ¿a qué juegan Uds.?

Go **Online** to practice   PearsonSchool.com/Autentico

PEARSON
realize™

VIDEO   WRITING   SPEAK/RECORD

Juego

DIBUJAR, ESCRIBIR, HABLAR EN GRUPO, GRAMACTIVA

1 On each of two index cards, draw a picture that represents a sport or game and write *muy bien, bien,* or *mal* to show how well you play that sport or game. Don't let your classmates see your cards.

2 Get together with five other students. Put all the cards face down in the center of your group. Choose a card and try to identify who drew it by asking the others how well they play what is pictured. Keep track of what you learn about your classmates.

Videomodelo

A —*Enrique, ¿juegas bien al tenis?*
B —*No, juego muy mal al tenis.*

3 Write six sentences about the sports and games the students in your group play.

Modelo

Óscar y Nacho juegan muy bien al fútbol. Teresa y yo jugamos bien al golf.

La ciudad deportiva

LEER, ESCRIBIR, HABLAR   Lee sobre el sueño *(dream)* de Iván Zamorano y contesta las preguntas.

1. ¿Cuál es el sueño de Iván Zamorano?

2. ¿Qué deportes juegan en la Ciudad Deportiva de Iván?

3. ¿Qué día empieza *(begins)* la inscripción para las escuelas? ¿A qué hora?

4. ¿A qué hora empiezan las actividades?

5. ¿Te gustaría ir a la Ciudad Deportiva de Iván Zamorano? ¿Por qué?

----

[1]dream [2]city [3]children [4]better [5]place [6]registration

Mi sueño[1]

Quiero una ciudad[2] dedicada al deporte, a la familia y los niños.[3] Quiero servicios de calidad internacional, con profesores de excelencia. En mi sueño, los niños y jóvenes juegan y practican deportes para ser mejores.[4] Este sueño ya es realidad y quiero compartirlo contigo. Es el lugar[5] para hacer deporte en familia.

Escuelas de Fútbol, Tenis, Hockey

Inicio de inscripción[6]: 23 de marzo, a las 8 horas
Inicio de actividades: 1 de abril, a las 14 horas

Avenida Pedro Hurtado 2650, Las Condes, Santiago, Chile
Teléfono: 212 2711

In Spanish, the pronunciation of the letter *d* is determined by its location in a word. When d is at the beginning of a word, or when it comes after *l* or *n*, it sounds similar to the *d* in "dog." Listen, then say these words:

diccionario	doce	donde
domingo	desayuno	día
deportes	calendario	bandera

When *d* comes between vowels and after any consonant except *l* or *n*, it sounds similar to the *th* of "the." Listen, then say these words:

cansado	ocupado	puedes
idea	sábado	partido
tarde	ensalada	atrevido

Try it out! Here is a tongue twister to give you practice in pronouncing the *d*, but also to give you something to think about!

> **Porque puedo, puedes,**
> **porque puedes, puedo;**
> **Pero si no puedes,**
> **yo tampoco puedo.**

El español en el mundo del trabajo

There are many opportunities to use Spanish in the healthcare field—in hospitals, emergency rooms, and neighborhood clinics. This young woman volunteers in a California hospital. Since many of the patients come from Spanish-speaking homes, she is able to speak with them and their families in Spanish. *"Para mí, trabajar como voluntaria es una de mis actividades favoritas. Creo que mi trabajo es importante."*

• What opportunities are there in your community to do volunteer work where speaking Spanish is helpful?

21

¡Vamos de cámping!

LEER, ESCRIBIR   Tourism is an important industry in Spain. Many tourists prefer to go camping rather than stay in hotels. Read the following brochure about a campground and then answer the questions.

Conexiones ‹ **Las matemáticas**

1. ¿Qué distancia en millas[1] hay entre[2] Valencia y el Cámping Las Palmas?

2. ¿Qué distancia hay entre Alicante y el Cámping Las Palmas?

Para convertir kilómetros en millas, es necesario dividir el número de kilómetros por 1.6.

[1]miles [2]between

Cámping Las Palmas

Miramar
Teléfono: 962 41 42 73   Fax: 962 01 55 05

70 kilómetros al sur de Valencia
110 kilómetros al norte de Alicante

• Un cámping ideal

• Muchas actividades para todos

• Una buena opción para sus vacaciones

Ubicado[3] junto a[4] una bella playa. Ideal para toda la familia. Un sitio excelente para nadar.

[3]Located [4]next to

Mapa global interactivo Compara las áreas costeras de España.

22

Y tú, ¿qué dices?

ESCRIBIR   Write descriptions of simple situations. Use the questions as a guide.

1. ¿Con quién te gustaría ir a una fiesta? ¿Por qué?

2. ¿Qué prefieres, ir de pesca o ir a un baile?

3. ¿Qué vas a hacer mañana a las ocho de la noche?

4. ¿Qué vas a hacer este fin de semana?

5. ¿Te gustaría ver un partido de fútbol o ir a un concierto?

> **Para decir más . . .**
> 200 = doscientos

Lectura

OBJECTIVES

▶ Read about and compare the lives of two famous athletes

▶ Use cognates to understand new words

▶ Learn more about an Hispanic athlete and role model

Strategy

Cognates Use the cognates in the text to help you infer the meaning of new words and understand key details about the athletes.

Sergio y Paola:
Dos deportistas dotados[1]

Lee dos artículos de una revista deportiva. Vas a conocer a[2] Sergio García y a Paola Espinosa, dos atletas famosos.

Sergio García

Sergio García es uno de los golfistas profesionales más populares del mundo.

Sergio juega para el Club de Campo del Mediterráneo en Borriol, Castellón, donde su padre Víctor es golfista profesional. Juega al golf desde la edad[3] de tres años y a los 12 años es campeón[4] del Club de Campo. Es el golfista más joven en competir en el campeonato PGA desde 1921 y gana[5] el segundo lugar.[6] Tiene el nombre "El niño." A los 15 años, juega en un torneo del circuito europeo de profesionales. Y a la edad de 17 años gana su primer torneo de profesionales.

Hoy Sergio García es uno de los 20 mejores golfistas del mundo.

Nombre: Sergio García

Fecha de nacimiento: 9/1/80

Lugar de nacimiento: Borriol, Castellón (España)

Club: Club de Campo del Mediterráneo

Su objetivo: Ser el mejor del mundo

Profesional: Desde abril del 99

Aficiones[7]: Real Madrid, tenis, fútbol, videojuego, carros rápidos

---

[1]gifted [2]You will meet [3]age [4]champion
[5]he wins [6]second place [7]Interests

Nombre: Paola Milagros Espinosa Sánchez

Fecha de nacimiento: 31/7/86

Su objetivo: Ser la clavadista[8] número uno del mundo

Lugar de nacimiento: La Paz, Baja California (México)

Aficiones: Nadar, practicar gimnasia, viajar, pasar tiempo con su familia

Paola Milagros Espinosa Sánchez

Paola Espinosa es la mejor[9] clavadista de saltos[10] en plataforma y en saltos sincronizados de México. Tiene el nombre de "la princesa mexicana del clavado" y es una heroína nacional.

De niña, le gusta nadar y hacer gimnasia. Compite[11] como clavadista desde la edad de 10 años. A los 18 años, participa en sus primeros Juegos Olímpicos. ¡Y a los 22 años gana la medalla de bronce en los Juegos Olímpicos de Beijing!

Paola dice que es necesario practicar todos los días. En Londres gana de nuevo una medalla olímpica, esta vez[12] de plata.

[8]diver [9]best [10]dives [11]competes [12]this time

¿Comprendes?

1. Copy this Venn diagram. Identify and list at least eight key details about Sergio and Paola in your diagram. Include information about Sergio in the left oval, Paola in the right oval, and any fact that applies to both in the middle oval.

Sergio — Los dos — Paola

2. Which cognates helped you to infer the meaning of difficult sentences?

CULTURA ⟩ Estados Unidos

Una jugadora profesional Rebecca Lobo es una ex jugadora profesional de básquetbol. Ganó[1] una medalla de oro en las Olimpiadas de 1996. Es una de las primeras jugadoras del WNBA. Rebecca escribió[2] un libro, *The Home Team*, sobre la lucha[3] contra el cáncer. Rebecca ayuda[4] a los estudiantes con pocos recursos[5] que quieren estudiar medicina. Ahora, Rebecca es comentarista y trabaja para el canal ESPN.

• Rebecca Lobo es una oradora motivacional[6]. ¿Qué mensaje crees que comunica a su público?

[1]won [2]wrote [3]struggle [4]helps [5]resources [6]motivational speaker

¿Qué haces en tu tiempo libre?

In many Spanish-speaking countries, extracurricular activities traditionally play a much smaller role in school life than in the United States. Students usually participate in activities such as music and athletics at clubs and institutions outside of school.

Although some schools have teams, many students who are interested in sports attend clubs such as el Club Deportivo General San Martín. At these clubs teens practice and compete on teams. They also participate in individual sports such as tennis. The competition between clubs is sometimes more intense than the competition between schools.

Students with artistic talents often go to a private institute to take music, dance, or art lessons. They might attend el Instituto de Música Clásica or el Instituto de Danza Julio Bocca. Many students spend their time outside of classes studying a foreign language. They might learn English at la Cultura Inglesa or French at la Alianza Francesa.

In general, students do not hold jobs. They spend their time studying, being with family and friends, and participating in different activities.

¿Te gusta jugar al ajedrez?

Trabajando después de las clases

Online Cultural Reading

Go to Auténtico ONLINE to read and understand how a soccer team is organized.

Investigar What do you like to do in your free time? Do you play sports, or learn how to play an instrument? What about your friends? Survey your friends to answer these questions, then complete the statements explaining what you and your friends like to do after school.

Modelo

En mi tiempo libre, me gusta *ir a ver una película.*

1. En mi tiempo libre, me gusta _____.

2. Después de las clases voy a _____.

3. A mis amigos les gusta _____ en su tiempo libre.

Comparación cultural How do the practices in your community compare with what you have learned about young people's after-school activities in Spanish-speaking countries?

Presentación escrita

OBJECTIVES
▶ Write an invitation to a special event
▶ Organize information by using an invitation format

Go **Online** to practice
PEARSON
realize™
PearsonSchool.com/Autentico

WRITING

Una invitación

Task Write an email to invite a friend to go to a special event with you.

1 Prewrite Think of an event to invite a friend to, such as a concert, game, or party. Write an invitation that includes information about the situation.

- the name of the event
- the day, time, and location
- who is going

2 Draft Use the information from Step 1 to write a first draft. Begin your invitation with *¡Hola . . . !* and close with *Tu amigo(a)* and your name.

3 Revise Check your note for spelling and grammar, then share with a partner. Your partner should check the following:

- Did you give all the necessary information?
- Is there anything to add or change?
- Are there any errors?

4 Publish Write a final copy of your invitation. You might give it to your friend or include it in your portfolio.

5 Evaluation The following rubric will be used to grade your invitation.

Strategy

Organizing information Thinking about the correct format and necessary information beforehand will help you create a better invitation.

Rubric	Score 1	Score 3	Score 5
Amount of information	You give very few or no details or examples about locations and activities.	You give only a few details or examples about locations and activities.	You consistently give many details and examples about locations, times, and activities.
Use of vocabulary expressions	You have very little variation of vocabulary usage with frequent incorrect usage.	You have limited usage of vocabulary; some usage errors.	You have extended use of a variety of vocabulary; few usage errors.
Accuracy of sentence structures	You have at least three sentences; many grammar errors.	You have at least three sentences; some grammar errors.	You have at least three sentences; very few grammar errors.

Auténtico

Partnered with IDB

Deporte, cultura e innovación

Before You Watch

Use the Strategy: Cognates

As you watch the video, *Deporte, cultura e innovación* listen and watch for cognates to help you understand key words and key details. Cognates are words that look like English and share a meaning. What words do you see or hear that are similar to English words?

Read this Key Vocabulary

éxito = success

fomentan = encourages

desarrollo = develop

habilidades = abilities

felicidad = happiness

barreras = barriers

Watch the Video

What do teens need to be successful? What type of programs or opportunities should be provided to all teens?

Go to **PearsonSchool.com/Autentico** and watch the video *Deporte, cultura, e innovación* to see what a program in Uruguay believes that teens need.

Complete the Activities

Mientras ves As you watch the video, listen and watch for the cognates that are used, and use them to identify the key details of the video. Read the cognates below and indicate when you hear them. List any other cognates you hear.

honestidad
respeto
cooperación
lenguaje es universal
creativos y creadores

Integration

Después de ver Review the video as needed and use key words and details to answer the following questions.

1. ¿Qué actividades necesitan los adolescentes?

2. ¿Qué aprenden los adolescentes de las actividades?

3. In the video several cognates are used to describe what teens can gain from different types of activities. Do you agree? Write a brief sentence that describes what you learn from your activities, using one or two cognates.

 For more activities, go to the *Authentic Resources Workbook*.

Los adolescentes

Expansión Find other authentic resources for this chapter in *Auténtico* online, then answer the questions.

 4B Auténtico

Integración de ideas In the authentic resources other pastimes and opportunities for young people in Spanish-speaking countries are described. Use the resources to write which of these activities you enjoy and what you think you learn from them.

Comparación cultural Compare activities for teens in Spanish-speaking cultures that you have learned about in these resources. Also compare them with your own activities.

Repaso del capítulo

OBJECTIVES
▶ Review the vocabulary and grammar
▶ Demonstrate you can perform the tasks on p. 219

🔊 Vocabulario

to talk about leisure activities

el baile	dance
el concierto	concert
la fiesta	party
ir + a + infinitive	to be going to + *verb*
ir de cámping	to go camping
ir de pesca	to go fishing
jugar al básquetbol	to play basketball
jugar al béisbol	to play baseball
jugar al fútbol	to play soccer
jugar al fútbol americano	to play football
jugar al golf	to play golf
jugar al tenis	to play tennis
jugar al vóleibol	to play volleyball
el partido	game, match
(yo) sé	I know (how)
(tú) sabes	you know (how)

to describe how someone feels

cansado, -a	tired
contento, -a	happy
enfermo, -a	sick
mal	bad, badly
ocupado, -a	busy
triste	sad

to tell what time something happens

¿A qué hora?	(At) what time?
a la una	at one (o'clock)
a las ocho	at eight (o'clock)
de la mañana	in the morning
de la noche	in the evening, at night
de la tarde	in the afternoon
esta noche	this evening
esta tarde	this afternoon
este fin de semana	this weekend

to extend, accept, or decline invitations

conmigo	with me
contigo	with you
(yo) puedo	I can
(tú) puedes	you can
¡Ay! ¡Qué pena!	Oh! What a shame!
¡Genial!	Great!
lo siento	I'm sorry
¡Oye!	Hey!
¡Qué buena idea!	What a good / nice idea!
(yo) quiero	I want
(tú) quieres	you want
¿Te gustaría?	Would you like?
Me gustaría	I would like
Tengo que ____.	I have to ____.

other useful words and expressions

demasiado	too
entonces	then
un poco (de)	a little

Gramática

jugar (a) to play *(games, sports)*

juego	jugamos
juegas	jugáis
juega	juegan

For *Vocabulario adicional,* see pp. 472–473.

Preparación para el examen

Más recursos PearsonSchool.com/Autentico

🔲 Games   🗂 Flashcards   ✏️ Instant check

▶️ Tutorials   ▶️ *Gram*Activa videos   ▶️ Animated verbs

What you need to be able to do for the exam . . .	Here are practice tasks similar to those you will find on the exam . . .	For review go to your print or digital textbook . . .

Interpretive

1 ESCUCHAR I can listen to and understand messages that give information about when and where to meet someone.

On your answering machine, you hear your friend asking if you can go somewhere with her this weekend. Based on her message, try to tell: a) where she is going; b) what she is going to do; and c) what time she wants to go.

pp. 198–201 *Vocabulario en contexto*

p. 203 Actividad 9

p. 206 Actividad 13

Interpersonal

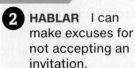

2 HABLAR I can make excuses for not accepting an invitation.

You and a friend have planned a camping trip this weekend, but another friend now wants you to do something with him. With a partner, take turns rehearsing excuses for declining his invitation.

p. 202 Actividad 4

p. 203 Actividad 8

p. 204 Actividad 11

p. 207 Actividad 17

Interpretive

3 LEER I can read and understand short messages about accepting or declining invitations.

You find notes under your desk that were written to the person who was sitting there before you. Read them to see why people declined an invitation to a party:

a) Me gustaría, pero no puedo. Tengo que estudiar para un examen.

b) ¡Genial! ¡Una fiesta! Ay, pero no puedo. Voy de cámping.

c) ¿A las siete? No puedo. Juego un partido de vóleibol a las siete y media. Lo siento.

pp. 198–201 *Vocabulario en contexto*

p. 203 Actividad 7

pp. 212–213 *Lectura*

Presentational

4 ESCRIBIR I can write a short note telling what I am going to do during the week.

As a counselor for an after-school program for children, you must write a note to the parents telling them at least three things their children are going to do during the week. (Hint: Start your note with ¡Hola! Esta semana . . .)

pp. 198–201 *Vocabulario en contexto*

p. 206 *ir + a + infinitive;* Actividad 14

p. 207 Actividad 15

p. 215 *Presentación escrita*

Cultures

5 Comparar I can demonstrate an understanding of cultural differences regarding extra-curricular activities.

Think about what you and your friends typically do after school. Are your activities usually school-related? How would you compare what you do to what some Hispanic teens do in their after-school time?

p. 214 *Perspectivas del mundo hispano*

Vocabulario adicional

Tema 1

Las actividades

coleccionar sellos / monedas to collect stamps / coins

jugar al ajedrez to play chess

patinar sobre hielo to ice-skate

practicar artes marciales *(f.)* to practice martial arts

tocar to play *(an instrument)*

   el bajo bass

   la batería drums

   el clarinete clarinet

   el oboe oboe

   el saxofón *pl.* **los saxofones** saxophone

   el sintetizador synthesizer

   el trombón *pl.* **los trombones** trombone

   la trompeta trumpet

   la tuba tuba

   el violín *pl.* **los violines** violin

Tema 2

Las clases

el alemán German

el álgebra *(f.)* algebra

el anuario yearbook

la banda band

la biología biology

el cálculo calculus

el drama drama

la fotografía photography

el francés French

la geografía geography

la geometría geometry

el latín Latin

la química chemistry

la trigonometría trigonometry

Las cosas para la clase

la grapadora stapler

las grapas staples

el sacapuntas *pl.* **los sacapuntas** pencil sharpener

el sujetapapeles *pl.* **los sujetapapeles** paper clip

las tijeras scissors

Tema 3

Las comidas

Las frutas

el aguacate avocado

la cereza cherry

la ciruela plum

el coco coconut

el durazno peach

la frambuesa raspberry

el limón *pl.* **los limones** lemon

el melón *pl.* **los melones** melon

la pera pear

la sandía watermelon

la toronja grapefruit

Las verduras

el apio celery

el brócoli broccoli

la calabaza pumpkin

el champiñón *pl.* **los champiñones** mushroom

la col cabbage

la coliflor cauliflower

los espárragos asparagus

las espinacas spinach

el pepino cucumber

La carne

la chuleta de cerdo pork chop

el cordero lamb

la ternera veal

Los condimentos

la mayonesa mayonnaise

la mostaza mustard

la salsa de tomate ketchup

Otro tipo de comidas

los fideos noodles

Tema 4

Los lugares y actividades

el banco bank

el club club

el equipo de . . . ___ team

la farmacia pharmacy

la oficina office

la práctica de . . . ___ practice

la reunión *pl.* **las reuniones de . . .** ___ meeting

el supermercado supermarket

Tema 5

Los animales

el conejillo de Indias guinea pig

el conejo rabbit

el gerbo gerbil

el hámster *pl.* **los hámsters** hamster

el hurón *pl.* **los hurones** ferret

el loro parrot

el pez *pl.* **los peces** fish

la serpiente snake

la tortuga turtle

Los miembros de la familia

el bisabuelo, la bisabuela great-grandfather, great-grandmother

el nieto, la nieta grandson, granddaughter

el sobrino, la sobrina nephew, niece

Las descripciones de personas

llevar anteojos to wear glasses
ser
    calvo, -a bald
    delgado, -a thin
    gordo, -a fat
tener
    la barba beard
    el bigote moustache
    las pecas freckles
    el pelo lacio straight hair
    el pelo rizado curly hair
    las trenzas braids

Tema 6

Las partes de la casa y cosas en la casa

el balcón *pl.* **los balcones** balcony
la estufa stove
el jardín *pl.* **los jardines** garden
el lavadero laundry room
la lavadora washing machine
el lavaplatos *pl.* **los lavaplatos** dishwasher
el microondas *pl.* **los microondas** microwave oven
los muebles furniture
el patio patio
el refrigerador refrigerator
la secadora clothes dryer
el sillón *pl.* **los sillones** armchair
el sofá sofa
el tocador dressing table

Los quehaceres

quitar
    la nieve con la pala to shovel snow
    los platos de la mesa to clear the table
rastrillar las hojas to rake leaves

Los colores

(azul) claro light (blue)
(azul) marino navy (blue)
(azul) oscuro dark (blue)

Tema 7

Las expresiones para las compras

ahorrar to save
el dinero en efectivo cash
gastar to spend
la(s) rebaja(s) sale(s)
regatear to bargain
se vende for sale

La ropa

la bata bathrobe
el chaleco vest
las pantimedias pantyhose
el paraguas *pl.* **los paraguas** umbrella
el pijama pajamas
la ropa interior underwear
el saco loose-fitting jacket
los tenis tennis shoes
las zapatillas slippers
los zapatos atléticos athletic shoes
los zapatos de tacón alto high-heeled shoes

Tema 8

Las expresiones para los viajes

el aeropuerto airport
la agencia de viajes travel agency
los cheques de viajero travelers' checks
el equipaje luggage
hacer una reservación to make a reservation

el lugar de interés place of interest
el pasaporte passport
volar *(o → ue)* to fly

Los animales del zoológico

el ave *(f.) pl.* **las aves** bird
el canguro kangaroo
la cebra zebra
el cocodrilo crocodile
el delfín *pl.* **los delfines** dolphin
el elefante elephant
la foca seal
el gorila gorilla
el hipopótamo hippopotamus
la jirafa giraffe
el león *pl.* **los leones** lion
el oso bear
el oso blanco polar bear
el pingüino penguin
el tigre tiger

Tema 9

Las expresiones para las computadoras

la búsqueda search
comenzar *(e → ie)* **la sesión** to log on
el disco duro hard disk
la impresora printer
imprimir to print
el marcapáginas *pl.* **los marcapáginas** bookmark
multimedia multimedia
la página inicial home page
la tecla de borrar delete key
la tecla de intro enter key

Resumen de gramática

Grammar Terms

Adjectives describe nouns: *a **red** car*.

Adverbs usually describe verbs; they tell when, where, or how an action happens: *He read it **quickly***. Adverbs can also describe adjectives or other adverbs: ***very** tall, **quite** well*.

Articles are words in Spanish that can tell you whether a noun is masculine, feminine, singular, or plural. In English, the articles are ***the**, **a**, and **an***.

Commands are verb forms that tell people to do something: ***Study!, Work!***

Comparatives compare people or things.

Conjugations are verb forms that add endings to the stem in order to tell who the subject is and what tense is being used: *escri**bo**, escri**biste***.

Conjunctions join words or groups of words. The most common ones are ***and**, **but**, and **or***.

Direct objects are nouns or pronouns that receive the action of a verb: *I read the **book**. I read **it***.

Gender in Spanish tells you whether a noun, pronoun, or article is masculine or feminine.

Indirect objects are nouns or pronouns that tell you to whom / what or for whom / what something is done: *I gave **him** the book*.

Infinitives are the basic forms of verbs. In English, infinitives have the word "to" in front of them: ***to walk***.

Interrogatives are words that ask questions: ***What** is that? **Who** are you?*

Nouns name people, places, or things: ***students, Mexico City, books***.

Number tells you if a noun, pronoun, article, or verb is singular or plural.

Prepositions show relationship between their objects and another word in the sentence: *He is **in** the classroom*.

Present tense is used to talk about actions that always take place, or that are happening now: *I always **take** the bus; I **study** Spanish*.

Present progressive tense is used to emphasize that an action is happening *right now*: ***I am doing** my homework; he **is finishing** dinner*.

Preterite tense is used to talk about actions that were completed in the past: *I **took** the train yesterday; I **studied** for the test*.

Pronouns are words that take the place of nouns: ***She** is my friend*.

Subjects are the nouns or pronouns that perform the action in a sentence: ***John** sings*.

Superlatives describe which things have the most or least of a given quality: *She is the **best** student*.

Verbs show action or link the subject with a word or words in the predicate (what the subject does or is): *Ana **writes**; Ana **is** my sister*.

Nouns, Number, and Gender

Nouns refer to people, animals, places, things, and ideas. Nouns are singular or plural. In Spanish, nouns have gender, which means that they are either masculine or feminine.

Singular Nouns		Plural Nouns	
Masculine	**Feminine**	**Masculine**	**Feminine**
libro	carpeta	libros	carpetas
pupitre	casa	pupitres	casas
profesor	noche	profesores	noches
lápiz	ciudad	lápices	ciudades

Definite Articles

El, *la*, *los*, and *las* are definite articles and are the equivalent of "the" in English. *El* is used with masculine singular nouns; *los* with masculine plural nouns. *La* is used with feminine singular nouns; *las* with feminine plural nouns. When you use the words *a* or *de* before *el*, you form the contractions *al* and *del*: *Voy **al** centro; Es el libro **del** profesor*.

Masculine	
Singular	Plural
el libro	los libros
el pupitre	los pupitres
el profesor	los profesores
el lápiz	los lápices

Feminine	
Singular	Plural
la carpeta	las carpetas
la casa	las casas
la noche	las noches
la ciudad	las ciudades

Indefinite Articles

Un and *una* are indefinite articles and are the equivalent of "a" and "an" in English. *Un* is used with singular masculine nouns; *una* is used with singular feminine nouns. The plural indefinite articles are *unos* and *unas*.

Masculine	
Singular	Plural
un libro	unos libros
un escritorio	unos escritorios
un baile	unos bailes

Feminine	
Singular	Plural
una revista	unas revistas
una mochila	unas mochilas
una bandera	unas banderas

Pronouns

Subject pronouns tell who is doing the action. They replace nouns or names in a sentence. Subject pronouns are often used for emphasis or clarification: *Gregorio escucha música. **Él** escucha música.*

A *direct object* tells who or what receives the action of the verb. To avoid repeating a direct object noun, you can replace it with a *direct object pronoun*. Direct object pronouns have the same gender and number as the nouns they replace: *¿Cuándo compraste **el libro? Lo** compré ayer.*

An *indirect object* tells to whom or for whom an action is performed. *Indirect object pronouns* are used to replace an indirect object noun: ***Les** doy dinero. (I give money to them.)* Because *le* and *les* have more than one meaning, you can make the meaning clear, or show emphasis, by adding *a* + the corresponding name, noun, or pronoun: ***Les** doy el dinero a **ellos.***

After most prepositions, you use *mí* and *ti* for "me" and "you." The forms change with the preposition *con: conmigo, contigo.* For all other persons, you use subject pronouns after prepositions.

The Personal a

When the direct object is a person, a group of people, or a pet, use the word *a* before the object. This is called the "personal a": *Visité **a** mi abuela. Busco **a** mi perro, Capitán.*

Subject Pronouns		Direct Object Pronouns		Indirect Object Pronouns		Objects of Prepositions	
Singular	Plural	Singular	Plural	Singular	Plural	Singular	Plural
yo	nosotros, nosotras	me	nos	me	nos	(para) mí, conmigo	nosotros, nosotras
tú	vosotros, vosotras	te	os	te	os	(para) ti, contigo	vosotros, vosotras
usted (Ud.)	ustedes (Uds.)	lo, la	los, las	le	les	Ud.	Uds.
él, ella	ellos, ellas					él, ella	ellos, ellas

Adjectives

Words that describe people and things are called adjectives. In Spanish, most adjectives have both masculine and feminine forms, as well as singular and plural forms. Adjectives must agree with the noun they describe in both gender and number. When an adjective describes a group including both masculine and feminine nouns, use the masculine plural form.

Masculine		Feminine	
Singular	**Plural**	**Singular**	**Plural**
alto	altos	alta	altas
inteligente	inteligentes	inteligente	inteligentes
trabajador	trabajadores	trabajadora	trabajadoras
fácil	fáciles	fácil	fáciles

Shortened Forms of Adjectives

When placed before masculine singular nouns, some adjectives change into a shortened form.

One adjective, *grande*, changes to a shortened form before any singular noun: *una **gran** señora, un **gran** libro.*

bueno	buen chico
malo	mal día
primero	prímer trabajo
tercero	tercer plato
grande	gran señor

Possessive Adjectives

Possessive adjectives are used to tell what belongs to someone or to show relationships. Like other adjectives, possessive adjectives agree in number with the nouns that follow them.

Only *nuestro* and *vuestro* have different masculine and feminine endings. *Su* and *sus* can have many different meanings: *his, her, its, your,* or *their.*

Singular	Plural
mi	mis
tu	tus
su	sus
nuestro, -a	nuestros, -as
vuestro, -a	vuestros, -as
su	sus

Demonstrative Adjectives

Like other adjectives, demonstrative adjectives agree in gender and number with the nouns that follow them. Use *este, esta, estos, estas* ("this" / "these") before nouns that name people or things that are close to you. Use *ese, esa, esos, esas* ("that" / "those") before nouns that name people or things that are at some distance from you.

Singular	Plural	Singular	Plural
este libro	estos libros	ese niño	esos niños
esta casa	estas casas	esa manzana	esas manzanas

Interrogative Words

You use interrogative words to ask questions. When you ask a question with an interrogative word, you put the verb before the subject. All interrogative words have a written accent mark.

¿Adónde?	¿Cuándo?	¿Dónde?
¿Cómo?	¿Cuánto, -a?	¿Por qué?
¿Con quién?	¿Cuántos, -as?	¿Qué?
¿Cuál?	¿De dónde?	¿Quién?

Comparatives and Superlatives

Comparatives Use *más . . . que* or *menos . . . que* to compare people or things: *más interesante que . . . , menos alta que . . .*

When talking about number, use *de* instead of *que*: *Tengo más de cien monedas en mi colección.*

Superlatives Use this pattern to express the idea of "most" or "least."

el
la   + noun + más / menos + adjective
los
las

Es la chica más seria de la clase.
Son los perritos más pequeños.

Several adjectives are irregular when used with comparatives and superlatives.

older	mayor
younger	menor
better	mejor
worse	peor

Affirmative and Negative Words

To make a sentence negative in Spanish, *no* usually goes in front of the verb or expression. To show that you do not like either of two choices, use *ni . . . ni.*

Alguno, alguna, algunos, algunas and *ninguno, ninguna* match the number and gender of the noun to which they refer. *Ningunos* and *ningunas* are rarely used. When *alguno* and *ninguno* come before a masculine singular noun, they change to *algún* and *ningún.*

Affirmative	Negative
algo	nada
alguien	nadie
algún	ningún
alguno, -a, -os, -as	ninguno, -a, -os, -as
siempre	nunca
también	tampoco

Adverbs

To form an adverb in Spanish, *-mente* is added to the feminine singular form of an adjective. This *-mente* ending is equivalent to the "-ly" ending in English. If the adjective has a written accent, such as *rápida, fácil,* and *práctica,* the accent appears in the same place in the adverb form.

general	→	generalmente
especial	→	especialmente
fácil	→	fácilmente
feliz	→	felizmente
rápida	→	rápidamente
práctica	→	prácticamente

Verbos

Regular Present and Preterite Tenses

Here are the conjugations for regular -*ar*, -*er*, and -*ir* verbs in the present and preterite tense.

Infinitive	Present		Preterite	
estudiar	estudio	estudiamos	estudié	estudiamos
	estudias	estudiáis	estudiaste	estudiasteis
	estudia	estudian	estudió	estudiaron
correr	corro	corremos	corrí	corrimos
	corres	corréis	corriste	corristeis
	corre	corren	corrió	corrieron
escribir	escribo	escribimos	escribí	escribimos
	escribes	escribís	escribiste	escribisteis
	escribe	escriben	escribió	escribieron

Present Progressive

When you want to emphasize that an action is happening *right now*, you use the present progressive tense.

estudiar	estoy	estudiando	estamos	estudiando
	estás	estudiando	estáis	estudiando
	está	estudiando	están	estudiando
correr	estoy	corriendo	estamos	corriendo
	estás	corriendo	estáis	corriendo
	está	corriendo	están	corriendo
escribir	estoy	escribiendo	estamos	escribiendo
	estás	escribiendo	estáis	escribiendo
	está	escribiendo	están	escribiendo

Affirmative tú Commands

When telling a friend, a family member, or a young person to do something, use an affirmative *tú* command. To give these commands for most verbs, use the same present-tense forms that are used for *Ud., él, ella.* Some verbs have an irregular affirmative *tú* command.

Regular	Irregular	
¡Estudia!	decir	di
¡Corre!	hacer	haz
¡Escribe!	ir	ve
	poner	pon
	salir	sal
	ser	sé
	tener	ten
	venir	ven

Stem-changing Verbs

Here is an alphabetical list of the stem-changing verbs. Next year, you will learn the preterite verb forms that are shown here in italic type.

Infinitive and Present Participle	Present		Preterite	
costar (o → ue) costando	cuesta	cuestan	costó	costaron
doler (o → ue) doliendo	duele	duelen	dolió	dolieron
dormir (o → ue) *durmiendo*	duermo duermes duerme	dormimos dormís duermen	dormí dormiste *durmió*	dormimos dormisteis *durmieron*
empezar (e → ie) empezando	empiezo empiezas empieza	empezamos empezáis empiezan	*empecé* empezaste empezó	empezamos empezasteis empezaron
jugar (u → ue) jugando	juego juegas jueg	jugamos jugáis juegan	jugué jugaste jugó	jugamos jugasteis jugaron
llover (o → ue) lloviendo	llueve		llovió	
nevar (e → ie) nevando	nieva		nevó	
pedir (e → i) *pidiendo*	pido pides pide	pedimos pedís piden	pedí pediste *pidió*	pedimos pedisteis *pidieron*
pensar (e → ie) pensando	pienso piensas piensa	pensamos pensáis piensan	pensé pensaste pensó	pensamos pensasteis pensaron
preferir (e → ie) *prefiriendo*	prefiero prefieres prefiere	preferimos preferís prefieren	preferí preferiste *prefirió*	preferimos preferisteis *prefirieron*
sentir (e → ie) *sintiendo*	*See* **preferir**			
servir (e → i) *sirviendo*	*See* **pedir**			

Spelling-changing Verbs

These verbs have spelling changes in different tenses. The spelling changes are indicated in black. Next year, you will learn the preterite verb forms that are shown here in italic type.

Infinitive and Present Participle	Present		Preterite	
buscar (c → qu) buscando	*See regular verbs*		**busqué** buscaste buscó	buscamos buscasteis buscaron
comunicarse (c → qu) *comunicándose*	*See reflexive verbs*		*See reflexive verbs and* **buscar**	
conocer (c → zc) conociendo	**conozco** conoces conoce	conocemos conocéis conocen	*See regular verbs*	
creer (i → y) *creyendo*	*See regular verbs*		*creí* *creíste* ***creyó***	*creímos* *creísteis* ***creyeron***
empezar (z → c) empezando	*See stem-changing verbs*		**empecé** empezaste empezó	empezamos empezasteis empezaron
enviar (i → í) enviando	**envío** **envías** **envía**	enviamos enviáis **envían**	*See regular verbs*	
esquiar (i → í) esquiando	*See* **enviar**		*See regular verbs*	
jugar (g → gu) jugando	*See stem-changing verbs*		**jugué** jugaste jugó	jugamos jugasteis jugaron
leer (i → y) *leyendo*	*See regular verbs*		*See* **creer**	
pagar (g → gu) pagando	*See regular verbs*		*See* **jugar**	
parecer (c → zc) pareciendo	*See* **conocer**		*See regular verbs*	
practicar (c → qu) practicando	*See regular verbs*		*See* **buscar**	
recoger (g → j) recogiendo	**recojo** recoges recoge	recogemos recogéis recogen	*See regular verbs*	
sacar (c → qu) sacando	*See regular verbs*		*See* **buscar**	
tocar (c → qu) tocando	*See regular verbs*		*See* **buscar**	

Irregular Verbs

These verbs have irregular patterns. Next year, you will learn the preterite verb forms that are shown here in italic type.

Infinitive and Present Participle	Present		Preterite	
dar dando	doy das da	damos dais dan	di diste dio	dimos disteis dieron
decir *diciendo*	digo dices dice	decimos decís dicen	*dije* *dijiste* *dijo*	*dijimos* *dijisteis* *dijeron*
estar estando	estoy estás está	estamos estáis están	*estuve* *estuviste* *estuvo*	*estuvimos* *estuvisteis* *estuvieron*
hacer haciendo	hago haces hace	hacemos hacéis hacen	hice hiciste hizo	hicimos hicisteis hicieron
ir *yendo*	voy vas va	vamos vais van	fui fuiste fue	fuimos fuisteis fueron
poder *pudiendo*	puedo puedes puede	podemos podéis pueden	*pude* *pudiste* *pudo*	*pudimos* *pudisteis* *pudieron*
poner poniendo	pongo pones pone	ponemos ponéis ponen	*puse* *pusiste* *puso*	*pusimos* *pusisteis* *pusieron*
querer queriendo	quiero quieres quiere	queremos queréis quieren	*quise* *quisiste* *quiso*	*quisimos* *quisisteis* *quisieron*
saber sabiendo	sé sabes sabe	sabemos sabéis saben	*supe* *supiste* *supo*	*supimos* *supisteis* *supieron*
salir saliendo	salgo sales sale	salimos salís salen	salí saliste salió	salimos salisteis salieron
ser siendo	soy eres es	somos sois son	fui fuiste fue	fuimos fuisteis fueron
tener teniendo	tengo tienes tiene	tenemos tenéis tienen	*tuve* *tuviste* *tuvo*	*tuvimos* *tuvisteis* *tuvieron*

Irregular Verbs (continued)

Next year, you will learn the preterite verb forms that are shown here in italic type.

Infinitive and Present Participle	Present		Preterite	
traer *trayendo*	traigo traes trae	traemos traéis traen	*traje* *trajiste* *trajo*	*trajimos* *trajisteis* *trajeron*
venir *viniendo*	vengo vienes viene	venimos venís vienen	*vine* *viniste* *vino*	*vinimos* *vinisteis* *vinieron*
ver viendo	veo ves ve	vemos veis ven	vi viste vio	vimos visteis vieron

Reflexive Verbs

Next year, you will learn the preterite verb forms that are shown here in italic type.

Infinitive and Present Participle	Present	
comunicarse *comunicándose*	me comunico te comunicas *se comunica*	*nos comunicamos* *os comunicáis* *se comunican*
Affirmative Familiar (*tú*) Command	**Preterite**	
comunícate	me comuniqué te comunicaste *se comunicó*	*nos comunicamos* *os comunicasteis* *se comunicaron*

Expresiones útiles para conversar

The following are expressions that you can use when you find yourself in a specific situation and need help to begin, continue, or end a conversation.

Greeting Someone

Buenos días. Good morning.
Buenas tardes. Good afternoon.
Buenas noches. Good evening. Good night.

Making Introductions

Me llamo . . . My name is . . .
Soy . . . I'm . . .
¿Cómo te llamas? What's your name?
Éste es mi amigo *m.* **. . .** This is my friend . . .
Ésta es mi amiga *f.* **. . .** This is my friend . . .
Se llama. . . His / Her name is . . .
¡Mucho gusto! It's a pleasure!
Encantado, -a. Delighted.
Igualmente. Likewise.

Asking How Someone Is

¿Cómo estás? How are you?
¿Cómo andas? How's it going?
¿Cómo te sientes? How do you feel?
¿Qué tal? How's it going?
Estoy bien, gracias. I'm fine, thank you.
Muy bien. ¿Y tú? Very well. And you?
Regular. Okay. Alright.
Más o menos. More or less.
(Muy) mal. (Very) bad.
¡Horrible! Awful!
¡Excelente! Great!

Talking on the Phone

Aló. Hello.
Diga. Hello.
Bueno. Hello.
¿Quién habla? Who's calling?
Habla. . . It's [name of person calling].
¿Está. . . , por favor? Is . . . there, please?

¿De parte de quién? Who is calling?
¿Puedo dejar un recado? May I leave a message?
Un momento. Just a moment.
Llamo más tarde. I'll call later.
¿Cómo? No le oigo. What? I can't hear you.

Making Plans

¿Adónde vas? Where are you going?
Voy a. . . I'm going to . . .
¿Estás listo, -a? Are you ready?
Tengo prisa. I'm in a hurry.
¡Date prisa! Hurry up!
Sí, ahora voy. OK, I'm coming.
Todavía necesito. . . I still need . . .
¿Te gustaría. . . ? Would you like to . . . ?
Sí, me gustaría. . . Yes, I'd like to . . .
¡Claro que sí (no)! Of course (not)!
¿Quieres. . . ? Do you want to . . . ?
Quiero. . . I want to . . .
¿Qué quieres hacer hoy? What do you want to do today?
¿Qué haces después de las clases? What do you do after school (class)?
¿Qué estás haciendo? What are you doing?
Te invito. It's my treat.
¿Qué tal si. . . ? What about . . . ?
Primero. . . First . . .
Después. . . Later . . .
Luego. . . Then . . .

Making an Excuse

Estoy ocupado, -a. I'm busy.
Lo siento, pero no puedo. I'm sorry, but I can't.
¡Qué lástima! What a shame!
Ya tengo planes. I already have plans.
Tal vez otro día. Maybe another day.

Being Polite

Con mucho gusto. With great pleasure.
De nada. You're welcome.

Disculpe. Excuse me.
Lo siento. I'm sorry.
Muchísimas gracias. Thank you very much.
Te (Se) lo agradezco mucho. I appreciate it a lot.
Muy amable. That's very kind of you.
Perdón. Pardon me.
¿Puede Ud. repetirlo? Can you repeat that?
¿Puede Ud. hablar más despacio? Can you speak more slowly?

Keeping a Conversation Going

¿De veras? Really?
¿Verdad? Isn't that so? Right?
¿En serio? Seriously?
¡No lo puedo creer! I don't believe it!
¡No me digas! You don't say!
Y entonces, ¿qué? And then what?
¿Qué hiciste? What did you do?
¿Qué dijiste? What did you say?
¿Crees que. . . ? Do you think that . . . ?
Me parece bien. It seems alright.
Perfecto. Perfect.
¡Qué buena idea! What a good idea!
¡Cómo no! Of course!
De acuerdo. Agreed.
Está bien. It's all right.

Giving a Description When You Don't Know the Name of Someone or Something

Se usa para. . . It's used to / for . . .
Es la palabra que significa. . . It's the word that means . . .
Es la persona que. . . It's the person who . . .

Ending a Conversation

Bueno, tengo que irme. Well, I have to go.
Chao. (Chau.) Bye.
Hasta pronto. See you soon.
Hasta mañana. See you tomorrow.

Vocabulario español-inglés

The *Vocabulario español–inglés* contains all active vocabulary from the text, including vocabulary presented in the grammar sections.

A dash (—) represents the main entry word. For example, **pasar la —** after **la aspiradora** means **pasar la aspiradora.**

The number following each entry indicates the chapter in which the word or expression is presented. The letter *P* following an entry refers to the *Para empezar* section.

The following abbreviations are used in this list: *adj.* (adjective), *dir. obj.* (direct object), *f.* (feminine), *fam.* (familiar), *ind. obj.* (indirect object), *inf.* (infinitive), *m.* (masculine), *pl.* (plural), *prep.* (preposition), *pron.* (pronoun), *sing.* (singular).

A

a to (prep.) (4A)
  — **...le gusta(n)** he/she likes (5A)
  — **...le encanta(n)** he/she loves (5A)
  — **casa** (to) home (4A)
  — **la derecha (de)** to the right (of) (6A)
  — **la izquierda (de)** to the left (of) (6A)
  — **la una de la tarde** at one (o'clock) in the afternoon (4B)
  — **las ocho de la mañana** at eight (o'clock) in the morning (4B)
  — **las ocho de la noche** at eight (o'clock) in the evening / at night (4B)
  — **menudo** often (8B)
  — **mí también** I do (like to) too (1A)
  — **mí tampoco** I don't (like to) either (1A)
  ¿**— qué hora?** (At) what time? (4B)
  — **veces** sometimes (1B)
  — **ver** Let's see (2A)
el abrigo coat (7A)
abril April (P)
abrir to open (5A)
la abuela, el abuelo grandmother, grandfather (5A)
los abuelos grandparents (5A)
aburrido, -a boring (2A)
me aburre(n) it bores me (they bore me) (9A)
aburrir to bore (9A)

acabar de + *inf.* to have just ...(9A)
el actor actor (9A)
la actriz *pl.* **las actrices** actress (9A)
acuerdo:
  Estoy de —. I agree. (3B)
  No estoy de —. I don't agree. (3B)
¡Adiós! Good-bye! (P)
¿Adónde? (To) where? (4A)
agosto August (P)
el agua *f.* water (3A)
ahora now (5B)
al *(a + el),* **a la,** to the (4A)
  al lado de next to (2B)
la alfombra rug (6A)
algo something (3B)
  ¿**— más?** Anything else? (5B)
allí there (2B)
el almacén *pl.* **los almacenes** department store (7B)
el almuerzo lunch (2A)
  en el — for lunch (3A)
alto, -a tall (5B)
amarillo, -a yellow (6A)
el amigo male friend (1B)
la amiga female friend (1B)
  anaranjado, -a orange (6A)
la anciana, el anciano older woman, older man (8B)
los ancianos older people (8B)
el anillo ring (7B)
el animal animal (8A)
  anoche last night (7B)

los anteojos de sol sunglasses (7B)
  antes de before (9A)
el año year (P)
  el — pasado last year (7B)
  ¿Cuántos años tiene(n) ...? How old is/are ...? (5A)
  Tiene(n) ... años. He/She is / They are ... (years old). (5A)
el apartamento apartment (6B)
  aprender (a) to learn (to) (8A)
  aquí here (2B)
el árbol tree (8A)
los aretes earrings (7B)
el armario closet (6A)
  arreglar el cuarto to straighten up the room (6B)
el arroz rice (3B)
el arte:
  la clase de — art class (2A)
  artístico, -a artistic (1B)
asco:
  ¡Qué —! How awful! (3A)
la atracción *pl.* **las atracciones** attraction(s) (8A)
  atrevido, -a daring (1B)
el autobús *pl.* **los autobuses** bus (8A)
el avión *pl.* **los aviones** airplane (8A)
  ¡Ay! ¡Qué pena! Oh! What a shame/pity! (4B)
  ayer yesterday (7B)
  ayudar to help (6B)
el azúcar sugar (5B)
  azul blue (6A)

B

bailar to dance (1A)

el **baile** dance (4B)

bajar (información) to download (9B)

bajo, -a short (5B)

la **bandera** flag (2B)

el **baño** bathroom (6B)

el **traje de —** swimsuit (7A)

barato, -a inexpensive, cheap (7B)

el **barco** boat, ship (8A)

el **barrio** neighborhood (8B)

el **básquetbol: jugar al —** to play basketball (4B)

bastante enough, rather (6B)

beber to drink (3A)

las **bebidas** beverages (3B)

béisbol: jugar al — to play baseball (4B)

la **biblioteca** library (4A)

bien well (P)

el **bistec** steak (3B)

blanco, -a white (6A)

la **blusa** blouse (7A)

la **boca** mouth (P)

el **boleto** ticket (8A)

el **bolígrafo** pen (P)

la **bolsa** bag, sack (8B)

el **bolso** purse (7B)

bonito, -a pretty (6A)

las **botas** boots (7A)

el **bote: pasear en —** to go boating (8A)

la **botella** bottle (8B)

el **brazo** arm (P)

bucear to scuba dive, to snorkel (8A)

bueno (buen), -a good (1B)

Buenas noches. Good evening. (P)

Buenas tardes. Good afternoon. (P)

Buenos días. Good morning. (P)

buscar to look for (7A); to search (for) (9B)

C

el **caballo: montar a —** to ride horseback (8A)

la **cabeza** head (P)

cada día every day (3B)

la **cadena** chain (7B)

el **café** coffee (3A); café (4A)

la **caja** box (8B)

los **calcetines** socks (7A)

la **calculadora** calculator (2A)

la **calle** street, road (8B)

calor:

Hace —. It's hot. (P)

tener — to be warm (5B)

la **cama** bed (6A)

hacer la — to make the bed (6B)

la **cámara** camera (5A)

la — digital digital camera (9A)

el **camarero, la camarera** waiter, waitress (5B)

caminar to walk (3B)

la **camisa** shirt (7A)

la **camiseta** T-shirt (7A)

el **campamento** camp (8B)

el **campo** countryside (4A)

el **canal** (TV) channel (9A)

la **canción** pl. **las canciones** song (9B)

canoso: pelo — gray hair (5B)

cansado, -a tired (4B)

cantar to sing (1A)

cara a cara face-to-face (9B)

la **carne** meat (3B)

caro, -a expensive (7B)

la **carpeta** folder (P)

la — de argollas three-ring binder (2A)

la **carta** letter (9B)

el **cartel** poster (2B)

la **cartera** wallet (7B)

el **cartón** cardboard (8B)

la **casa** home, house (4A)

a — (to) home (4A)

en — at home (4A)

casi almost (9A)

castaño: pelo — brown (chestnut) hair (5B)

catorce fourteen (P)

la **cebolla** onion (3B)

celebrar to celebrate (5A)

la **cena** dinner (3B)

el **centro:**

el — comercial mall (4A)

el — de reciclaje recycling center (8B)

cerca (de) close (to), near (6B)

el **cereal** cereal (3A)

los **cereales** grains (3B)

cero zero (P)

la **chaqueta** jacket (7A)

la **chica** girl (1B)

el **chico** boy (1B)

cien one hundred (P)

las **ciencias:**

la clase de — naturales science class (2A)

la clase de — sociales social studies class (2A)

cinco five (P)

cincuenta fifty (P)

el **cine** movie theater (4A)

la **ciudad** city (8A)

la **clase** class (2A)

la sala de clases classroom (P)

¿Qué — de...? What kind of ...? (9A)

el **coche** car (6B)

la **cocina** kitchen (6B)

cocinar to cook (6B)

el **collar** necklace (7B)

el **color** pl. **los colores** (6A)

¿De qué — ...? What color ... ? (6A)

la **comedia** comedy (9A)

el **comedor** dining room (6B)

comer to eat (3A)

cómico, -a funny, comical (9A)

la **comida** food, meal (3A)

como like, as (8A)

¿cómo?:

¿— eres? What are you like? (1B)

¿— es? What is he/she like? (1B)

¿— está Ud.? How are you? *formal* (P)

¿— estás? How are you? *fam.* (P)

¿— lo pasaste? How was it (for you)? (8A)

¿— se dice ...? How do you say ...? (P)

¿— se escribe ...? How is ... spelled? (P)

¿— se llama? What's his/her name? (1B)

¿— te llamas? What is your name? (P)

¿— te queda(n)? How does it (do they) fit you? (7A)

la cómoda dresser (6A)

compartir to share (3A)

complicado, -a complicated (9B)

la composición *pl.* **las composiciones** composition (9B)

comprar to buy (7A)

comprar recuerdos to buy souvenirs (8A)

comprender to understand (3A)

la computadora computer (2B)

la — portátil laptop computer (9B)

usar la — to use the computer (1A)

comunicarse to communicate (9B)

(tú) te comunicas you communicate (9B)

(yo) me comunico I communicate (9B)

la comunidad community (8B)

con with (3A)

— mis/tus amigos with my/your friends (4A)

¿— quién? With whom? (4A)

el concierto concert (4B)

conmigo with me (4B)

conocer to know, to be acquainted with (9B)

contento, -a happy (4B)

contigo with you (4B)

la corbata tie (7B)

correr to run (1A)

cortar el césped to cut/to mow the lawn (6B)

las cortinas curtains (6A)

corto, -a short (5B)

los pantalones cortos shorts (7A)

la cosa thing (6A)

costar (o → ue) to cost (7A)

¿Cuánto cuesta(n) ... ? How much does (do) ... cost? (7A)

crear to create (9B)

creer to think (3B)

Creo que ... I think ... (3B)

Creo que no. I don't think so. (3B)

Creo que sí. I think so. (3B)

el cuaderno notebook (P)

el cuadro painting (6A)

¿Cuál? Which?, What? (3A)

¿— es la fecha? What is the date? (P)

¿Cuándo? When? (4A)

¿cuánto?: ¿— cuesta(n) ... ? How much does (do) ... cost? (7A)

¿cuántos, -as? how many? (P)

¿Cuántos años tiene(n) ...? How old is/are ...? (5A)

cuarenta forty (P)

el cuarto room (6B)

cuarto, -a fourth (2A)

y — *(time)* quarter past (P)

menos — *(time)* quarter to (P)

cuatro four (P)

cuatrocientos, -as four hundred (7A)

la cuchara spoon (5B)

el cuchillo knife (5B)

la cuenta bill (5B)

el cumpleaños birthday (5A)

¡Feliz —! Happy birthday! (5A)

el curso: tomar un curso to take a course (9B)

D

dar to give (6B)

— + *movie or TV program* to show (9A)

— de comer al perro to feed the dog (6B)

de of (2B); from (4A)

¿— dónde eres? Where are you from? (4A)

— la mañana/la tarde/la noche in the morning /afternoon / evening (4B)

— nada. You're welcome. (5B)

— plato principal as a main dish (5B)

— postre for dessert (5B)

¿— qué color ...? What color ...? (6A)

¿— veras? Really? (9A)

debajo de underneath (2B)

deber should, must (3B)

decidir to decide (8B)

décimo, -a tenth (2A)

decir to say, to tell (8B)

¿Cómo se dice ...? How do you say ...? (P)

dime tell me (8A)

¡No me digas! You don't say! (4A)

¿Qué quiere — ...? What does ... mean? (P)

Quiere — ... It means ... (P)

Se dice ... You say ... (P)

las decoraciones decorations (5A)

decorar to decorate (5A)

el dedo finger (P)

delante de in front of (2B)

delicioso, -a delicious (5B)

los demás, las demás others (8B)

demasiado too (4B)

el dependiente, la dependienta salesperson (7A)

deportista sports-minded (1B)

derecha: a la — (de) to the right (of) (6A)

el desayuno breakfast (3A)

en el — for breakfast (3A)

descansar to rest, to relax (8A)

los descuentos: la tienda de — discount store (7B)

desear to wish (5B)

¿Qué desean (Uds.)? What would you like? (5B)

desordenado, -a messy (1B)

el despacho office (home) (6B)

el despertador alarm clock (6A)

después afterwards (4A)

después (de) after (4A)

detrás de behind (2B)

el día day (P)

Buenos —s. Good morning. (P)

cada — every day (3B)

¿Qué — es hoy? What day is today? (P)

todos los —s every day (3A)

la diapositiva slide (9B)

dibujar to draw (1A)

el diccionario dictionary (2A)

diciembre December (P)

diecinueve nineteen (P)

dieciocho eighteen (P)

dieciséis sixteen (P)

diecisiete seventeen (P)

diez ten (P)

difícil difficult (2A)

digital: la cámara — digital camera (9B)

dime tell me (8A)

el dinero money (6B)

la dirección electrónica e-mail address (9B)

el disco compacto compact disc (6A)

grabar un disco compacto to burn a CD (9B)

divertido, -a amusing, fun (2A)

doce twelve (P)

el documento document (9B)

doler (o → ue) to hurt (9A)

domingo Sunday (P)

dónde:

¿—? Where? (2B)

¿De — eres? Where are you from? (4A)

dormir (o → ue) to sleep (6A)

el dormitorio bedroom (6A)

dos two (P)

los/las dos both (7A)

doscientos, -as two hundred (7A)

el drama drama (9A)

los dulces candy (5A)

durante during (8A)

durar to last (9A)

E

la educación física: la clase de — physical education class (2A)

el ejercicio: hacer — to exercise (3B)

el the *m. sing.* (1B)

él he (1B)

los electrodomésticos: la tienda de — household appliance store (7B)

electrónico, -a: la dirección — e-mail address (9B)

ella she (1B)

ellas they *f. pl.* (2A)

ellos they *m. pl.* (2A)

emocionante touching (9A)

empezar (e → ie) to begin, to start (9A)

en in, on (2B)

— + *vehicle* by, in, on (8A)

— casa at home (4A)

— la ... hora in the ... hour (class period) (2A)

— la Red online (7B)

¿— qué puedo servirle? How can I help you? (7A)

encantado, -a delighted (P)

encantar to please very much, to love (9A)

a él/ella le encanta(n) he/she loves (5A)

me/te encanta(n) ... I/you love ... (3A)

encima de on top of (2B)

enero January (P)

enfermo, -a sick (4B)

la ensalada salad (3A)

la — de frutas fruit salad (3A)

enseñar to teach (2A)

entonces then (4B)

entrar to enter (7A)

enviar (i → í) to send (9B)

el equipo de sonido sound (stereo) system (6A)

¿Eres...? Are you ...? (1B)

es is (P); (he/she/it) is (1B)

— el *(number)* **de** *(month)* it is the ... of ... *(in telling the date)* (P)

— el primero de *(month)*. It is the first of ... (P)

— la una. It is one o'clock. (P)

— necesario. It's necessary. (8B)

— un(a) ... it's a ... (2B)

la escalera stairs, stairway (6B)

escribir:

¿Cómo se escribe ...? How is ... spelled? (P)

— cuentos to write stories (1A)

— por correo electrónico to write e-mail (9B)

Se escribe ... It's spelled ... (P)

el escritorio desk (2B)

escuchar música to listen to music (1A)

la escuela primaria primary school (8B)

ese, esa that (7A)

eso: por — that's why, therefore (9A)

esos, esas those (7A)

los espaguetis spaghetti (3B)

el español: la clase de — Spanish class (2A)

especialmente especially (9A)

el espejo mirror (6A)

la esposa wife (5A)

el esposo husband (5A)

esquiar (i → í) to ski (1A)

la estación *pl.* **las estaciones** season (P)

el estadio stadium (8A)

el **estante** shelf, bookshelf (6A)

estar to be (2B)

¿Cómo está Ud.? How are you? *formal* (P)

¿Cómo estás? How are you? *fam.* (P)

— + *present participle* to be + present participle (6B)

— **en línea** to be online (9B)

Estoy de acuerdo. I agree. (3B)

No estoy de acuerdo. I don't agree. (3B)

este, esta this (7A)

esta noche this evening (4B)

esta tarde this afternoon (4B)

este fin de semana this weekend (4B)

el **estómago** stomach (P)

estos, estas these (7A)

Estoy de acuerdo. I agree. (3B)

el/la **estudiante** student (P)

estudiar to study (2A)

estudioso, -a studious (1B)

la **experiencia** experience (8B)

F

fácil easy (2A)

la **falda** skirt (7A)

faltar to be missing (9A)

la **familia** family (1B)

fantástico, -a fantastic (8A)

fascinante fascinating (9A)

favorito, -a favorite (2A)

febrero February (P)

la **fecha: ¿Cuál es la —?** What is the date? (P)

¡Feliz cumpleaños! Happy birthday! (5A)

feo, -a ugly (6A)

la **fiesta** party (4B)

el **fin de semana:**

este — this weekend (4B)

los fines de semana on weekends (4A)

la **flor** *pl.* **las flores** flower (5A)

la **foto** photo (5A)

las **fresas** strawberries (3A)

frío:

Hace —. It's cold. (P)

tener — to be cold (5B)

fue it was (8A)

— **un desastre.** It was a disaster. (8A)

el **fútbol: jugar al —** to play soccer (4B)

el **fútbol americano: jugar al —** to play football (4B)

G

la **galleta** cookie (3A)

el **garaje** garage (6B)

el **gato** cat (5A)

generalmente generally (4A)

¡Genial! Great! (4B)

la **gente** people (8B)

el **gimnasio** gym (4A)

el **globo** balloon (5A)

el **golf: jugar al —** to play golf (4B)

la **gorra** cap (7A)

grabar un disco compacto to burn a CD (9B)

gracias thank you (P)

gracioso, -a funny (1B)

los **gráficos** computer graphics (9B)

grande large (6A)

las **grasas** fats (3B)

gris gray (6A)

los **guantes** gloves (7B)

guapo, -a good-looking (5B)

los **guisantes** peas (3B)

gustar:

a él/ella le gusta(n) he/she likes (5A)

(A mí) me gusta ... I like to ... (1A)

(A mí) me gusta más ... I like to ... better (I prefer to ...) (1A)

(A mí) me gusta mucho ... I like to ... a lot (1A)

(A mí) no me gusta ... I don't like to ... (1A)

(A mí) no me gusta nada ... I don't like to ... at all. (1A)

Le gusta ... He/She likes ... (1B)

Me gusta ... I like ... (3A)

Me gustaría ... I would like ... (4B)

Me gustó. I liked it. (8A)

No le gusta ... He/She doesn't like ... (1B)

¿Qué te gusta hacer? What do you like to do? (1A)

¿Qué te gusta hacer más? What do you like better (prefer) to do? (1A)

Te gusta ... You like ... (3A)

¿Te gusta ...? Do you like to ...? (1A)

¿Te gustaría ...? Would you like ... ? (4B)

¿Te gustó? Did you like it? (8A)

H

hablar to talk (2A)

— **por teléfono** to talk on the phone (1A)

hacer to do (3B)

hace + *time expression* ago (7B)

Hace calor. It's hot. (P)

Hace frío. It's cold. (P)

Hace sol. It's sunny. (P)

— **ejercicio** to exercise (3B)

— **la cama** to make the bed (6B)

— **un video** to videotape (5A)

haz *(command)* do, make (6B)

¿Qué hiciste? What did you do? (8A)

¿Qué tiempo hace? What's the weather like? (P)

(yo) hago I do (3B)

(tú) haces you do (3B)

hambre: Tengo —. I'm hungry. (3B)

la **hamburguesa** hamburger (3A)

hasta:

— **luego.** See you later. (P)

— **mañana.** See you tomorrow. (P)

Hay There is, There are (P, 2B)

— **que** one must (8B)

el **helado** ice cream (3B)

el **hermano, la hermana** brother, sister (5A)

el **hermanastro, la hermanastra** stepbrother, stepsister (5A)

los **hermanos** brothers; brother(s) and sister(s) (5A)

el **hijo, la hija** son, daughter (5A)

los **hijos** children; sons (5A)

la **hoja de papel** sheet of paper (P)

¡Hola! Hello! (P)

el **hombre** man (5B)

la **hora:**

en la ... — in the ... hour (class period) (2A)

¿A qué hora? At what time? (4B)

el **horario** schedule (2A)

horrible horrible (3B)

el **horror: la película de —** horror movie (9A)

el **hospital** hospital (8B)

el **hotel** hotel (8A)

hoy today (P)

los **huevos** eggs (3A)

I

la **iglesia** church (4A)

igualmente likewise (P)

impaciente impatient (1B)

importante important (6A)

impresionante impressive (8A)

increíble incredible (8B)

infantil childish (9A)

la **información** information (9B)

el **informe** report (9B)

el **inglés: la clase de —** English class (2A)

inolvidable unforgettable (8B)

inteligente intelligent (1B)

interesante interesting (2A)

interesar to interest (9A)

me interesa(n) it interests me (they interest me) (9A)

el **invierno** winter (P)

ir to go (4A)

— **a** + *inf.* to be going to + *verb* (4B)

— **a la escuela** to go to school (1A)

— **de cámping** to go camping (4B)

— **de compras** to go shopping (4A)

— **de pesca** to go fishing (4B)

— **de vacaciones** to go on vacation (8A)

¡Vamos! Let's go! (7A)

izquierda: a la — (de) to the left (of) (6A)

J

el **jardín** *pl.* **los jardines** garden, yard (8B)

los **jeans** jeans (7A)

el **joven, la joven** young man, young woman (5B)

joven *adj.* young (5B)

la **joyería** jewelry store (7B)

las **judías verdes** green beans (3B)

jueves Thursday (P)

jugar (a) (u → ue) to play (games, sports) (4B)

— **al básquetbol** to play basketball (4B)

— **al béisbol** to play baseball (4B)

— **al fútbol** to play soccer (4B)

— **al fútbol americano** to play football (4B)

— **al golf** to play golf (4B)

— **al tenis** to play tennis (4B)

— **al vóleibol** to play volleyball (4B)

— **videojuegos** to play video games (1A)

el **jugo:**

— **de manzana** apple juice (3A)

— **de naranja** orange juice (3A)

el **juguete** toy (8B)

julio July (P)

junio June (P)

L

la the *f. sing.* (1B); it, her *f. dir. obj. pron.* (7B)

el **laboratorio** laboratory (9B)

lado: al — de next to, beside (2B)

el **lago** lake (8A)

la **lámpara** lamp (6A)

el **lápiz** *pl.* **los lápices** pencil (P)

largo, -a long (5B)

las the *f. pl.* (2B); them *f. dir. obj. pron.* (7B)

— **dos, los dos** both (7A)

la **lata** can (8B)

lavar to wash (6B)

— **el coche** to wash the car (6B)

— **la ropa** to wash the clothes (6B)

— **los platos** to wash the dishes (6B)

le (to/for) him, her, (*formal*) you *sing. ind. obj. pron.* (8B)

— **gusta ...** He/She likes ... (1B)

— **traigo ...** I will bring you ... (5B)

No — gusta ... He/She doesn't like ... (1B)

la **lección** *pl.* **las lecciones de piano** piano lesson (class) (4A)

la **leche** milk (3A)

la **lechuga** lettuce (3B)

el **lector DVD** DVD player (6A)

leer revistas to read magazines (1A)

lejos (de) far (from) (6B)

les (to/for) them, (*formal*) you *pl. ind. obj. pron.* (8B)

levantar pesas to lift weights (3B)

la librería bookstore (7B)

el libro book (P)

la limonada lemonade (3A)

limpiar el baño to clean the bathroom (6B)

limpio, -a clean (6B)

línea: estar en — to be online (9B)

llamar:

¿Cómo se llama? What's his/her name? (1B)

¿Cómo te llamas? What is your name? (P)

Me llamo ... My name is ... (P)

el llavero key chain (7B)

llevar to wear (7A); to take, to carry, to bring (8B)

llover (o → ue): Llueve. It's raining. (P)

lo it, him *m. dir. obj. pron.* (7B)

— siento. I'm sorry. (4B)

los the *m. pl.* (2B); them *m. dir. obj. pron* (7B)

— dos, las dos both (7A)

— fines de semana on weekends (4A)

— lunes, los martes ... on Mondays, on Tuesdays ... (4A)

el lugar place (8A)

lunes Monday (P)

los lunes on Mondays (4A)

la luz *pl.* **las luces** light (5A)

M

la madrastra stepmother (5A)

la madre (mamá) mother (5A)

mal bad, badly (4B)

malo, -a bad (3B)

la mano hand (P)

mantener: para — la salud to maintain one's health (3B)

la mantequilla butter (3B)

la manzana apple (3A)

el jugo de — apple juice (3A)

mañana tomorrow (P)

la mañana:

a las ocho de la — at eight (o'clock) in the morning (4B)

de la — in the morning (4B)

el mar sea (8A)

marrón *pl.* **marrones** brown (6A)

martes Tuesday (P)

los martes on Tuesdays (4A)

marzo March (P)

más:

¿Qué —? What else? (8B)

— ... que more ... than (2A)

— de more than (9A)

— o menos more or less (3A)

las matemáticas: la clase de — mathematics class (2A)

mayo May (P)

mayor older (5A)

me (to/for) me *ind. obj. pron.* (8B)

— aburre(n) it/they bore(s) me (9A)

— falta(n) ... I need ... (5B)

— gustaría I would like (4B)

— gustó. I liked it. (8A)

— interesa(n) it/they interest(s) me (9A)

— llamo ... My name is ... (P)

— queda(n) bien/mal. It/They fit(s) me well/poorly. (7A)

— quedo en casa. I stay at home. (4A)

¿— trae ...? Will you bring me ...? (5B)

media, -o half (P)

y — thirty, half-past (P)

mejor:

el/la —, los/las —es the best (6A)

—(es) que better than (6A)

menor younger (5A)

menos:

más o — more or less (3A)

— ... que less/fewer ... than (6A)

— de less/fewer than (9A)

el menú menu (5B)

menudo: a — often (8B)

el mes month (P)

la mesa table (2B)

poner la — to set the table (6B)

la mesita night table (6A)

la mezquita mosque (4A)

mi, mis my (2B, 5A)

mí:

a — también I do (like to) too (1A)

a — tampoco I don't (like to) either (1A)

para — in my opinion, for me (6A)

miedo: tener — (de) to be scared (of), to be afraid (of) (9B)

miércoles Wednesday (P)

mil a thousand (7A)

mirar to look (at) (7B)

mismo, -a same (6A)

la mochila bookbag, backpack (2B)

el momento: un — a moment (6B)

el mono monkey (8A)

las montañas mountains (4A)

montar:

— a caballo to ride horseback (8A)

— en bicicleta to ride a bicycle (1A)

— en monopatín to skateboard (1A)

el monumento monument (8A)

morado, -a purple (6A)

mucho a lot (2A)

— gusto pleased to meet you (P)

muchos, -as many (3B)

la mujer woman (5B)

el museo museum (8A)

muy very (1B)

—bien very well (P)

N

nada nothing (P)

(A mí) no me gusta — ... I don't like to ... at all. (1A)

De —. You're welcome. (5B)

nadar to swim (1A)

la **naranja: el jugo de —** orange juice (3A)

la **nariz** *pl.* **las narices** nose (P)

navegar en la Red to surf the Web (9B)

necesario: Es —. It's necessary. (8B)

necesitar:

(yo) necesito I need (2A)

(tú) necesitas you need (2A)

negro, –a black (6A)

el pelo — black hair (5B)

nevar (e → ie) Nieva. It's snowing. (P)

ni ... ni neither ... nor, not ... or (1A)

el **niño, la niña** young boy, young girl (8B)

los **niños** children (8B)

No estoy de acuerdo. I don't agree. (3B)

¡No me digas! You don't say! (4A)

no soy I am not (1A)

noche:

a las ocho de la — at eight (o'clock) in the evening, at night (4B)

Buenas —s. Good evening. (P)

de la — in the evening, at night (4B)

esta — this evening (4B)

nos (to/for) us *ind. obj. pron.* (8B)

¡— vemos! See you later! (P)

nosotros, -as we (2A)

novecientos, -as nine hundred (7A)

noveno, -a ninth (2A)

noventa ninety (P)

noviembre November (P)

el **novio, la novia** boyfriend, girlfriend (7B)

nuestro(s), -a(s) our (5A)

nueve nine (P)

nuevo, -a new (7A)

nunca never (3A)

O

o or (1A)

la **obra de teatro** play (8A)

ochenta eighty (P)

ocho eight (P)

ochocientos, -as eight hundred (7A)

octavo, -a eighth (2A)

octubre October (P)

ocupado, -a busy (4B)

el **ojo** eye (P)

once eleven (P)

ordenado, -a neat (1B)

os (to/for) you *pl. fam. ind. obj. pron.* (8B)

el **otoño** fall, autumn (P)

otro, -a other, another (5B)

otra vez again (8B)

¡Oye! Hey! (4B)

P

paciente patient (1B)

el **padrastro** stepfather (5A)

el **padre (papá)** father (5A)

los **padres** parents (5A)

pagar (por) to pay (for) (7B)

la **página Web** Web page (9B)

el **país** country (8A)

el **pájaro** bird (8A)

el **pan** bread (3A)

el — tostado toast (3A)

la **pantalla** (computer) screen (2B)

los **pantalones** pants (7A)

los — cortos shorts (7A)

las **papas** potatoes (3B)

las — fritas French fries (3A)

el **papel picado** cut-paper decorations (5A)

la **papelera** wastepaper basket (2B)

para for (2A)

— + *inf.* in order to + *inf.* (4A)

— la salud for one's health (3B)

— mantener la salud to maintain one's health (3B)

— mí in my opinion, for me (6A)

¿ — qué sirve? What's it (used) for? (9B)

— ti in your opinion, for you (6A)

la **pared** wall (6A)

el **parque** park (4A)

el — de diversiones amusement park (8A)

el — nacional national park (8A)

el **partido** game, match (4B)

pasar:

¿Cómo lo pasaste? How was it (for you)? (8A)

— la aspiradora to vacuum (6B)

— tiempo con amigos to spend time with friends (1A)

¿Qué pasa? What's happening? (P)

¿Qué te pasó? What happened to you? (8A)

pasear en bote to go boating (8A)

el **pastel** cake (5A)

los **pasteles** pastries (3B)

patinar to skate (1A)

pedir (e → i) to order (5B); to ask for (9B)

la **película** film, movie (9A)

la — de ciencia ficción science fiction movie (9A)

la — de horror horror movie (9A)

la — policíaca crime movie, mystery (9A)

la — romántica romantic movie (9A)

ver una — to see a movie (4A)

pelirrojo, -a red-haired (5B)

el pelo hair (5B)

   el — canoso gray hair (5B)

   el — castaño brown (chestnut) hair (5B)

   el — negro black hair (5B)

   el — rubio blond hair (5B)

pensar (e → ie) to plan, to think (7A)

peor:

   el/la —, los/las —es the worst (6A)

   —(es) que worse than (6A)

pequeño, -a small (6A)

Perdón. Excuse me. (7A)

perezoso, -a lazy (1B)

el perfume perfume (7B)

el periódico newspaper (8B)

pero but (1B)

el perrito caliente hot dog (3A)

el perro dog (5A)

la persona person (5A)

   pesas: levantar — to lift weights (3B)

el pescado fish (3B)

el pie foot (P)

la pierna leg (P)

la pimienta pepper (5B)

la piñata piñata (5A)

la piscina pool (4A)

el piso story, floor (6B)

   primer — second floor (6B)

   segundo — third floor (6B)

la pizza pizza (3A)

la planta baja ground floor (6B)

el plástico plastic (8B)

el plátano banana (3A)

el plato plate, dish (5B)

   de — principal as a main dish (5B)

   el — principal main dish (5B)

la playa beach (4A)

pobre poor (8B)

poco: un — (de) a little (4B)

poder (o → ue) to be able (6A)

   (yo) puedo I can (4B)

   (tú) puedes you can (4B)

policíaca: la película — crime movie, mystery (9A)

el pollo chicken (3B)

poner to put, to place (6B)

   pon (*command*) put, place (6B)

   — la mesa to set the table (6B)

   (yo) pongo I put (6B)

   (tú) pones you put (6B)

por:

   — eso that's why, therefore (9A)

   — favor please (P)

¿— qué? Why? (3B)

   — supuesto of course (3A)

porque because (3B)

la posesión *pl.* **las posesiones** possession (6A)

el postre dessert (5B)

   de — for dessert (5B)

practicar deportes to play sports (1A)

práctico, -a practical (2A)

el precio price (7A)

preferir (e → ie) to prefer (7A)

   (yo) prefiero I prefer (3B)

   (tú) prefieres you prefer (3B)

preparar to prepare (5A)

la presentación *pl.* **las presentaciones** presentation (9B)

la primavera spring (P)

primer (primero), -a first (2A)

   — piso second floor (6B)

el primo, la prima cousin (5A)

los primos cousins (5A)

el problema problem (8B)

el profesor, la profesora teacher (P)

el programa program, show (9A)

   el — de concursos game show (9A)

   el — de dibujos animados cartoon (9A)

   el — de entrevistas interview program (9A)

   el — de la vida real reality program (9A)

   el — de noticias news program (9A)

   el — deportivo sports program (9A)

   el — educativo educational program (9A)

   el — musical musical program (9A)

propio, -a own (6A)

el proyecto de construcción construction project (8B)

puedes: (tú) — you can (4B)

puedo: (yo) — I can (4B)

la puerta door (2B)

pues well (*to indicate pause*) (1A)

la pulsera bracelet (7B)

   el reloj — watch (7B)

el pupitre student desk (P)

Q

que who, that (5A)

qué:

   ¿Para — sirve? What's it (used) for? (9B)

   ¡— + adj.! How ...! (5B)

   ¡— asco! How awful! (3A)

   ¡— buena idea! What a good/nice idea! (4B)

   ¿— clase de ...? What kind of ... ? (9A)

   ¿— desean (Uds.)? What would you like? (5B)

   ¿— día es hoy? What day is today? (P)

   ¿— es esto? What is this? (2B)

   ¿— hiciste? What did you do? (8A)

   ¿— hora es? What time is it? (P)

   ¿— más? What else? (8B)

   ¿— pasa? What's happening? (P)

   ¡— pena! What a shame/pity! (4B)

   ¿— quiere decir ... ? What does ... mean? (P)

¿— tal? How are you? (P)

¿— te gusta hacer? What do you like to do? (1A)

¿— te gusta más? What do you like better (prefer) to do? (1A)

¿— te parece? What do you think (about it)? (9B)

¿— te pasó? What happened to you? (8A)

¿— tiempo hace? What's the weather like? (P)

quedar to fit (7A), to stay (4A)

¿Cómo me queda? How does it fit (me)? (7A)

Me / te queda bien. It fits me / you well. (7A)

Me quedo en casa. I stay home. (4A)

el quehacer (de la casa) (household) chore (6B)

querer (e → ie) to want (7A)

¿Qué quiere decir ...? What does ... mean? (P)

Quiere decir ... It means ... (P)

quisiera I would like (5B)

(yo) quiero I want (4B)

(tú) quieres you want (4B)

el queso cheese (3A)

¿Quién? Who? (2A)

quince fifteen (P)

quinientos, -as five hundred (7A)

quinto, -a fifth (2A)

quisiera I would like (5B)

quitar el polvo to dust (6B)

quizás maybe (7A)

R

rápidamente quickly (9B)

el ratón *pl.* **los ratones** (computer) mouse (2B)

razón: tener — to be correct (7A)

realista realistic (9A)

recibir to receive (6B)

reciclar to recycle (8B)

recoger (g → j) to collect, to gather (8B)

los recuerdos souvenirs (8A)

comprar recuerdos to buy souvenirs (8A)

la Red:

en la — online (7B)

navegar en la — to surf the Web (9B)

el refresco soft drink (3A)

el regalo gift, present (5A)

regresar to return (8A)

regular okay, so-so (P)

el reloj clock (2B)

el — pulsera watch (7B)

reservado, -a reserved, shy (1B)

el restaurante restaurant (4A)

rico, -a rich, tasty (5B)

el río river (8B)

rojo, -a red (6A)

romántico, -a: la película — romantic movie (9A)

romper to break (5A)

la ropa: la tienda de — clothing store (7B)

rosado, -a pink (6A)

rubio, -a blond (5B)

S

sábado Saturday (P)

saber to know (how) (9B)

(yo) sé I know (how to) (4B)

(tú) sabes you know (how to) (4B)

sabroso, -a tasty, flavorful (3B)

el sacapuntas pencil sharpener (2B)

sacar:

— fotos to take photos (5A)

— la basura to take out the trash (6B)

la sal salt (5B)

la sala living room (6B)

la sala de clases classroom (P)

la salchicha sausage (3A)

salir to leave, to go out (8A)

la salud:

para la — for one's health (3B)

para mantener la — to maintain one's health (3B)

el sándwich de jamón y queso ham and cheese sandwich (3A)

sé: (yo) — I know (how to) (1B)

sed: Tengo —. I'm thirsty. (3B)

según according to (1B)

— mi familia according to my family (1B)

segundo, -a second (2A)

— piso third floor (6B)

seis six (P)

seiscientos, -as six hundred (7A)

la semana week (P)

este fin de — this weekend (4B)

la — pasada last week (7B)

los fines de — on weekends (4A)

señor (Sr.) sir, Mr. (P)

señora (Sra.) madam, Mrs. (P)

señorita (Srta.) miss, Miss (P)

separar to separate (8B)

septiembre September (P)

séptimo, -a seventh (2A)

ser to be (3B)

¿Eres ...? Are you ...? (1B)

es he/she is (1B)

fue it was (8A)

no soy I am not (1B)

soy I am (1B)

serio, -a serious (1B)

la servilleta napkin (5B)

servir (e → i) to serve, to be useful (9B)

¿En qué puedo servirle? How can I help you? (7A)

¿Para qué sirve? What's it (used) for? (9B)

Sirve para ... It's used for ... (9B)

sesenta sixty (P)

setecientos, -as seven hundred (7A)

setenta seventy (P)

sexto, -a sixth (2A)

si if, whether (6B)

sí yes (1A)

siempre always (3A)

siento: lo — I'm sorry (4B)

siete seven (P)

la **silla** chair (2B)

simpático, -a nice, friendly (1B)

sin without (3A)

la **sinagoga** synagogue (4A)

el **sitio Web** Web site (9B)

sobre about (9A)

sociable sociable (1B)

el **software** software (7B)

el **sol:**

> **Hace —.** It's sunny. (P)

> **los anteojos de —** sunglasses (7B)

> **tomar el —** to sunbathe (8A)

sólo only (5A)

solo, -a alone (4A)

Son las ... It's ... (*time*) (P)

la **sopa de verduras** vegetable soup (3A)

el **sótano** basement (6B)

soy I am (1B)

su, sus his, her, your *formal*, their (5A)

sucio, -a dirty (6B)

la **sudadera** sweatshirt (7A)

sueño: tener — to be sleepy (5B)

el **suéter** sweater (7A)

supuesto: por — of course (3A)

T

tal: ¿Qué — ? How are you? (P)

talentoso, -a talented (1B)

también also, too (1A)

> **a mí —** I do (like to) too (1A)

tampoco: a mí — I don't (like to) either (1A)

tanto so much (7A)

tarde late (8A); afternoon (4B)

a la una de la — at one (o'clock) in the afternoon (4B)

Buenas —s. Good afternoon. (P)

de la tarde in the afternoon (4B)

esta — this afternoon (4B)

la **tarea** homework (2A)

la **tarjeta** card (9B)

la **taza** cup (5B)

te (to/for) you *sing. ind. obj. pron.* (8B)

> **¿— gusta ...?** Do you like to ... ? (1A)

> **¿— gustaría ...?** Would you like ...? (4B)

> **¿— gustó?** Did you like it? (8A)

el **té** tea (3A)

> **el — helado** iced tea (3A)

el **teatro** theater (8A)

el **teclado** (computer) keyboard (2B)

la **tecnología** technology/ computers (2A)

> **la clase de —** technology/ computer class (2A)

la **telenovela** soap opera (9A)

el **televisor** television set (6A)

el **templo** temple; Protestant church (4A)

temprano early (8A)

el **tenedor** fork (5B)

tener to have (5A)

> **(yo) tengo** I have (2A)

> **(tú) tienes** you have (2A)

> **¿Cuántos años tiene(n) ...?** How old is/are ... ? (5A)

> **— calor** to be warm (5B)

> **— frío** to be cold (5B)

> **— miedo (de)** to be scared (of), to be afraid (of) (9B)

> **— razón** to be correct (7A)

> **— sueño** to be sleepy (5B)

> **Tengo hambre.** I'm hungry. (3B)

> **Tengo que ...** I have to ... (4B)

> **Tengo sed.** I'm thirsty. (3B)

Tiene(n) ... años. He/She is/ They are ... years old. (5A)

el **tenis: jugar al —** to play tennis (4B)

tercer (tercero), -a third (2A)

terminar to finish, to end (9A)

ti you *fam. after prep.*

> **¿Y a —?** And you? (1A)

> **para —** in your opinion, for you (6A)

el **tiempo:**

> **el — libre** free time (4A)

> **pasar — con amigos** to spend time with friends (1A)

> **¿Qué — hace?** What's the weather like? (P)

la **tienda** store (7A)

> **la — de descuentos** discount store (7B)

> **la — de electrodomésticos** household appliance store (7B)

> **la — de ropa** clothing store (7A)

Tiene(n) ... años. He/She is / They are ... (years old). (5A)

el **tío, la tía** uncle, aunt (5A)

los **tíos** uncles; aunt(s) and uncle(s) (5A)

> **tocar la guitarra** to play the guitar (1A)

el **tocino** bacon (3A)

todos, -as all (3B)

> **— los días** every day (3A)

tomar:

> **— el sol** to sunbathe (8A)

> **— un curso** to take a course (9B)

los **tomates** tomatoes (3B)

tonto, -a silly, stupid (9A)

trabajador, -a hardworking (1B)

trabajar to work (1A)

el **trabajo** work, job (4A)

> **el — voluntario** volunteer work (8B)

traer:

Le traigo ... I will bring you ... (5B)

¿Me trae ...? Will you bring me ...? (5B)

el **traje** suit (7A)

el **— de baño** swimsuit (7A)

trece thirteen (P)

treinta thirty (P)

treinta y uno thirty-one (P)

tremendo, -a tremendous (8A)

el **tren** train (8A)

tres three (P)

trescientos, as three hundred (7A)

triste sad (4B)

tu, tus your (2B, 5A)

tú you *fam.* (2A)

U

Ud. (usted) you *formal sing.* (2A)

Uds. (ustedes) you *formal pl.* (2A)

¡Uf! Ugh!, Yuck! (7B)

un, una a, an (1B)

un poco (de) a little (4B)

la **una: a la —** at one o'clock (4B)

uno one (P)

unos, -as some (2B)

usado, -a used (8B)

usar la computadora to use the computer (1A)

usted (Ud.) you *formal sing.* (2A)

ustedes (Uds.) you *formal pl.* (2A)

las **uvas** grapes (3B)

V

las **vacaciones: ir de —** to go on vacation (8A)

¡Vamos! Let's go! (7A)

el **vaso** glass (5B)

veinte twenty (P)

veintiuno (veintiún) twenty-one (P)

vender to sell (7B)

venir to come (5B)

la **ventana** window (2B)

ver to see (8A)

a — ... Let's see (2A)

¡Nos vemos! See you later! (P)

— la tele to watch television (1A)

— una película to see a movie (4A)

el **verano** summer (P)

veras: ¿De —? Right? (9A)

¿Verdad? Right? (3A)

verde green (6A)

el **vestido** dress (7A)

la **vez,** *pl.* **las veces** time (8B)

a veces sometimes (1B)

otra — again (8B)

vi I saw (8A)

viajar to travel (8A)

el **viaje** trip (8A)

el **video** video (5A)

los **videojuegos: jugar —** to play video games (1A)

el **vidrio** glass (8B)

viejo, -a old (5B)

viernes Friday (P)

violento, -a violent (9A)

visitar to visit (8A)

— salones de chat to visit chat rooms (9B)

¿Viste? Did you see? (8A)

vivir to live (6B)

el **vóleibol: jugar al —** to play volleyball (4B)

el **voluntario, la voluntaria** volunteer (8B)

vosotros, -as you *pl.* (2A)

vuestro(s), -a(s) your (5A)

Y

y and (1A)

¿— a ti? And you? (1A)

— cuarto quarter past (P)

— media thirty, half-past (*in telling time*) (P)

¿— tú? And you? *fam.* (P)

¿— usted (Ud.)? And you? *formal* (P)

ya already (9A)

yo I (1B)

el **yogur** yogurt (3A)

Z

las **zanahorias** carrots (3B)

la **zapatería** shoe store (7B)

los **zapatos** shoes (7A)

el **zoológico** zoo (8A)

English-Spanish Vocabulary

The *English-Spanish Vocabulary* contains all active vocabulary from the text, including vocabulary presented in the grammar sections.

A dash (—) represents the main entry word. For example, **to play** — after **baseball** means **to play baseball.**

The number following each entry indicates the chapter in which the word or expression is presented. The letter *P* following an entry refers to the *Para empezar* section.

The following abbreviations are used in this list: *adj.* (adjective), *dir. obj.* (direct object), *f.* (feminine), *fam.*(familiar), *ind. obj.* (indirect object), *inf.* (infinitive), *m.* (masculine), *pl.* (plural), *prep.* (preposition), *pron.* (pronoun), *sing.* (singular).

A

a, an un, una (1B)

  a little un poco (de) (4B)

  a lot mucho, -a (2A)

  a thousand mil (7A)

able: to be — poder (o → ue) (6A)

about sobre (9A)

according to según (1B)

  — **my family** según mi familia (1B)

acquainted: to be — **with** conocer (9B)

actor el actor (9A)

actress la actriz *pl.* las actrices (9A)

address: e-mail — la dirección electrónica (9B)

afraid: to be — **(of)** tener miedo (de) (9B)

after después (de) (4A)

afternoon:

  at one (o'clock) in the afternoon a la una de la tarde (4B)

  Good —. Buenas tardes. (P)

  in the — de la tarde (4B)

  this — esta tarde (4B)

afterwards después (4A)

again otra vez (8B)

ago hace + *time expression* (7B)

agree:

  I —. Estoy de acuerdo. (3B)

  I don't —. No estoy de acuerdo. (3B)

airplane el avión *pl.* los aviones (8A)

alarm clock el despertador (6A)

all todos, -as (3B)

almost casi (9A)

alone solo, -a (4A)

already ya (9A)

also también (1A)

always siempre (3A)

am:

  I — (yo) soy (1B)

  I — **not** (yo) no soy (1B)

amusement park el parque de diversiones (8A)

amusing divertido, -a (2A)

and y (1A)

  ¿— **you?** ¿Y a ti? *fam.* (1A); ¿Y tú? *fam.* (P); ¿Y usted (Ud.)? *formal* (P)

animal el animal (8A)

another otro, -a (5B)

Anything else? ¿Algo más? (5B)

apartment el apartamento (6B)

apple la manzana (3A)

  — **juice** el jugo de manzana (3A)

April abril (P)

Are you ... ? ¿Eres ... ? (1B)

arm el brazo (P)

art class la clase de arte (2A)

artistic artístico, -a (1B)

as como (8A)

  — **a main dish** de plato principal (5B)

to ask for pedir (e → i) (9B)

at:

  — **eight (o'clock)** a las ocho (4B)

  — **eight (o'clock) at night** a las ocho de la noche (4B)

  — **eight (o'clock) in the evening** a las ocho de la noche (4B)

  — **eight (o'clock) in the morning** a las ocho de la mañana (4B)

  — **home** en casa (4A)

  — **one (o'clock)** a la una (4B)

  — **one (o'clock) in the afternoon** a la una de la tarde (4B)

  — **what time?** ¿A qué hora? (4B)

attraction(s) la atracción *pl.* las atracciones (8A)

August agosto (P)

aunt la tía (5A)

aunt(s) and uncle(s) los tíos (5A)

autumn el otoño (P)

B

backpack la mochila (2B)

bacon el tocino (3A)

bad malo, -a (3B); mal (4B)

badly mal (4B)

bag la bolsa (8B)

balloon el globo (5A)

banana el plátano (3A)

baseball: to play — jugar al béisbol (4B)

basement el sótano (6B)

basketball: to play — jugar al básquetbol (4B)

bathroom el baño (6B)

to be ser (3B); estar (2B)

    He/She is / They are ... years old. Tiene(n) ... años. (5A)

    How old is/are ... ? ¿Cuántos años tiene(n) ... ? (5A)

    to — + *present participle* estar + *present participle* (6B)

    to — able poder (o → ue) (6A)

    to — acquainted with conocer (9B)

    to — afraid (of) tener miedo (de) (9B)

    to — cold tener frío (5B)

    to — correct tener razón (7A)

    to — going to + *verb* ir a + *inf.* (4B)

    to — online estar en línea (9B)

    to — scared (of) tener miedo (de) (9B)

    to — sleepy tener sueño (5B)

    to — useful servir (e → i) (9B)

    to — warm tener calor (5B)

beach la playa (4A)

bear el oso (8A)

because porque (3B)

bed la cama (6A)

    to make the — hacer la cama (6B)

bedroom el dormitorio (6A)

beefsteak el bistec (3B)

before antes de (9A)

to begin empezar (e → ie) (9A)

behind detrás de (2B)

best: the — el/la mejor, los/las mejores (6A)

better than mejor(es) que (6A)

beverages las bebidas (3B)

bicycle: to ride a — montar en bicicleta (1A)

bill la cuenta (5B)

binder: three-ring — la carpeta de argollas (2A)

bird el pájaro (8A)

birthday el cumpleaños (5A)

    Happy —! ¡Feliz cumpleaños! (5A)

black negro (6A)

black hair el pelo negro (5B)

---

blond hair el pelo rubio (5B)

blouse la blusa (7A)

blue azul (6A)

boat el barco (8A)

boating: to go — pasear en bote (8A)

book el libro (P)

bookbag la mochila (2B)

bookshelf el estante (6A)

bookstore la librería (7B)

boots las botas (7A)

to bore aburrir (9A)

    it/they —(s) me me aburre(n) (9A)

boring aburrido, -a (2A)

both los dos, las dos (7A)

bottle la botella (8B)

box la caja (8B)

boy el chico (1B)

    —friend el novio (7B)

    young — el niño (8B)

bracelet la pulsera (7B)

bread el pan (3A)

to break romper (5A)

    breakfast el desayuno (3A)

    for — en el desayuno (3A)

to bring traer (5B); llevar (8B)

    I will — you ... Le traigo ... (5B)

    Will you — me ... ? ¿Me trae ... ? (5B)

brother el hermano (5A)

brothers; brother(s) and sister(s) los hermanos (5A)

brown marrón *pl.* marrones (6A)

    — (chestnut) hair el pelo castaño (5B)

to burn a CD grabar un disco compacto (9B)

bus el autobús *pl.* los autobuses (8A)

busy ocupado, -a (4B)

but pero (1B)

butter la mantequilla (3B)

to buy comprar (7A)

    to — souvenirs comprar recuerdos (8A)

by + *vehicle* en + *vehicle* (8A)

C

café el café (4A)

cake el pastel (5A)

calculator la calculadora (2A)

camera la cámara (5A)

    digital — la cámara digital (9B)

camp el campamento (8B)

can la lata (8B)

can:

    I — (yo) puedo (4B)

    you — (tú) puedes (4B)

candy los dulces (5A)

cap la gorra (7A)

car el coche (6B)

card la tarjeta (9B)

cardboard el cartón (8B)

carrots las zanahorias (3B)

to carry llevar (8B)

    cartoon el programa de dibujos animados (9A)

    cat el gato (5A)

    CD: to burn a CD grabar un disco compacto (9B)

to celebrate celebrar (5A)

    cereal el cereal (3A)

    chain la cadena (7B)

    chair la silla (2B)

    channel (TV) el canal (9A)

    cheap barato, -a (7B)

    cheese el queso (3A)

    chicken el pollo (3B)

    childish infantil (9A)

    children los hijos (5A); los niños (8B)

    chore: household — el quehacer (de la casa) (6B)

    church la iglesia (4A)

    Protestant — el templo (4A)

    city la ciudad (8A)

    class la clase (2A)

    classroom la sala de clases (P)

    clean limpio, -a (6B)

to clean the bathroom limpiar el baño (6B)

    clock el reloj (2B)

    close (to) cerca (de) (6B)

    closet el armario (6A)

    clothing store la tienda de ropa (7A)

coat el abrigo (7A)

coffee el café (3A)

cold:

It's —. Hace frío. (P)

to be — tener frío (5B)

to collect recoger (g → j) (8B)

color:

What — ...? ¿De qué color ...? (6A)

—s los colores (6A)

to come venir (5B)

comedy la comedia (9A)

comical cómico, -a (9A)

to communicate comunicarse (9B)

I — (yo) me comunico (9B)

you — (tú) te comunicas (9B)

community la comunidad (8B)

compact disc el disco compacto (6A)

to burn a — grabar un disco compacto (9B)

complicated complicado, -a (9B)

composition la composición pl. las composiciones (9B)

computer la computadora (2B)

— graphics los gráficos (9B)

— keyboard el teclado (2B)

— mouse el ratón (2B)

— screen la pantalla (2B)

—s/technology la tecnología (2B)

laptop — la computadora portátil (9B)

to use the — usar la computadora (1A)

concert el concierto (4B)

construction project el proyecto de construcción (8B)

to cook cocinar (6B)

cookie la galleta (3A)

correct: to be — tener razón (7A)

to cost costar (o → ue) (7A)

How much does (do) ... — ? ¿Cuánto cuesta(n)? (7A)

country el país (8A)

countryside el campo (4B)

course: to take a course tomar un curso (9B)

cousin el primo, la prima (5A)

—s los primos (5A)

to create crear (9B)

crime movie la película policíaca (9A)

cup la taza (5B)

curtains las cortinas (6A)

to cut the lawn cortar el césped (6B)

cut-paper decorations el papel picado (5A)

D

dance el baile (4B)

to dance bailar (1A)

daring atrevido, -a (1B)

date: What is the —? ¿Cuál es la fecha? (P)

daughter la hija (5A)

day el día (P)

every — todos los días (3A); cada día (3B)

What — is today? ¿Qué día es hoy? (P)

December diciembre (P)

to decide decidir (8B)

to decorate decorar (5A)

decorations las decoraciones (5A)

delicious delicioso, -a (5B)

delighted encantado, -a (P)

department store el almacén pl. los almacenes (7B)

desk el pupitre (P); el escritorio (2B)

dessert el postre (5B)

for — de postre (5B)

dictionary el diccionario (2A)

Did you like it? ¿Te gustó? (8A)

difficult difícil (2A)

digital camera la cámara digital (9B)

dining room el comedor (6B)

dinner la cena (3B)

dirty sucio, -a (6B)

disaster: It was a — . Fue un desastre. (8A)

discount store la tienda de descuentos (7B)

dish el plato (5B)

as a main — de plato principal (5B)

main — el plato principal (5B)

to do hacer (3B)

— (command) haz (6B)

— you like to ...? ¿Te gusta ...? (1A)

I — (yo) hago (3B)

What did you —? ¿Qué hiciste? (8A)

you — (tú) haces (3B)

document el documento (9B)

dog el perro (5A)

to feed the — dar de comer al perro (6B)

door la puerta (2B)

to download bajar (información) (9B)

drama el drama (9A)

to draw dibujar (1A)

dress el vestido (7A)

dresser la cómoda (6A)

to drink beber (3A)

during durante (8A)

to dust quitar el polvo (6B)

DVD player el lector DVD (6A)

E

e-mail:

— address la dirección electrónica (9B)

to write an — message escribir por correo electrónico (9B)

early temprano (8A)

earrings los aretes (7B)

easy fácil (2A)

to eat comer (3A)

educational program el programa educativo (9A)

eggs los huevos (3A)

eight ocho (P)

eight hundred ochocientos, -as (7A)

eighteen dieciocho (P)

eighth octavo, -a (2A)

eighty ochenta (P)

either tampoco (1A)

   I don't (like to) — a mí tampoco (1A)

eleven once (P)

else:

   Anything —? ¿Algo más? (5B)

   What —? ¿Qué más? (8B)

to end terminar (9A)

   English class la clase de inglés (2A)

   enough bastante (6B)

to enter entrar (7A)

   especially especialmente (9A)

   evening:

     Good —. Buenas noches. (P)

     in the — de la noche (4B)

     this — esta noche (4B)

   every day cada día (3B); todos los días (3A)

   Excuse me. Perdón. (7A)

to exercise hacer ejercicio (3B)

   expensive caro, -a (7B)

   experience la experiencia (8B)

   eye el ojo (P)

F

   face-to-face cara a cara (9B)

   fall el otoño (P)

   family la familia (1B)

   fantastic fantástico, -a (8A)

   far (from) lejos (de) (6B)

   fascinating fascinante (9A)

   fast rápidamente (9B)

   father el padre (papá) (5A)

   fats las grasas (3B)

   favorite favorito, -a (2A)

   February febrero (P)

to feed the dog dar de comer al perro (6B)

   fewer:

     — ... than menos ... que (6A)

     — than ... menos de ... (9A)

   fifteen quince (P)

   fifth quinto, -a (2A)

   fifty cincuenta (P)

film la película (9A)

finger el dedo (P)

to finish terminar (9A)

   first primer (primero), -a (2A)

   fish el pescado (3B)

   to go —ing ir de pesca (4B)

to fit:

   How does it (do they) fit me / you? ¿Cómo me / te queda(n)? (7A)

   It / They —(s) me well / poorly. Me queda(n) bien / mal. (7A)

   five cinco (P)

   five hundred quinientos, -as (7A)

   flag la bandera (2B)

   flavorful sabroso, -a (3B)

   floor el piso (6B)

     ground — la planta baja (6B)

     second — el primer piso (6B)

     third — el segundo piso (6B)

   flower la flor *pl.* las flores (5A)

   folder la carpeta (P)

   food la comida (3A)

   foot el pie (P)

   football: to play — jugar al fútbol americano (4B)

   for para (2A)

     — breakfast en el desayuno (3A)

     — lunch en el almuerzo (3A)

     — me para mí (6A)

     — you para ti (6A)

   fork el tenedor (5B)

   forty cuarenta (P)

   four cuatro (P)

   four hundred cuatrocientos, -as (7A)

   fourteen catorce (P)

   fourth cuarto, -a (2A)

   free time el tiempo libre (4A)

   French fries las papas fritas (3A)

   Friday viernes (P)

   friendly simpático, -a (1B)

   from de (4A)

     Where are you —? ¿De dónde eres? (4A)

fruit salad la ensalada de frutas (3A)

fun divertido, -a (2A)

funny gracioso, -a (1B); cómico, -a (9A)

G

   game el partido (4B)

     — show el programa de concursos (9A)

   garage el garaje (6B)

   garden el jardín *pl.* los jardines (8B)

to gather recoger (g → j) (8B)

   generally generalmente (4A)

   gift el regalo (5A)

   girl la chica (1B)

     —friend la novia (7B)

     young — la niña (8B)

to give dar (6B)

   glass el vaso (5B); el vidrio (8B)

   gloves los guantes (7B)

to go ir (4A)

   Let's —! ¡Vamos! (7A)

     to be —ing to + *verb* ir a + *inf.* (4B)

     to — boating pasear en bote (8A)

     to — camping ir de cámping (4B)

     to — fishing ir de pesca (4B)

     to — on vacation ir de vacaciones (8A)

     to — shopping ir de compras (4A)

     to — to school ir a la escuela (1A)

     to — out salir (8A)

   golf: to play — jugar al golf (4B)

   good bueno (buen), -a (1B)

     — afternoon. Buenas tardes. (P)

     — evening. Buenas noches. (P)

     — morning. Buenos días. (P)

Good-bye! ¡Adiós! (P)

good-looking guapo, -a (5B)

grains los cereales (3B)

grandfather el abuelo (5A)

grandmother la abuela (5A)

grandparents los abuelos (5A)

grapes las uvas (3B)

graphics los gráficos (9B)

gray gris (6A)

— **hair** el pelo canoso (5B)

Great! ¡Genial! (4B)

green verde (6A)

— **beans** las judías verdes (3B)

ground floor la planta baja (6B)

guitar: to play the — tocar la guitarra (1A)

gym el gimnasio (4A)

H

hair el pelo (5B)

black — el pelo negro (5B)

blond — el pelo rubio (5B)

brown (chestnut) — el pelo castaño (5B)

gray — el pelo canoso (5B)

half media, -o (P)

— **-past** y media (P)

ham and cheese sandwich el sándwich de jamón y queso (3A)

hamburger la hamburguesa (3A)

hand la mano (P)

happy contento, -a (4B)

— **birthday!** ¡Feliz cumpleaños! (5A)

hardworking trabajador, -a (1B)

to have tener (5A)

to — **just** ... acabar de + *inf.* (9A)

I — **to** ... tengo que + *inf.* (4B)

he él (1B)

he/she is es (1B)

He/She is / They are ... years old. Tiene(n) ... años. (5A)

head la cabeza (P)

health:

for one's — para la salud (3B)

to maintain one's — para mantener la salud (3B)

Hello! ¡Hola! (P)

to help ayudar (6B)

How can I — **you?** ¿En qué puedo servirle? (7A)

her su, sus *possessive adj.* (5A); la *dir. obj. pron.* (7B); le *ind. obj. pron.* (8B)

here aquí (2B)

Hey! ¡Oye! (4B)

him lo *dir. obj. pron.* (7B); le *ind. obj. pron.* (8B)

his su, sus (5A)

home la casa (4A)

at — en casa (4A)

— **office** el despacho (6B)

(to) — a casa (4A)

homework la tarea (2A)

horrible horrible (3B)

horror movie la película de horror (9A)

horseback: to ride — montar a caballo (8A)

hospital el hospital (8B)

hot:

— **dog** el perrito caliente (3A)

It's —. Hace calor. (P)

hotel el hotel (8A)

hour: in the ... — en la ... hora (class period) (2A)

house la casa (4A)

household:

— **chore** el quehacer (de la casa) (6B)

— **appliance store** la tienda de electrodomésticos (7B)

how:

— **+** *adj.*! ¡Qué + *adj.*! (5B)

— **awful!** ¡Qué asco! (3A)

how? ¿cómo? (P)

— **are you?** ¿Cómo está Ud.? *formal* (P); ¿Cómo estás? *fam.* (P); ¿Qué tal? *fam.* (P)

— **can I help you?** ¿En qué puedo servirle? (7A)

— **do you say ...** ? ¿Cómo se dice ...? (P)

— **does it (do they) fit (you)?** ¿Cómo te queda(n)? (7A)

— **is ... spelled?** ¿Cómo se escribe ...? (P)

— **many?** ¿cuántos, -as? (P)

— **much does (do) ... cost?** ¿Cuánto cuesta(n) ...? (7A)

— **old is/are ...** ? ¿Cuántos años tiene(n) ...? (5A)

— **was it (for you)?** ¿Cómo lo pasaste? (8A)

hundred: one — cien (P)

hungry: I'm —. Tengo hambre. (3B)

to hurt doler (o → ue) (9A)

husband el esposo (5A)

I

I yo (1B)

— **am** soy (1B)

— **am not** no soy (1B)

— **do too** a mí también (1A)

— **don't either** a mí tampoco (1A)

— **don't think so.** Creo que no. (3B)

— **stay at home.** Me quedo en casa. (4A)

— **think ...** Creo que ... (3B)

— **think so.** Creo que sí. (3B)

— **will bring you ...** Le traigo ... (5B)

— **would like ...** Me gustaría (4B); quisiera (5B)

—**'m hungry.** Tengo hambre. (3B)

—**'m sorry.** Lo siento. (4B)

—**'m thirsty.** Tengo sed. (3B)

ice cream el helado (3B)

iced tea el té helado (3A)

if si (6B)

impatient impaciente (1B)

important importante (6A)

impressive impresionante (8A)

in en (P, 2B)

— **front of** delante de (2B)

— **my opinion** para mí (6A)

— **order to** para + *inf.* (4A)

— **the ... hour** en la ... hora (class period) (2A)

— **your opinion** para ti (6A)

incredible increíble (8B)

inexpensive barato, -a (7B)

information la información (9B)

intelligent inteligente (1B)

to interest interesar (9A)

> **it/they interest(s) me** me interesa(n) (9A)

interesting interesante (2A)

interview program el programa de entrevistas (9A)

is es (P)

> **he/she —** es (1B)

it la, lo *dir. obj. pron.* (7B)

> **— fits (they fit) me well/poorly.** Me queda(n) bien/mal. (7A)
>
> **— is ...** Son las *(in telling time)* (P)
>
> **— is one o'clock.** Es la una. (P)
>
> **— is the ... of ...** Es el *(number)* de *(month) (in telling the date)* (P)
>
> **— is the first of ...** Es el primero de *(month).* (P)
>
> **— was** fue (8A)
>
> **— was a disaster.** Fue un desastre. (8A)
>
> **—'s a ...** es un/una ... (2B)
>
> **—'s cold.** Hace frío. (P)
>
> **—'s hot.** Hace calor. (P)
>
> **—'s necessary.** Es necesario. (8B)
>
> **—'s raining.** Llueve. (P)
>
> **—'s snowing.** Nieva. (P)
>
> **—'s sunny.** Hace sol. (P)

J

jacket la chaqueta (7A)

January enero (P)

jeans los jeans (7A)

jewelry store la joyería (7B)

job el trabajo (4A)

juice:

> **apple —** el jugo de manzana (3A)
>
> **orange —** el jugo de naranja (3A)

July julio (P)

June junio (P)

just: to have — (done something) acabar de + *inf.* (9A)

K

key chain el llavero (7B)

keyboard (computer) el teclado (2B)

kind: What — of ... ? ¿Qué clase de ...? (9A)

kitchen la cocina (6B)

knife el cuchillo (5B)

to know saber (4B, 9B); conocer (9B)

> **I —** (yo) conozco (9B)
>
> **I — (how to)** (yo) sé (4B)
>
> **you —** (tú) conoces (9B)
>
> **you — (how to)** (tú) sabes (4B)

L

laboratory el laboratorio (9B)

lake el lago (8A)

lamp la lámpara (6A)

laptop computer la computadora portátil (9B)

large grande (6A)

last:

> **— night** anoche (7B)
>
> **— week** la semana pasada (7B)
>
> **— year** el año pasado (7B)

to last durar (9A)

late tarde (8A)

later: See you — ¡Hasta luego!, ¡Nos vemos! (P)

lazy perezoso, -a (1B)

to learn aprender (a) (8A)

to leave salir (8A)

> **left: to the — (of)** a la izquierda (de) (6A)

leg la pierna (P)

lemonade la limonada (3A)

less:

less ... than menos ... que (6A)

less than menos de (9A)

Let's go! ¡Vamos! (7A)

Let's see A ver ... (2A)

letter la carta (9B)

lettuce la lechuga (3B)

library la biblioteca (4A)

to lift weights levantar pesas (3B)

> **light** la luz *pl.* las luces (5A)
>
> **like** como (8A)

to like:

> **Did you — it?** ¿Te gustó? (8A)
>
> **Do you — to ...?** ¿Te gusta ...? (1A)
>
> **He/She doesn't — ...** No le gusta ... (1B)
>
> **He/She —s ...** Le gusta ... (1B); A él/ella le gusta(n) ... (5A)
>
> **I don't — to ...** (A mí) no me gusta ... (1A)
>
> **I don't — to ... at all.** (A mí) no me gusta nada ... (1A)
>
> **I — ...** Me gusta ... (3A)
>
> **I — to ...** (A mí) me gusta ... (1A)
>
> **I — to ... a lot** (A mí) me gusta mucho ... (1A)
>
> **I — to ... better** (A mí) me gusta más ... (1A)
>
> **I —d it.** Me gustó. (8A)
>
> **I would —** Me gustaría (4B); quisiera (5B)
>
> **What do you — better (prefer) to do?** ¿Qué te gusta más? (1A)
>
> **What do you — to do?** ¿Qué te gusta hacer? (1A)
>
> **What would you —?** ¿Qué desean (Uds.)? (5B)
>
> **Would you —?** ¿Te gustaría? (4B)
>
> **You — ...** Te gusta ... (3A)

likewise igualmente (P)

to listen to music escuchar música (1A)

> **little: a —** un poco (de) (4B)

to live vivir (6B)

> **living room** la sala (6B)
>
> **long** largo, -a (5B)

to look:

> **to — (at)** mirar (7B)
>
> **to — for** buscar (7A)
>
> **lot: a —** mucho, -a (2A)

to love encantar (9A)

> **He/She —s ...** A él/ella le encanta(n) ... (5A)

I/You — ... Me/Te encanta(n)... (3A)

lunch el almuerzo (2A)

for — en el almuerzo (3A)

M

madam (la) señora (Sra.) (P)

main dish el plato principal (5B)

as a — de plato principal (5B)

to maintain one's health para mantener la salud (3B)

make *(command)* haz (6B)

to make the bed hacer la cama (6B)

mall el centro comercial (4A)

man el hombre (5B)

older — el anciano (8B)

many muchos, -as (3B)

how — ¿cuántos, -as? (P)

March marzo (P)

match el partido (4B)

mathematics class la clase de matemáticas (2A)

May mayo (P)

maybe quizás (7A)

me me *ind. obj. pron* (8B)

for — para mí (6A), me (8B)

— too a mí también (1A)

to — me (8B)

with — conmigo (4B)

meal la comida (3A)

to mean:

It —s ... Quiere decir ... (P)

What does ... **—** ? ¿Qué quiere decir ... ? (P)

meat la carne (3B)

menu el menú (5B)

messy desordenado, -a (1B)

milk la leche (3A)

mirror el espejo (6A)

miss, Miss (la) señorita (Srta.) (P)

missing: to be — faltar (9A)

moment: a — un momento (6B)

Monday lunes (P)

on Mondays los lunes (4A)

money el dinero (6B)

monkey el mono (8A)

month el mes (P)

monument el monumento (8A)

more:

— ... than más ... que (2A)

— or less más o menos (3A)

— than más de (9A)

morning:

Good —. Buenos días. (P)

in the — de la mañana (4B)

mosque la mezquita (4A)

mother la madre (mamá) (5A)

mountains las montañas (4A)

mouse (computer) el ratón (2B)

mouth la boca (P)

movie la película (9A)

to see a — ver una película (4A)

— theater el cine (4A)

to mow the lawn cortar el césped (6B)

Mr. (el) señor (Sr.) (P)

Mrs. (la) señora (Sra.) (P)

much: so — tanto (7A)

museum el museo (8A)

music:

to listen to — escuchar música (1A)

—al program el programa musical (9A)

must deber (3B)

one — hay que (8B)

my mi (2B); mis (5A)

— name is ... Me llamo ... (P)

mystery la película policíaca (9A)

N

name:

My — is ... Me llamo ... (P)

What is your —? ¿Cómo te llamas? (P)

What's his/her —? ¿Cómo se llama? (1B)

napkin la servilleta (5B)

national park el parque nacional (8A)

near cerca (de) (6B)

neat ordenado, -a (1B)

necessary: It's —. Es necesario. (8B)

necklace el collar (7B)

to need

I — necesito (2A)

I — ... Me falta(n) ... (5B)

you — necesitas (2A)

neighborhood el barrio (8B)

neither ... nor ni ... ni (1A)

never nunca (3A)

new nuevo, -a (7A)

news program el programa de noticias (9A)

newspaper el periódico (8B)

next to al lado de (2B)

nice simpático, -a (1B)

night:

at — de la noche (4B)

last — anoche (7B)

night table la mesita (6A)

nine nueve (P)

nine hundred novecientos, -as (7A)

nineteen diecinueve (P)

ninety noventa (P)

ninth noveno, -a (2A)

nose la nariz *pl.* las narices (P)

not ... or ni ... ni (1A)

notebook el cuaderno (P)

nothing nada (P)

November noviembre (P)

now ahora (5B)

O

o'clock:

at eight — a las ocho (4B)

at one — a la una (4B)

It's one —. Es la una. (P)

It's ... — Son las ... (P)

October octubre (P)

of de (2B)

— course por supuesto (3A)

office (home) el despacho (6B)

often a menudo (8B)

Oh! What a shame/pity! ¡Ay! ¡Qué pena! (4B)

okay regular (P)

old viejo, -a (5B)

   He/She is / They are ... years —. Tiene(n) ... años. (5A)

   How — is/are ... ? ¿Cuántos años tiene(n) ... ? (5A)

   —er mayor (5A)

   —er man el anciano (8B)

   —er people los ancianos (8B)

   —er woman la anciana (8B)

on en (2B)

   — Mondays, on Tuesdays ... los lunes, los martes ... (4A)

   — top of encima de (2B)

   — weekends los fines de semana (4A)

one uno (un), -a (P)

   at — (o'clock) a la una (4B)

one hundred cien (P)

one must hay que (8B)

onion la cebolla (3B)

online en la Red (7B)

   to be — estar en línea (9B)

only sólo (5A)

to open abrir (5A)

   opinion:

     in my — para mí (6A)

     in your — para tí (6A)

or o (1A)

orange anaranjado, -a (6A)

   — juice el jugo de naranja (3A)

to order pedir (e → i) (5B)

   other otro, -a (5B)

   others los/las demás (8B)

   our nuestro(s), -a(s) (5A)

   own propio, -a (6A)

P

painting el cuadro (6A)

pants los pantalones (7A)

paper: sheet of — la hoja de papel (P)

parents los padres (5A)

park el parque (4A)

   amusement — el parque de diversiones (8A)

   national — el parque nacional (8A)

party la fiesta (4B)

pastries los pasteles (3B)

patient paciente (1B)

to pay (for) pagar (por) (7B)

peas los guisantes (3B)

pen el bolígrafo (P)

pencil el lápiz *pl.* los lápices (P)

   — sharpener el sacapuntas (2B)

people la gente (8B)

   older — los ancianos (8B)

pepper la pimienta (5B)

perfume el perfume (7B)

person la persona (5A)

phone: to talk on the — hablar por teléfono (1A)

photo la foto (5A)

   to take —s sacar fotos (5A)

physical education class la clase de educación física (2A)

piano lesson (class) la lección *pl.* las lecciones de piano (4A)

pink rosado, -a (6A)

piñata la piñata (5A)

pizza la pizza (3A)

place el lugar (8A)

to place poner (6B)

to plan pensar (e → ie) (7A)

   plastic el plástico (8B)

   plate el plato (5B)

   play la obra de teatro (8A)

to play jugar (a) (u → ue) (4B); tocar (1A)

   to — baseball jugar al béisbol (4B)

   to — basketball jugar al básquetbol (4B)

   to — football jugar al fútbol americano (4B)

   to — golf jugar al golf (4B)

   to — soccer jugar al fútbol (4B)

   to — sports practicar deportes (1A)

   to — tennis jugar al tenis (4B)

   to — the guitar tocar la guitarra (1A)

   to — video games jugar videojuegos (1A)

   to — volleyball jugar al vóleibol (4B)

please por favor (P)

to please very much encantar (9A)

   pleased to meet you mucho gusto (P)

pool la piscina (4A)

poor pobre (8B)

possession la posesión *pl.* las posesiones (6A)

poster el cartel (2B)

potatoes las papas (3B)

practical práctico, -a (2A)

to prefer preferir (e → ie) (7A)

   I — (yo) prefiero (3B)

   I — to ... (a mí) me gusta más ... (1A)

   you — (tú) prefieres (3B)

to prepare preparar (5A)

   present el regalo (5A)

   presentation la presentación *pl.* las presentaciones (9B)

   pretty bonito, -a (6A)

   price el precio (7A)

   primary school la escuela primaria (8B)

   problem el problema (8B)

   program el programa (9A)

   purple morado, -a (6A)

   purse el bolso (7B)

to put poner (6B)

   I — (yo) pongo (6B)

   — (command) pon (6B)

   you — (tú) pones (6B)

Q

quarter past y cuarto (P)

quarter to menos cuarto

quickly rápidamente (9B)

R

rain: It's —ing. Llueve. (P)

rather bastante (6B)

to read magazines leer revistas (1A)

realistic realista (9A)

reality program el programa de la vida real (9A)

Really? ¿De veras? (9A)

to receive recibir (6B)

to recycle reciclar (8B)

recycling center el centro de reciclaje (8B)

red rojo, -a (6A)

—-haired pelirrojo, -a (5B)

to relax descansar (8A)

report el informe (9B)

reserved reservado, -a (1B)

to rest descansar (8A)

restaurant el restaurante (4A)

to return regresar (8A)

rice el arroz (3B)

rich rico, -a (5B)

to ride:

to — a bicycle montar en bicicleta (1A)

to — horseback montar a caballo (8A)

right: to the — (of) a la derecha (de) (6A)

Right? ¿Verdad? (3A)

ring el anillo (7B)

river el río (8B)

road la calle (8B)

romantic movie la película romántica (9A)

room el cuarto (6B)

to straighten up the — arreglar el cuarto (6B)

rug la alfombra (6A)

to run correr (1A)

S

sack la bolsa (8B)

sad triste (4B)

salad la ensalada (3A)

fruit — la ensalada de frutas (3A)

salesperson el dependiente, la dependienta (7A)

salt la sal (5B)

same mismo, -a (6A)

sandwich: ham and cheese — el sándwich de jamón y queso (3A)

Saturday sábado (P)

sausage la salchicha (3A)

to say decir (8B)

How do you —? ¿Cómo se dice? (P)

You — ... Se dice ... (P)

You don't —! ¡No me digas! (4A)

scared: to be — (of) tener miedo (de) (9B)

schedule el horario (2A)

science:

— class la clase de ciencias naturales (2A)

— fiction movie la película de ciencia ficción (9A)

screen: computer — la pantalla (2B)

to scuba dive bucear (8A)

sea el mar (8A)

to search (for) buscar (9B)

season la estación *pl.* las estaciones (P)

second segundo, -a (2A)

— floor el primer piso (6B)

to see ver (8A)

Let's — A ver ... (2A)

— you later! ¡Nos vemos!, Hasta luego. (P)

— you tomorrow. Hasta mañana. (P)

to — a movie ver una película (4A)

to sell vender (7B)

to send enviar (i → í) (9B)

to separate separar (8B)

September septiembre (P)

serious serio, -a (1B)

to serve servir (e → i) (9B)

to set the table poner la mesa (6B)

seven siete (P)

seven hundred setecientos, -as (7A)

seventeen diecisiete (P)

seventh séptimo, -a (2A)

seventy setenta (P)

to share compartir (3A)

she ella (1B)

sheet of paper la hoja de papel (P)

shelf el estante (6A)

ship el barco (8A)

shirt la camisa (7A)

T- — la camiseta (7A)

shoe store la zapatería (7B)

shoes los zapatos (7A)

short bajo, -a; corto, -a (5B)

shorts los pantalones cortos (7A)

should deber (3B)

show el programa (9A)

to show + *movie or TV program* dar (9A)

shy reservado, -a (1B)

sick enfermo, -a (4B)

silly tonto, -a (9A)

to sing cantar (1A)

sir (el) señor (Sr.) (P)

sister la hermana (5A)

site: Web — el sitio Web (9B)

six seis (P)

six hundred seiscientos, -as (7A)

sixteen dieciséis (P)

sixth sexto, -a (2A)

sixty sesenta (P)

to skate patinar (1A)

to skateboard montar en monopatín (1A)

to ski esquiar (i fi í) (1A)

skirt la falda (7A)

to sleep dormir (o → ue) (6A)

sleepy: to be — tener sueño (5B)

slide la diapositiva (9B)

small pequeño, -a (6A)

to snorkel bucear (8A)

snow: It's —ing. Nieva. (P)

so much tanto (7A)

so-so regular (P)

soap opera la telenovela (9A)

soccer: to play — jugar al fútbol (4B)

sociable sociable (1B)

social studies class la clase de ciencias sociales (2A)

socks los calcetines (7A)

soft drink el refresco (3A)

software el software (7B)

some unos, -as (2B)

something algo (3B)

sometimes a veces (1B)

son el hijo (5A)

    —s; —(s) and daughter(s) los hijos (5A)

song la canción *pl.* las canciones (9B)

sorry: I'm —. Lo siento. (4B)

sound (stereo) system el equipo de sonido (6A)

soup: vegetable — la sopa de verduras (3A)

souvenirs los recuerdos (8A)

    to buy — comprar recuerdos (8A)

spaghetti los espaguetis (3B)

Spanish class la clase de español (2A)

to spell:

    How is ... spelled? ¿Cómo se escribe ... ? (P)

    It's spelled ... Se escribe ... (P)

to spend time with friends pasar tiempo con amigos (1A)

    spoon la cuchara (5B)

    sports:

        to play — practicar deportes (1A)

        — -minded deportista (1B)

        — show el programa deportivo (9A)

spring la primavera (P)

stadium el estadio (8A)

stairs, stairway la escalera (6B)

to start empezar (e → ie) (9A)

to stay: I — at home. Me quedo en casa. (4A)

    stepbrother el hermanastro (5A)

    stepfather el padrastro (5A)

    stepmother la madrastra (5A)

stepsister la hermanastra (5A)

stereo system el equipo de sonido (6A)

stomach el estómago (P)

store la tienda (7A)

    book— la librería (7B)

    clothing — la tienda de ropa (7A)

    department — el almacén *pl.* los almacenes (7B)

    discount — la tienda de descuentos (7B)

    household appliance — la tienda de electrodomésticos (7B)

    jewelry — la joyería (7B)

    shoe — la zapatería (7B)

story el piso (6B)

stories: to write — escribir cuentos (1A)

to straighten up the room arreglar el cuarto (6B)

    strawberries las fresas (3A)

    street la calle (8B)

    student el/la estudiante (P)

    studious estudioso, -a (1B)

to study estudiar (2A)

    stupid tonto, -a (9A)

    sugar el azúcar (5B)

    suit el traje (7A)

    summer el verano (P)

to sunbathe tomar el sol (8A)

    Sunday domingo (P)

    sunglasses los anteojos de sol (7B)

    sunny: It's —. Hace sol. (P)

to surf the Web navegar en la Red (9B)

    sweater el suéter (7A)

    sweatshirt la sudadera (7A)

to swim nadar (1A)

    swimming pool la piscina (4A)

    swimsuit el traje de baño (7A)

    synagogue la sinagoga (4A)

T

T-shirt la camiseta (7A)

table la mesa (2B)

to set the — poner la mesa (6B)

    to take llevar (8B)

to — a course tomar un curso (9B)

    to — out the trash sacar la basura (6B)

    to — photos sacar fotos (5A)

talented talentoso, -a (1B)

to talk hablar (2A)

    to — on the phone hablar por teléfono (1A)

tall alto, -a (5B)

tasty sabroso, -a (3B); rico, -a (5B)

tea el té (3A)

    iced — el té helado (3A)

to teach enseñar (2A)

    teacher el profesor, la profesora (P)

    technology/computers la tecnología (2A)

    technology/computer class la clase de tecnología (2A)

    television: to watch — ver la tele (1A)

    television set el televisor (6A)

to tell decir (8B)

    — me dime (8A)

    temple el templo (4A)

    ten diez (P)

    tennis: to play — jugar al tenis (4B)

    tenth décimo, -a (2A)

    thank you gracias (P)

    that que (5A); ese, esa (7A)

    —'s why por eso (9A)

the el, la (1B); los, las (2B)

    — best el/la mejor, los/las mejores (6A)

    — worst el/la peor, los/las peores (6A)

theater el teatro (8A)

    movie — el cine (4A)

    their su, sus (5A)

    them las, los *dir. obj. pron.* (7B); les *ind. obj. pron.* (8B)

    then entonces (4B)

    there allí (2B)

    — is/are hay (P, 2B)

    therefore por eso (9A)

these estos, estas (7A)

they ellos, ellas (2A)

thing la cosa (6A)

to think creer (3B)

    pensar (e → ie) (7A)

    I don't — so. Creo que no. (3B)

    I — ... Creo que ... (3B)

    I — so. Creo que sí. (3B)

    What do you — (about it)? ¿Qué te parece? (9B)

third tercer (tercero), -a (2A)

third floor el segundo piso (6B)

thirsty: I'm —. Tengo sed. (3B)

thirteen trece (P)

thirty treinta (P); y media *(in telling time)* (P)

thirty-one treinta y uno (P)

this este, esta (7A)

    — afternoon esta tarde (4B)

    — evening esta noche (4B)

    — weekend este fin de semana (4B)

    What is — ? ¿Qué es esto? (2B)

those esos, esas (7A)

thousand: a — mil (7A)

three tres (P)

three hundred trescientos, -as (7A)

three-ring binder la carpeta de argollas (2A)

Thursday jueves (P)

ticket el boleto (8A)

tie la corbata (7B)

time la vez *pl.* las veces (8B)

    At what —? ¿A qué hora? (4B)

    free — el tiempo libre (4A)

    to spend — with friends pasar tiempo con amigos (1A)

    What — is it? ¿Qué hora es? (P)

tired cansado, -a (4B)

to a *(prep.)* (4A)

    in order — para + *inf.* (4A)

    — the a la, al (4A)

    — the left (of) a la izquierda (de) (6A)

    — the right (of) a la derecha (de) (6A)

toast el pan tostado (3A)

today hoy (P)

tomatoes los tomates (3B)

tomorrow mañana (P)

    See you —. Hasta mañana. (P)

too también (1A); demasiado (4B)

    I do (like to) — a mí también (1A)

    me — a mí también (1A)

top: on — of encima de (2B)

touching emocionante (9A)

toy el juguete (8B)

train el tren (8A)

to travel viajar (8A)

    tree el árbol (8A)

    tremendous tremendo, -a (8A)

    trip el viaje (8A)

    Tuesday martes (P)

    on —s los martes (4A)

    TV channel el canal (9A)

    twelve doce (P)

    twenty veinte (P)

    twenty-one veintiuno (veintiún) (P)

    two dos (P)

    two hundred doscientos, -as (7A)

U

Ugh! ¡Uf! (7B)

ugly feo, -a (6A)

uncle el tío (5A)

uncles; uncle(s) and aunt(s) los tíos (5A)

underneath debajo de (2B)

to understand comprender (3A)

unforgettable inolvidable (8B)

us: (to/for) nos *ind. obj. pron.* (8B)

to use:

    to — the computer usar la computadora (1A)

    What's it — d for? ¿Para qué sirve? (9B)

used usado, -a (8B)

useful:

    to be — servir (9B)

    is — for sirve para (9B)

V

vacation: to go on — ir de vacaciones (8A)

to vacuum pasar la aspiradora (6B)

    vegetable soup la sopa de verduras (3A)

    very muy (1B)

    — well muy bien (P)

    video el video (5A)

    video games: to play — jugar videojuegos (1A)

to videotape hacer un video (5A)

    violent violento, -a (9A)

to visit visitar (8A)

to — chat rooms visitar salones de chat (9B)

    volleyball: to play — jugar al vóleibol (4B)

    volunteer el voluntario, la voluntaria (8B)

    — work el trabajo voluntario (8B)

W

    waiter, waitress el camarero, la camarera (5B)

to walk caminar (3B)

    wall la pared (6A)

    wallet la cartera (7B)

to want querer (e → ie) (7A)

    I — (yo) quiero (4B)

    you — (tú) quieres (4B)

    warm: to be — tener calor (5B)

    was fue (8B)

to wash lavar (6B)

    to — the car lavar el coche (6B)

    to — the clothes lavar la ropa (6B)

    to — the dishes lavar los platos (6B)

    wastepaper basket la papelera (2B)

    watch el reloj pulsera (7B)

to watch television ver la tele (1A)

    water el agua *(f.)* (3A)

    we nosotros, -as (2A)

to wear llevar (7A)

weather: What's the — like?
¿Qué tiempo hace? (P)

Web:

to surf the — navegar en la Red (9B)

— page la página Web (9B)

— site el sitio Web (9B)

Wednesday miércoles (P)

week la semana (P)

last — la semana pasada (7B)

weekend:

on —s los fines de semana (4A)

this — este fin de semana (4B)

welcome: You're —. De nada. (5B)

well bien (P); pues ... *(to indicate pause)* (1A)

very — muy bien (P)

what? ¿cuál? (3A)

— are you like? ¿Cómo eres? (1B)

(At) — time? ¿A qué hora? (4B)

— color ... ? ¿De qué color ... ? (6A)

— day is today? ¿Qué día es hoy? (P)

— did you do? ¿Qué hiciste? (8A)

— do you like better (prefer) to do? ¿Qué te gusta hacer más? (1A)

— do you like to do? ¿Qué te gusta hacer? (1A)

— do you think (about it)? ¿Qué te parece? (9B)

— does ... mean? ¿Qué quiere decir ... ? (P)

— else? ¿Qué más? (8B)

— happened to you? ¿Qué te pasó? (8A)

— is she/he like? ¿Cómo es? (1B)

— is the date? ¿Cuál es la fecha? (P)

— is this? ¿Qué es esto? (2B)

— is your name? ¿Cómo te llamas? (P)

— kind of ... ? ¿Qué clase de...? (9A)

— time is it? ¿Qué hora es? (P)

— would you like? ¿Qué desean (Uds.)? (5B)

—'s happening? ¿Qué pasa? (P)

—'s his/her name? ¿Cómo se llama? (1B)

—'s it (used) for? ¿Para qué sirve? (9B)

—'s the weather like? ¿Qué tiempo hace? (P)

what!:

— a good/nice idea! ¡Qué buena idea! (4B)

— a shame/pity! ¡Qué pena! (4B)

When? ¿Cuándo? (4A)

Where? ¿Dónde? (2B)

— are you from? ¿De dónde eres? (4A)

(To) —? ¿Adónde? (4A)

whether si (6B)

which? ¿cuál? (3A)

white blanco, -a (6A)

who que (5A)

Who? ¿Quién? (2A)

Why? ¿Por qué? (3B)

wife la esposa (5A)

Will you bring me ... ? ¿Me trae ... ? (5B)

window la ventana (2B)

winter el invierno (P)

with con (3A)

— me conmigo (4B)

— my/your friends con mis/tus amigos (4A)

— whom? ¿Con quién? (4A)

— you contigo (4B)

without sin (3A)

woman la mujer (5B)

older woman la anciana (8B)

work el trabajo (4A)

volunteer — el trabajo voluntario (8B)

to work trabajar (1A)

worse than peor(es) que (6A)

worst: the — el/la peor, los/las peores (6A)

Would you like ...? ¿Te gustaría ...? (4B)

to write:

to — e-mail escribir por correo electrónico (9B)

to — stories escribir cuentos (1A)

Y

yard el jardín *pl.* los jardines (8B)

year el año (P)

He/She is / They are ... —s old. Tiene(n) ... años. (5A)

last — el año pasado (7B)

yellow amarillo, -a (6A)

yes sí (1A)

yesterday ayer (7B)

yogurt el yogur (3A)

you fam. *sing.* tú (2A); *formal sing.* usted (Ud.) (2A); *fam. pl.* vosotros, -as (2A); *formal pl.* ustedes (Uds.) (2A); *fam. after prep.* ti (1A); *sing. ind. obj. pron.* te (8B); *pl. fam. ind. obj. pron.* os (8B); *ind. obj. pron.* le, les (8B)

And — ? ¿Y a ti? (1A)

for — para ti (6A)

to/for — *fam. pl.* os (8B)

to/for — *fam. sing.* te (8B)

with — contigo (4B)

— don't say! ¡No me digas! (4A)

— say ... Se dice ... (P)

You're welcome De nada (5B)

young joven (5B)

— boy/girl el niño, la niña (8B)

— man el joven (5B)

— woman la joven (5B)

—er menor (5A)

your *fam.* tu (2B); *fam.* tus, vuestro(s), -a(s) (5A); *formal* su, sus (5A)

Yuck! ¡Uf! (7B)

Z

zero cero (P)

zoo el zoológico (8A)

Grammar Index

Structures are most often presented first in A *primera vista*, where they are practiced lexically. They are then explained later in a *Gramática* section or a *Nota*. Light-face numbers refer to the pages where structures are initially presented or, after explanation, where student reminders occur. **Bold-face numbers** refer to pages where structures are explained or are otherwise highlighted.

a 26–29, 180
  + definite article 172–173, **177**
  + indirect object **410**
  after **jugar** 200, **208**
  in telling time 198
  personal **387**
  personal after **conocer 460**
  with **ir** + infinitive 199, **206**
aburrir 426, **436**
acabar de 428, **434**
accent marks 13, **183**
  in interrogative words **184**
  in preterite **356, 383**
  over weak vowels **380**
adjectives:
  agreement and formation 50–51, **55**, 70, **156**, 168, 252, 306
  comparative 75, 272–273, **278**, 294
  demonstrative 198–199, 324–325, **332**
  ending in **-ísimo** 255
  plural. *See* adjectives: agreement and formation
  position of **62**
  possessive 28, 100, 120, 224, **232**, 244
  superlative 272, **280**, 294
adverbs:
  Using **-mente** to form **457**
affirmative **tú** commands 300, **305**, 318
age 222, **228**, 244
alphabet 12

-ar verbs 32
  present 75, 76–77, **84**, 96, 132
  preterite 347, **354, 356**, 370
  spelling-changing 347, 349, **356**, 370
articles:
  definite **11, 60**, 70, **110**, 120
  definite, with **a** 172–173, **177**
  definite, with days of the week 173, 178
  definite, with titles of respect 78
  indefinite **60**, 70, **110**, 120

-car and **-gar** verbs, preterite 347, 349, **356**, 370
cognates **34**, 57
commands **(tú)**, affirmative 300, **305**, 318
comparison 75, 272–273, **278**, 294, **432**
compound subject **82**
conocer 452, **460**, 470

dar 301, **304**, 318
  preterite 402, **412**, 422
dates 14–15, **358**
de:
  in compound nouns **130**
  in prepositional phrases 101, 105
  possessive 101, **111, 232**
decir 401, **408**, 422
derivation of words 81, 160, 178, 205, 389, 435
diminutives **235**

direct object pronouns **360**, 404
  See also pronouns
  with personal **a, 387**
doler 9, **436**
dormir 274, **284**, 294

encantar 125, **135**, 229, **436**
-er verbs 32
  present 124–125, **132**, 144
  preterite 374, **383**, 396
estar 100–101, **107**, 120, 351
  use of in present progressive 300, **308**, 318
  vs. **ser** 258, **260**, 277
Exploración del lenguaje:
  Adjectives ending in **-ísimo** 255
  Cognates **34**
  Cognates that begin with **es-** + consonant **57**
  Connections between Latin, English, and Spanish **81**
  Diminutives **235**
  Language through gestures **106**
  Nonverbal language **333**
  Nouns that end in **-dad, -tad, -ción,** and **-sión 406**
  Nouns that end in **-io** and **-eo 389**
  Nouns that end in **-ería 353**
  Origins of the Spanish days of the week **178**
  Similar nouns **307**
  Spanish words borrowed from English **205**
  Tú vs. **usted** 4, **5,** 82
  Using a noun to modify another noun **130**

Acknowledgments

Cover A Rogdy Espinoza Photography/Getty Images

Cover B Jeremy Woodhouse/Spaces Images/Corbis

Chapter FM i,iii,T1 & T3: RM Floral/Alamy Stock Photo; **ixB:** Steve Debenport/E+/Getty Images; **ixT:** Monkey Business/Fotolia; **viii:** Image Source Plus/Alamy Stock Photo; **xxiiC:** Noche/Fotolia; **xxiiiC:** Esancai/Fotolia; **xxiiiL:** Noche/Fotolia; **xxiiiR:** Dikobrazik/Fotolia; **xxiiL:** Noche/Fotolia; xxiiR: Noche/Fotolia; **xxii xxiii:** Colin D. Young/Alamy Stock Photo; **xxiv:** Steve Russell/Toronto Star/Getty Images; **xxivC:** Noche/Fotolia; **xxivL:** Noche/Fotolia; **xxivR:** Vector Icon/Fotolia; **xxixC:** Noche/Fotolia; **xxixL:** Noche/Fotolia; **xxixR:** Noche/Fotolia; **xxvBL:** Noche/Fotolia; **xxviiC:** Globe Turner/Shutterstock; **xxviii:** Noche/Fotolia; **xxviii xxix:** Rolf Schulten/ImageBroker/Alamy Stock Photo; **xxviiL:** Noche/Fotolia; **xxviiR:** Noche/Fotolia; **xxviL:** Noche/Fotolia; **xxviR:** Noche/Fotolia; **xxvi xxvii:** Buena Vista Images/The Image Bank/Getty Images; **xxx:** Backyard Productions/Alamy Stock Photo; **xxxiii:** Noche/Fotolia; **xxxii xxxiii:** Efrain Padro/Alamy Stock Photo; **xxxiL:** Noche/Fotolia; **xxxiR:** Stakes/Shutterstock; **xx xxi:** Ethan Welty/Aurora Photos/Alamy Stock Photo; **xxx xxxi:** Sean Pavone/Alamy Stock Photo

Para Empezar Level A 001: Philip Scalia/Alamy Stock Photo; **002C:** Moodboard_Images/Brand X Pictures/Getty Images; **002C:** Moodboard_ImagesCLOSED/Brand X Pictures/Getty Images; **002L:** Marc Romanelli/Blend Images/Alamy Stock Photo; **002R:** Simmi Simons/E+/Getty Images; **004BL:** Pearson Education, Inc.; **004BR:** Pearson Education, Inc.; **004TC:** Pearson Education, Inc.; **004TL:** Pearson Education, Inc.; **004TR:** Fredrick Kippe/Alamy Stock Photo; **006BC:** Andres Rodriguez/Alamy Stock Photo; **006BL:** DCPhoto/Alamy Stock Photo; **006BR:** Deposit Photos/Glow Images; **006TL:** Kablonk/Golden Pixels LLC/Alamy Stock Photo; **006TR:** Juice Images/Alamy Stock Photo; **007:** Jeff Morgan 06/Alamy Stock Photo; **008:** The Museum of Modern Art/Licensed by SCALA/Art Resource, NY; **009L:** Alan Bailey/Rubberball/Getty Images; **009R:** Pearson Education, Inc.; **010BC:** Pearson Education, Inc.; **010BL:** Pearson Education, Inc.; **010BR:** Pearson Education, Inc.; **010CL:** Maksym Yemelyanov/Alamy Stock Photo; **010CML:** Pearson Education, Inc.; **010CMR:** Pearson Education, Inc.; **010CR:** Pearson Education, Inc.; **010TL:** Ronnie Kaufman/Flame/Corbis; **010TR:** Sam Bloomberg Rissman/Blend Images/Getty Images; **011BC:** Pearson Education, Inc.; **011BCL:** Ajr Images/Fotolia; **011BCR:** Maksym Yemelyanov/Alamy Stock Photo; **011BL:** Pearson Education, Inc.; **011BR:** Pearson Education, Inc.; **011T:** Pearson Education, Inc.; **012BC:** Pearson Education, Inc.; **012BCL:** Pearson Education, Inc.; **012BL:** Pearson Education, Inc.; **012BR:** Pearson Education, Inc.; **012C:** Pearson Education, Inc.; **012T:** David Fischer/Ocean/Corbis; **013:** Mayan/Museo Nacional de Antropologia, Mexico City, Mexico/Bridgeman Images; **014:** Pearson Education, Inc; **014:** Pearson Education, Inc.; **015:** Pearson Education, Inc.; **016:** Pedro Armestre/AFP/Getty Images; **017:** f9photos/Shutterstock; **017:** F9photos/Shutterstock; **018:** George Glod/SuperStock; **018BL:** George Glod/SuperStock; **018BR:** George Glod/SuperStock; **018L:** George Glod/SuperStock; **018MC:** Barry Diomede/Alamy Stock Photo; **018ML:** Frank and Helena/Cultura RM/Alamy Stock Photo; **018MR:** LWA/Dann Tardif/Blend Images/Alamy Stock Photo; **018TC:** RosaIreneBetancourt 9/Alamy Stock Photo; **018TL:** DreamPictures/Blend Images/Corbis; **018TR:** Radius Images/Alamy Stock Photo; **019:** George Glod/SuperStock; **019ML:** Megastocker/Fotolia; **019MR:** Javier Larrea/AGE Fotostock/Alamy Stock Photo; **019R:** Blend Images REB Images/Brand X Pictures/Getty Images; **020BL:** Anna Stowe/LOOP IMAGES/Corbis; **020BR:** John Elk III/Alamy Stock Photo; **020C:** NASA Visible Earth; **020TL:** Comstock/Stockbyte/Getty Images; **020TR:** Sharon Day/Shutterstock

Chapter 01A 003: Hisham Ibrahim/PhotoV/Alamy Stock Photo; **024:** ©2016 Estate of Pablo Picasso/Artists Rights Society (ARS), New York; **024B:** The Museum of Modern Art/Licensed by SCALA/Art Resource, NY; **024T:** Pearson Education, Inc.; **025:** Emile D'Edesse/Impact/HIP/The Image Works; **026:** Anthony Hatley/Alamy Stock Photo; **026:** Jacek Chabraszewski/Shutterstock; **026BC:** DragonImages/Fotolia; **026BL:** Michael Robinson Chavez/Los Angeles Times/Getty Images; **026BR:** Jeff Greenberg/Alamy Stock Photo; **026C:** Anthony Hatley/Alamy Stock Photo; **026CL:** Jacek Chabraszewski/Shutterstock; **026CR:** YanLev/Shutterstock; **026ML:** Ranplett/E+/Getty Images; **026MR:** Nikokvfrmoto/Fotolia; **026TL:** Pearson Education, Inc.; **026TR:** Pearson Education, Inc.; **027BC:** Hero Images/Getty Images; **027BL:** Jon Sparks/Alamy Stock Photo; **027BR:** Monkey Business/Fotolia; **027TC:** Denis Radovanovic/Shutterstock; **027TL:** Iryna Tiumentseva/Fotolia; **027TR:** Monkey Business/Fotolia; **028B:** KidStock/Blend Images/Alamy Stock Photo; **028C:** Ace Stock Limited/Alamy Stock Photo; **028MR:** RosaIreneBetancourt 3/Alamy Stock Photo; **028T:** Blend Images/Corbis; **029L:** Solvin Zankl/Nature Picture Library/Alamy Stock Photo; **029R:** David Cayless/Alamy Stock Photo; **030:** Hero Images/Getty Images; **030BCL:** Jon Sparks/Alamy Stock Photo; **030BCR:** Jeff Greenberg/Alamy Stock Photo; **030BML:** Anthony Hatley/Alamy Stock Photo;

030BMR: Jacek Chabraszewski/Shutterstock; 030BR: Nikokvfrmoto/Fotolia; 030T: Ranplett/E+/Getty Images; 031: Denis Radovanovic/Shutterstock; 031B: Arch White/Alamy Stock Photo; 031BCL: Jeff Greenberg/ Alamy Stock Photo; 031BCR: Jacek Chabraszewski/ Shutterstock; 031BL: Ronnie Kaufman/Larry/Blend Images/AGE Fotostock; 031BR: Monkey Business/ Fotolia; 031TCL: Anthony Hatley/Alamy Stock Photo; 031TCR: Michael Robinson Chavez/Los Angeles Times/Getty Images; 031TL: Monkey Business/Fotolia; 031TR: RosalreneBetancourt 10/Alamy Stock Photo; 032BC: Jacek Chabraszewski/Shutterstock; 032BL: YanLev/Shutterstock; 032BR: Iryna Tiumentseva/ Fotolia; 032MC: Monkey Business/Fotolia; 032MR: Michael Robinson Chavez/Los Angeles Times/Getty Images; 032TC: BlueSkyImages/Fotolia; 032TL: Anthony Hatley/Alamy Stock Photo; 032TR: Ronnie Kaufman/Larry/Blend Images/AGE Fotostock; 034B: Museo Bellapart; 034T: Pearson Education, Inc.; 035BL: Hugh Sitton/Comet/Corbis; 035BR: Jan Sochor/Alamy Stock Photo; 035TC: Dmitri Alexander/ National Geographic Creative/Corbis; 035TL: Richard Cummins/Encyclopedia/Corbis; 035TR: Catherine Karnow/Terra/Corbis; 037: Anthony Hatley/Alamy Stock Photo; 037BCL: Ronnie Kaufman/Larry/Blend Images/AGE Fotostock; 037BCR: Monkey Business/ Fotolia; 037BL: Monkey Business/Fotolia; 037BR: RosalreneBetancourt 10/Alamy Stock Photo; 037CBL: BlueSkyImages/Fotolia; 037CBR: Denis Radovanovic/ Shutterstock; 037CML: Jeff Greenberg/Alamy Stock Photo; 037CR: Nikokvfrmoto/Fotolia; 037ML: Hero Images/Getty Images; 037MR: Mark Scott/The Image Bank/Getty Images; 037TC: Jon Sparks/Alamy Stock Photo; 037TCL: Doug Menuez/Photodisc/Getty Images; 037TCR: YanLev/Shutterstock; 037TR: Iryna Tiumentseva/Fotolia; 039B: Alexander Tamargo/ WireImage/Getty Images; 039T: Pearson Education, Inc.; 040B: ©Jimmy Dorantes/LatinFocus.com; 040T: Myrleen Pearson/PhotoEdit, Inc.; 041B: ©Marisol Diaz/ LatinFocus.com; 041T: Hola Images/Collage/Corbis; 042: Mikhail Kondrashov "fotomik"/Alamy Stock Photo; 44 45: Spencer Grant/Science Source;

Chapter 01B 048B: Albright Knox Art Gallery/Art Resource, NY; 048T: Pearson Education, Inc.; 049: 2016 Banco de México Diego Rivera Frida Kahlo Museums Trust, Mexico, D.F./Artists Rights Society (ARS), New York; 049: Egon Bömsch/ImageBroker/ Alamy Stock Photo; 050BL: Klaus Vedfelt/Taxi/Getty Images; 050BR: RosalreneBetancourt 3/Alamy Stock Photo; 050MC: VadimGuzhva/Fotolia; 050ML: Ben Welsh/Design Pics RM/AGE Fotostock; 050MR: Yeko Photo Studio/Shutterstock; 050TC: Randy Faris/ Cardinal/Corbis; 050TR: Germanskydive110/Fotolia; 051BL: Photofusion/UIG/Universal Images Group/ AGE Fotostock; 051BR: Ackermann/DigitalVision/

Getty Images; 051TL: David Molina G/Shutterstock; 051TR: Spencer Grant/PhotoEdit, Inc.; 052BL: Erich Schlegel/Corbis News/Corbis; 052BR: Ariel Skelley/ Blend Images/AGE Fotostock; 052T: JGI/Jamie Gril/ Blend Images/Getty Images; 053: Juice Images/ Alamy Stock Photo; 053: Pearson Education, Inc.; 054BL: B Christopher/Alamy Stock Photo; 054BR: Yeko Photo Studio/Shutterstock; 054ML: Anne Ackermann/DigitalVision/Getty Images; 054MR: Germanskydive110/Fotolia; 054T: Sophie Bluy/ Pearson Education, Inc.; 054TC: Sophie Bluy/Pearson Education, Inc.; 054TL: RosalreneBetancourt 3/ Alamy Stock Photo; 054TR: Photofusion/UIG/ Universal Images Group/AGE Fotostock; 056BC: Photofusion/UIG/Universal Images Group/ AGE Fotostock; 056BL: Randy Faris/Cardinal/ Corbis; 056BR: Germanskydive110/Fotolia; 056T: RosalreneBetancourt 10/Alamy Stock Photo; 056TC: Anne Ackermann/DigitalVision/Getty Images; 056TL: Klaus Vedfelt/Taxi/Getty Images; 056TR: Antoniodiaz/Shutterstock; 057: Monkey Business/ Fotolia; 058: Ackermann/DigitalVision/Getty Images; 058: Anthony Hatley/Alamy Stock Photo; 058: Antoniodiaz/Shutterstock; 058: Jacek Chabraszewski/ Shutterstock; 058: Jeff Greenberg/Alamy Stock Photo; 058: Ranplett/E+/Getty Images; 058: Spencer Grant/ PhotoEdit, Inc.; 058: Yeko Photo Studio/Shutterstock; 058B: Simon Bolivar(1783 1830)(chromolitho)/Private Collection/Archives Charmet/Bridgeman Images; 058BCL: Kim Karpeles/Alamy Stock Photo; 058CL: Monkey Business/Fotolia; 058MCL: Nikokvfrmoto/ Fotolia; 058ML: RosalreneBetancourt 10/Alamy Stock Photo; 058TCL: Ranplett/E+/Getty Images; 058TL: RosalreneBetancourt 10/Alamy Stock Photo; 059: Germanskydive110/Fotolia; 061BC: Pearson Education, Inc.; 061BCL: Robnroll/Shutterstock; 061BCR: Pearson Education, Inc.; 061BL: Pearson Education, Inc.; 061BR: Pearson Education, Inc.; 061TCL: Pearson Education, Inc.; 061TCR: Pearson Education, Inc.; 061TL: Piotr Marcinski/Shutterstock; 061TR: Pearson Education, Inc.; 063BR: Jennifer Paley/Pearson Education, Inc.; 063MC: Blend Images Rolf Bruderer/Brand X Pictures/Getty Images; 063TC: Rudi Von Briel/PhotoEdit, Inc.; 063TL: Jupiterimages/ Brand X Pictures/Stockbyte/Getty Images; 063TR: Wavebreakmedia/Shutterstock; 065: Cindy Miller Hopkins/DanitaDelimont/Newscom; 066L: Graham Oliver/123RF; 066R: Comstock/Stockbyte/Getty Images; 068 069: Univision.

Chapter 02A 072B: Cortada, Xavier/Private Collection/Bridgeman Images; 072T: Pearson Education, Inc.; 073: Marcia Chambers/dbimages/ Alamy Stock Photo; 074: Image Source/Getty Images; 074BCL: Ifong/Shutterstock; 074BCR: Sila Tiptanatoranin/123RF; 074BL: Hurst Photo/

Shutterstock; **074BR:** David Hanlon/iStock/Getty Images; **074CL:** Image Source/Getty Images; **074MC:** Bikeriderlondon/Shutterstock; **074TC:** Ian Shaw/ Alamy Stock Photo; **074TL:** John R. Kreul/Independent Picture Service/Alamy Stock Photo; **074TR:** Marmaduke St. John/Alamy Stock Photo; **075:** Pearson Education; **075:** Pearson Education, Inc.; **076B:** ZUMA Press Inc/Alamy Stock Photo; **076C:** KidStock/Blend Images/Corbis; **076T:** Felix Mizioznikov/Shutterstock; **077L:** Ian Shaw/Alamy Stock Photo; **077R:** Kaveh Kazemi/Getty Images News/Getty Images; **079BC:** John R. Kreul/Independent Picture Service/Alamy Stock Photo; **079BL:** Ian Shaw/Alamy Stock Photo; **079BR:** Hurst Photo/Shutterstock; **079CL:** Marmaduke St. John/Alamy Stock Photo; **079CML:** David Hanlon/ iStock/Getty Images; **079CR:** Bikeriderlondon/ Shutterstock; **079TR:** Sila Tiptanatoranin/123RF; **080:** Keith Dannemiller/Corbis; **081:** Design Pics/Newscom; **083BCL:** Monkey Business Images/Shutterstock; **083BCR:** Andy Dean/Fotolia; **083BL:** Creatas/Getty Images; **083BR:** Rob Marmion/Shutterstock; **083TCL:** Holbox/Shutterstock; **083TCR:** Panos Pictures; **083TL:** Tetra Images/Getty Images; **083TR:** Bill Bachmann/ Alamy Stock Photo; **085BL:** David Hanlon/iStock/Getty Images; **085BR:** Hurst Photo/Shutterstock; **085ML:** Ian Shaw/Alamy Stock Photo; **085MR:** Ifong/Shutterstock; **085TC:** Andrea Danti/Shutterstock; **085TL:** Sila Tiptanatoranin/123RF; **085TR:** Marmaduke St. John/ Alamy Stock Photo; **086:** Rosemary Harris/Alamy Stock Photo; **089:** Jochem Wijnands/Horizons WWP/ AGE Fotostock; **090B:** Martin Shields/Alamy Stock Photo; **090T:** Jose Fuste Raga/Encyclopedia/Corbis; **091B:** Krista Rossow/National Geographic Creative/ Alamy Stock Photo; **091T:** Ron Niebrugge/Alamy Stock Photo; **092:** John Vizcaino/Reuters/Landov LLC; 094 **095:** Wavebreakmedia/Shutterstock;

Chapter 02B 098: SUN/Newscom; **099:** Frederic Soreau/Photononstop/Passage/Corbis; **100C:** Pearson Education, Inc.; **100L:** Pearson Education, Inc.; **100R:** Pearson Education, Inc.; **101:** Pearson Education; **101:** Pearson Education, Inc.; **102L:** Stockbroker/MBI/Alamy Stock Photo; **102R:** Bruna/Shutterstock; **103L:** Bill Bachmann/Alamy Stock Photo; **103R:** Bill Bachmann/ Alamy Stock Photo; **104BCR:** Pearson Education, Inc.; **104BR:** Pearson Education, Inc.; **104MCR:** Pearson Education, Inc.; **105:** Pearson Education; **105:** Pearson Education, Inc.; **106B:** Flashover/Alamy Stock Photo; **106T:** Pearson Education, Inc.; **107BC:** Ian Shaw/ Alamy Stock Photo; **107BL:** David Hanlon/iStock/Getty Images; **107BR:** John R. Kreul/Independent Picture Service/Alamy Stock Photo; **107C:** Bikeriderlondon/ Shutterstock; **107CL:** Marmaduke St. John/Alamy Stock Photo; **107CR:** Sila Tiptanatoranin/123RF; **107T:** Ifong/Shutterstock; **108T:** Pearson Education, Inc.; **111:** Spencer Grant/PhotoEdit, Inc.; **112:** Jan

Halaska/Science Source; **113B:** Rayman/Photodisc/ Getty Images; **113T:** Keith Dannemiller/Alamy Stock Photo; **114:** Michael S. Lewis/National Geographic Creative/Alamy Stock Photo; **115L:** Sean Sprague/ Panos Pictures; **115R:** Jon Spaull/Panos Pictures; **116:** Keith Dannemiller/Alamy Stock Photo; **119:** NBC Learn videos

Chapter 03A 122: Two Children Eating a Melon and Grapes, 1645 46 (oil on canvas), Murillo, Bartolome Esteban (1618 82)/Alte Pinakothek, Munich, Germany/ Bridgeman Images; **123:** Blend Images/SuperStock; **124:** Foodfolio/Alamy Stock Photo; **124B:** Foodfolio/ Alamy Stock Photo; **124TC:** Mara Zemgaliete/Fotolia; **124TCL:** Almaje/Shutterstock; **124TCR:** Michael Gray/Fotolia; **124TL:** Dionisvera/Fotolia; **124TR:** Pakhnyushchyy/Fotolia; **125BC:** Viktor/Fotolia; **125BL:** Joe Gough/Fotolia; **125BR:** BillionPhotos.com/ Shutterstock; **125CL:** Tarasyuk Igor/Shutterstock; **125CR:** Volff/Fotolia; **125R:** Tetra Images/Alamy Stock Photo; **125TC:** Springfield Gallery/Fotolia; **125TL:** Mr Prof/Fotolia; **125TR:** Komar Maria/Fotolia; **126:** Enigmatico/Shutterstock; **126BL:** Aastock/ Shutterstock; 126BR Radius Images / Alamy Stock Photo; **126T:** DR/Fotolia; **127C:** Maria Galan/AGE Fotostock/Alamy Stock Photo; **127L:** Juanmonino/E+/ Getty Images; **127R:** InkkStudios/iStockphoto/Getty Images; **128:** Dmitri Ma/Shutterstock; **129:** Michael Gray/Fotolia; **129BCL:** Discovod/Fotolia; **129BCR:** Joe Gough/Fotolia; **129BL:** Almaje/Shutterstock; **129BMC:** Kostrez/Fotolia; **129BML:** V.S.Anandhakrishna/ Shutterstock; **129BMR:** Foodfolio/Alamy Stock Photo; **129BR:** Tetra Images/Alamy Stock Photo; **129C:** Gmevi Photo/Fotolia; **129TCL:** Pakhnyushchyy/Fotolia; **129TCR:** BillionPhotos.com/Fotolia; **129TL:** Almaje/ Shutterstock; **129TMR:** Volff/Fotolia; **129TR:** Ifong/ Shutterstock; **130:** Mara Zemgaliete/Fotolia; **130BCL:** Gertrudda/Fotolia; **130BCR:** Tore2527/Shutterstock; **130BL:** Adrianciurea69/Fotolia; **130BMC:** Margouillat Photo/Shutterstock; **130BML:** NorGal/Shutterstock; **130BMR:** Kostrez/Fotolia; **130BR:** Yurakp/Fotolia; **130CL:** Viktor/Fotolia; **130CR:** Springfield Gallery/ Fotolia; **130MCL:** Komar Maria/Fotolia; **130MCR:** Igor Dutina/Shutterstock; **130T:** Dionisvera/Fotolia; **130TC:** Mr Prof/Fotolia; **130TL:** Eugenesergeev/Fotolia; **130TR:** Volff/Fotolia; **131:** Gertrudda/Fotolia; **131BC:** Joe Gough/Shutterstock; **131BL:** Alinamd/Fotolia; **131BR:** Kar Sol/Fotolia; **131MR:** Eric Isselee/123RF; **131TL:** Jeffrey B. Banke/Shutterstock; **131TR:** AS Food studio/ Shutterstock; **133:** Michael Gray/Fotolia; **133B:** Tracy Whiteside/Shutterstock; **133BCL:** Tracy Whiteside/ Shutterstock; **133C:** Gmevi Photo/Fotolia; **133TCL:** Eugenesergeev/Fotolia; **133TCR:** Almaje/Shutterstock; **133TL:** Discovod/Fotolia; **133TML:** Komar Maria/ Fotolia; **133TMR:** Ifong/Shutterstock; **134:** Slim Plantagenate/Alamy Stock Photo; **135BCL:** Mr Prof/

Fotolia; **135BCR:** Kostrez/Fotolia; **135BL:** Springfield Gallery/Fotolia; **135BML:** Dionisvera/Fotolia; **135BMR:** Joe Gough/Fotolia; **135BR:** Almaje/Shutterstock; **135T:** Max Lashcheuski/Shutterstock; **137:** Pearson Education, Inc.; **137B:** Cindy Miller Hopkins/Danita Delimont Photography/Newscom; **137C:** Pearson Education, Inc.; **138B:** Paulo Vilela/Shutterstock; **138C:** Paulo Vilela/Shutterstock; **138T:** MSPhotographic/Shutterstock; **139B:** Sepp Puchinger/ImageBroker/Alamy Stock Photo; **139TC:** BillionPhotos.com/Shutterstock; **139TCL:** Bogdandimages/Fotolia; **139TCR:** Photoniko/Fotolia; **139TL:** Dionisvera/Fotolia; **139TR:** Danny Smythe/Shutterstock; **140BL:** Nampix/Shutterstock; **140BR:** AGcuesta/Fotolia; **140T:** Family Business/Fotolia; **141B:** Pearson Education, Inc.; **141T:** Moodboard/SuperStock; 142 143: FomaA/Fotolia;

Chapter 03B 146: ©2016 Banco de México Diego Rivera Frida Kahlo Museums Trust, Mexico, D.F./Artists Rights Society (ARS), New York; **146B:** Rivera, Diego (1886 1957)/Palacio Nacional, Mexico City, Mexico/Bridgeman Images; **146T:** Pearson Education, Inc.; **147:** ImageBroker/SuperStock; **148BC:** Vaivirga/Fotolia; **148BCL:** Multiart/iStock/Getty Images; **148BCR:** Sergiy Kuzmin/Shutterstock; **148BL:** S_Photo/Shutterstock; **148BML:** Inna Astakhova/Fotolia; **148BMR:** Yodaswaj/Fotolia; **148BR:** Tetxu/Shutterstock; **148TCL:** Africa Studio/Shutterstock; **148TCR:** Baloncici/Shutterstock; **148TL:** Blend Images/Shutterstock; **148TR:** Gareth Boden/Pearson Education, Inc.; **149BC:** Sommai/Fotolia; **149BR:** Tatyana Vyc/Shutterstock; **149C:** SeDmi/Shutterstock; **149CR:** Giulia Fiori Photography/Moment Open/Getty Images; **149TC:** Utoimage/Fotolia; **149TL:** Markin/YAY Micro/AGE Fotostock; **149TR:** Eskaylim/Fotolia; **150BL:** Susanna Price/Dorling Kindersley/Getty Images; **150BR:** Pixtal/AGE Fotostock; **150TL:** Michael De Leon/Getty Images; **150TR:** Michael De Leon/Getty Images; **151C:** Aleksandar Mijatovic/Fotolia; **151L:** Massman/123RF; **151R:** Pilipphoto/Fotolia; **152:** Lee Torrens/Shutterstock; **153:** Vaivirga/Fotolia; **153BCL:** Eskaylim/Fotolia; **153BCR:** Viktor/Fotolia; **153BL:** Africa Studio/Shutterstock; **153BM:** Aleksandar Mijatovic/Fotolia; **153BML:** Viktor/Fotolia; **153BMR:** Discovod/Fotolia; **153BR:** Tarasyuk Igor/Shutterstock; **153C:** Bogdandimages/Fotolia; **153CL:** Valentyn Volkov/Shutterstock; **153CML:** Johnfoto18/Shutterstock; **153CMR:** Eskaylim/Fotolia; **153CR:** Africa Studio/Shutterstock; **153MC:** Ultimathule/Shutterstock; **153MCL:** Sommai/Fotolia; **153MCR:** Sergiy Kuzmin/Shutterstock; **153ML:** Inna Astakhova/Fotolia; **153MR:** Yodaswaj/Fotolia; **153R:** Tetxu/Shutterstock; **153TCL:** Vaivirga/Fotolia; **153TCR:** Viktor1/Shutterstock; **153TL:** Tetxu/Shutterstock; **153TMC:** Gitusik/Fotolia; **153TR:** Utoimage/Fotolia; **156:** JTB Photo/Superstock; **159BCL:** Inna Astakhova/Fotolia; **159BCR:** Joe Gough/

Fotolia; **159BL:** Giulia Fiori Photography/Moment Open/Getty Images; **159BR:** Baibaz/Fotolia; **159C:** Yodaswaj/Fotolia; **159CL:** Multiart/iStock/Getty Images; **159CR:** Tarasyuk Igor/Shutterstock; **159T:** Ultimathule/Shutterstock; **159TCL:** Africa Studio/Shutterstock; **159TCR:** Sergiy Kuzmin/Shutterstock; **159TL:** Tetxu/Shutterstock; **159TR:** Bogdandimages/Fotolia; **160BL:** Pearson Education, Inc.; **160BR:** Charles Rex Arbogast/AP Images; **160TR:** Luis Davilla/Photolibrary/Getty Images; **161:** Juice Images/Alamy Stock Photo; **162BR:** Pearson Education, Inc.; **162C:** Pearson Education, Inc.; **162L:** Pearson Education, Inc.; **162R:** Pearson Education, Inc.; **163B:** Carl Recine/ZUMApress/Newscom; **163T:** Matthew Pearce/Icon Sportswire 169//Newscom; **164:** Dorothy Alexander/Alamy Stock Photo; **166 167:** Martin Turzak/Alamy Stock Photo

Chapter 04A 170: Museo Nacional del Prado/Art Resource, NY; **171:** Oliver Gerhard/ImageBroker/Alamy Stock Photo; **172:** Hola Images/Collage/Corbis; **172BC:** Yadid Levy/Robertharding/Alamy Stock Photo; **172BL:** RosaIreneBetancourt 5/Alamy Stock Photo; **172BR:** Alex Segre/Alamy Stock Photo; **172ML:** Jerónimo Alba/AGE Fotostock; **172MR:** Peter Horree/Alamy Stock Photo; **172T:** Hola Images/Collage/Corbis; **172TC:** Ivan Vdovin/Alamy Stock Photo; **172TL:** Syda Productions/Shutterstock; **172TR:** Hero Images Inc./Alamy Stock Photo; **173:** Jeffrey Blackler/Alamy Stock Photo; **173BC:** Picturenet/Blend Images/Getty Images; **173BL:** David Noton Photography/Alamy Stock Photo; **173BR:** Ruzanna/Shutterstock; **173CR:** Randy Faris/Cardinal/Corbis; **173TL:** Sue Anderson/Alamy Stock Photo; **173TR:** Jeffrey Blackler/Alamy Stock Photo; **174B:** Thomas Cockrem/Alamy Stock Photo; **174C:** Clsdesign/Fotolia; **174T:** Terry Vine/Blend Images/Getty Images; **174TC:** Endless Travel/Alamy Stock Photo; **175L:** Chris Fredriksson/Alamy Stock Photo; **175R:** F Scholz/ARCO/AGE Fotostock; **176BCL:** Yadid Levy/Robertharding/Alamy Stock Photo; **176BCR:** Alex Segre/Alamy Stock Photo; **176BL:** Jeffrey Blackler/Alamy Stock Photo; **176BMR:** Sue Anderson/Alamy Stock Photo; **176BR:** RosaIreneBetancourt 5/Alamy Stock Photo; **176CL:** Syda Productions/Shutterstock; **176CML:** Hero Images Inc./Alamy Stock Photo; **176CMR:** Ivan Vdovin/Alamy Stock Photo; **176ML:** Endless Travel/Alamy Stock Photo; **176MR:** Peter Horree/Alamy Stock Photo; **176TCL:** Jerónimo Alba/AGE Fotostock; **176TCR:** Alex Segre/Alamy Stock Photo; **176TL:** Jeffrey Blackler/Alamy Stock Photo; **176TMC:** David Noton Photography/Alamy Stock Photo; **176TR:** Ruzanna/Shutterstock; **177:** akg images/Joseph Martin/Newscom; **177:** Joseph Martin/Akg Images/Newscom; **179:** Jeff Greenberg/AGE Fotostock; **180:** Martin Bernetti/AFP/Getty Images; **181:** Jack Hollingsworth/Spirit/Corbis; **182:** Pearson

Education, Inc.; **183:** Ritchie Valens/Michael Ochs Archives/Getty Images; **185:** Dominique Faget/AFP/ Getty Images; **186:** Pearson Education, Inc.; **187B:** Nik Wheeler/Alamy Stock Photo; **187T:** Ken Welsh/ AGE Fotostock; **188:** Peter Langer/Design Pics/ Superstock; **189B:** Dave G.Houser/Corbis; **189TL:** Jason Homa/Exactostock 1491/SuperStock; **189TR:** Nadia Borowski/KRT/Newscom; **190:** GoGo Images Corporation/Alamy Stock Photo; **191B:** ©Jimmy Dorantes/LatinFocus.com; **191T:** Bill Bachmann/ PhotoEdit, Inc.; 192 **193:** Ian G Dagnall/Alamy Stock Photo;

Chapter 04B 196: Clive Rose/Getty Images Sport/ Getty Images; **197:** Hannah Peters/Getty Images Sport/Getty Images; **198BC:** Erik Isakson/Tetra images/Getty Images; **198BL:** Tom Carter/Alamy Stock Photo; **198BR:** John Lund/Drew Kelly/Blend Images/AGE Fotostock; **198MCL:** Samot/Shutterstock; **198MCR:** Galina Barskaya/Shutterstock; **198ML:** Tracy A. Woodward/The Washington Post/Getty Images; **198MR:** Newzulu/Alamy Stock Photo; **198TC:** Juanmonino/E+/Getty Images; **198TL:** Gareth Boden/ Pearson Education, Inc.; **198TR:** James Woodson/ Photodisc/Getty Images; **199BR:** Jim West/Alamy Stock Photo; **199CL:** Tim Mantoani/Masterfile/Corbis; **199CR:** Hero Images/AGE Fotostock; **199ML:** Mint Images Limited/Alamy Stock Photo; **199TL:** Ana Martinez/Reuters/Corbis; **199TR:** Hill Street Studios/ Blend Images/AGE Fotostock; **200L:** Glow Images/ Getty images; **200R:** Rido/Shutterstock; **201L:** Isaac Ruiz Santana/iStock/Getty Images Plus/Getty Images; **201R:** JMichl/iStock/Getty Images Plus/ Getty Images; **202BCL:** David Lee/Shutterstock; **202BCR:** Mw1b2175/iStock/Getty Images Plus/Getty images; **202BL:** Mark Herreid/Shutterstock; **202BML:** Eastimages/Shutterstock; **202BMR:** Andrey Popov/ Shutterstock; **202BR:** Luckypic/Shutterstock; **202C:** Rcpphoto/Shutterstock; **202MC:** Tracy A. Woodward/ The Washington Post/Getty Images; **202MCL:** Hill Street Studios/Blend Images/AGE Fotostock; **202MCR:** Hero Images/AGE Fotostock; **202ML:** Ana Martinez/Reuters/Corbis; **202MR:** Mint Images Limited/Alamy Stock Photo; **202T:** Tim Mantoani/ Masterfile/Corbis; **203:** Mint Images Limited/Alamy Stock Photo; **203BL:** Jon Sparks/Alamy Stock Photo; **203BR:** Tracy A. Woodward/The Washington Post/ Getty Images; **203MC:** Newzulu/Alamy Stock Photo; **203MR:** Peter Horree/Alamy Stock Photo; **203TR:** Monticellllo/fotolia; **204BC:** Tracy A. Woodward/The Washington Post/Getty Images; **204BL:** Ruzanna/ Shutterstock; **204BMC:** Image Source/Getty Images; **204BR:** Peter Horree/Alamy Stock Photo; **204C:** Ana Martinez/Reuters/Corbis; **204CL:** Hill Street Studios/ Blend Images/AGE Fotostock; **204CM:** Image Source/ Getty Images; **204CR:** Dinodia Photos/Alamy Stock

Photo; **204ML:** Hill Street Studios/Blend Images/AGE Fotostock; **204TCL:** Tim Mantoani/Masterfile/Corbis; **204TCR:** Tracy A. Woodward/The Washington Post/ Getty Images; **204TL:** Ana Martinez/Reuters/Corbis; **204TR:** Jeffrey Blackler/Alamy Stock Photo; **205:** ©LatinFocus.com; **206BL:** Luckypic/Shutterstock; **206BR:** Jeffrey Blackler/Alamy Stock Photo; **206C:** KidStock/Blend Images/Corbis; **206CBL:** Ruzanna/ Shutterstock; **206CBR:** Travel Pictures/Pictures Colour Library/Alamy Stock Photo; **206ML:** Picturenet/ Blend Images/Getty Images; **206MR:** Mint Images Limited/Alamy Stock Photo; **206T:** Phovoir/Alamy Stock Photo; **207B:** Gianluca Rasile/Shutterstock; **207T:** Tony Savino/The Image Works; **208BL:** Mitchell Layton/Getty Images; **208BR:** BPI/REX Shutterstock/ AP Images; **208MCL:** Xavier J. Araujo/GFR Media/ AP Images; **208MCR:** Ross D. Franklin/AP Images; **208ML:** Allstar Picture Library/Alamy Stock Photo; **208MR:** Manuel Queimadelos Alonso/Getty Images Sport/Getty Images; **208T:** Matt Brown/Angels Baseball LP/Getty Images Sport/Getty Images; **209:** Max Montecinos/Reuters; **210:** Novastock Stock Connection Worldwide/Newscom; **211:** Michael Taylor/Lonely Planet Images/Getty Images; **212:** Allstar Picture Library/Alamy Stock Photo; **213B:** Bill Kostroun/AP Images; **213T:** CSPA/Cal Sport Media/ Newscom; **214B:** RosaIreneBetancourt 1/Alamy Stock Photo; **214T:** Muntz/The Image Bank/Getty images; **215:** Enigma/Alamy Stock Photo; **216:** IADB; **223:** Terry Vine/Blend Images/Getty Images

Chapter 05A 220B: Carmen L. Garza; **220T:** Pearson Education; **221:** Blend Images/SuperStock; **222:** Jennifer Booher/Alamy Stock Photo; **222BCL:** loskutnikov/Shutterstock; **222BCR:** Oleksiy Mark/ Shutterstock; **222BR:** Ekler/Shutterstock; **222C:** Anthony Ricci/Shutterstock; **222ML:** Corbis Premium RF/ Alamy Stock Photo; **222MR:** Photomatz/Shutterstock; **222T:** Monkey Business Images/Shutterstock; **223BL:** Monkey Business Images/Shutterstock; **223BR:** Tim Dolan/UpperCut Images/Alamy Stock Photo; **223C:** Tim Dolan/UpperCut Images/Alamy Stock Photo; **223CB:** Monkey Business Images/Getty Images; **223CL:** Radulep/Fotolia; **223CM:** Monkey Business Images/ Getty Images; **223CR:** Tim Dolan/UpperCut Images/ Alamy Stock Photo; **223CT:** Tim Dolan/UpperCut Images/Alamy Stock Photo; **223ML:** Monkey Business Images/Shutterstock; **223MR:** MBI/Alamy Stock Photo; **223TL:** Marten_House/Shutterstock; **223TR:** KidStock/Blend Images/Alamy Stock Photo; **224B:** Teguh Mujiono/Shutterstock; **224C:** Gines Romero/ Shutterstock; **224MR:** Yayayoyo/Shutterstock; **224TC:** Tracy Whiteside/Alamy; **224TL:** JGI/Jamie Grill/Blend Images/Alamy Stock Photo; **224TR:** keeweeboy/YAY Media AS/Alamy Stock Photo; **225C:** Sarah Bossert/ Getty Images; **225L:** Cathy Melloan/Alamy Stock

Photo; **225R:** Carlos Mora/Alamy Stock Photo; **226:** Jennifer Booher/Alamy Stock Photo; **227TC:** Jacek Chabraszewski/Shutterstock; **227BC:** Anthony Hatley/Alamy Stock Photo; **227BL:** YanLev/Shutterstock; **227BR:** Michael Robinson Chavez/Los Angeles Times/Getty Images; **227TL:** Contrastaddict/iStock/Getty Images; **227TR:** Jeff Greenberg 6 of 6/Alamy Stock Photo; **228:** Corbis Premium RF/Alamy Stock Photo; **228BL:** Corbis Premium RF/Alamy Stock Photo; **228BR:** Anthony Ricci/Shutterstock; **228ML:** Dinodia Photos/Alamy Stock Photo; **228MR:** Ekler/Shutterstock; **230:** Europa Press/Getty Images; **231B:** Francisco De Goya/Prado museum/Art Resource, NY; **231T:** Self Portrait, 1815 (oil on canvas), Goya y Lucientes, Francisco Jose de (1746 1828)/Real Academia de Bellas Artes de San Fernando, Madrid, Spain/Bridgeman Images; **232L:** DreamPictures/Blend Images/Getty Images; **232R:** Rolf Bruderer/Blend Images/Getty Images; **233:** Pearson Education, Inc.; **234:** Pearson Education, Inc.; **235:** Steve Shott/Dorling Kindersley, Ltd.; **236B:** Schalkwijk/Art Resource, NY; **236T:** Roy Morsch/age fotostock/Superstock; **237:** FR Images/Alamy Stock Photo; **238:** Corbis/SuperStock; **239:** Corbis/SuperStock; **240:** AGCuesta Images/Alamy Stock Photo; **241:** Robert Daly/Ojo Images/AGE Fotostock; 242 **243:** EFE;

Chapter 05B 246B: Erich Lessing/Art Resource, NY; **246T:** Pearson Education; **247:** Gary Latham/Alamy Stock Photo; **248BC:** Jules Selmes/Pearson Education, Inc.; **248BL:** Tim UR/Shutterstock; **248BR:** Jeff Greenberg 6 of 6/Alamy Stock Photo; **248ML:** Lapas77/Fotolia; **248MR:** Africa Studio/Shutterstock; **248TL:** Jodi Matthews/iStock/Getty Images; **248TR:** Stewart Cohen/Blend Images/Alamy Stock Photo; **249BC:** KidStock/Blend Images/AGE Fotostock; **249BCL:** Jenny Elia Pfeiffer/Corbis; **249BCR:** YAY Media AS/Alamy Stock Photo; **249BL:** MBI/Alamy Stock Photo; **249BR:** Pete Saloutos/Image Source/Corbis; **249T:** Ronnie Kaufman/Larry Hirshowitz/Blend Images/Getty Images; **250BL:** Joe Gough/Shutterstock; **250BR:** Paul Brighton/Fotolia; **250TL:** Caroline Mowry/Somos Images/Corbis; **250TR:** Blend Images/Corbis; **251L:** The Washington Post/Getty Images; **251R:** Hola Images/Alamy Stock Photo; **252BC:** Steve Hix/Somos Images/Corbis; **252BL:** RubberBall/Alamy Stock Photo; **252BR:** Dean Drobot/Shutterstock; **252TC:** David Clifford/Aurora Photos/Alamy Stock Photo; **252TL:** Daniel M Ernst/Shutterstock; **252TR:** Dave & Les Jacobs/Blend Images/AGE Fotostock; **253:** Odua Images/Shutterstock; **253BL:** Asia Images Group Pte Ltd/Alamy Stock Photo; **253BR:** Andres Rodriguez/Alamy Stock Photo; **253MC:** Zoonar/Robert Byron/ZOONAR GMBH LBRF/AGE Fotostock; **253ML:** Gelpi José Manuel/Panther Media/AGE Fotostock; **253TL:**

Dinodia Photos/Alamy Stock Photo; **253TR:** Marc Romanelli/Blend Images/Getty Images; **254B:** CSP_iloveotto/Fotosearch LBRF/AGE Fotostock; **254T:** Patrick Byrd/Alamy Stock Photo; **255:** Russell Gordon/Danita Delimont/Alamy Stock Photo; **259B:** ©Jimmy Dorantes/LatinFocus.com; **259T:** Universal Images Group/Getty Images; **261:** Hal Beral/VWPics/Alamy Stock Photo; **262:** Ian G Dagnall/Alamy Stock Photo; **263:** Antony Souter/Alamy Stock Photo; **263T:** Frank Vetere/Alamy Stock Photo; **264:** David R. Frazier/Danita Delimont Photography/Newscom; **266 267:** EFE

Chapter 06A 270: ©Salvador Dalí, Fundació Gala Salvador Dalí, Artists Rights Society (ARS), New York 2016; **270:** Peter Horree/Alamy Stock Photo; **271:** William Panzer/Alamy Stock Photo; **272BL:** Janis Christie/Photodisc/Getty Images; **272BR:** Siraphol/123RF; **272C:** Anna Oleksenko/123RF; **272CML:** Anankkml/Fotolia; **272CMR:** CSP_Fckncg/Fotosearch LBRF/AGE Fotostock; **272ML:** Lukas Kurka/Shutterstock; **272MR:** Dorling Kindersley, Ltd.; **272T:** West Coast Surfer/Moodboard/AGE Fotostock; **273:** Digerati/Fotolia; **274:** Antoniodiaz/ShutterStock; **275L:** Oscar Garces/Camara Lucida RM/AGE Fotostock; **275R:** Hector Vivas/LatinContent/Getty Images; **276:** Blend Images/Shutterstock; **279:** Mindy Small/Film Magic/Getty Images; **281BC:** Denis Rozhnovsky/Shutterstock; **281BL:** Jonathan Gelber/Getty Images; **281BR:** Cobalt88/Shutterstock; **281TL:** Photographee.eu/Fotolia; **281TR:** Joby Sessions/Tap Magazine/Future/Getty Images; **282:** Perry Correll/Shutterstock; **285BL:** Jonathan Gelber/Getty Images; **285BR:** Joby Sessions/Tap Magazine/Future/Getty Images; **285TL:** Cobalt88/Shutterstock; **285TR:** Denis Rozhnovsky/Shutterstock; **286B:** Juan Barreto/AFP/Getty Images; **286T:** GoGo Images Corporation/Alamy Stock Photo; **287:** Travis houston/Shutterstock; **288B:** Redsnapper/Alamy Stock Photo; **288T:** Pearson Education, Inc.; **289:** Redsnapper/Alamy Stock Photo; **289:** Tom Sibley/Terra/Corbis; **290:** Ray Laskowitz/Ray Laskowitz/SuperStock; **291:** B2M Productions/Getty Images; 292 **293:** EFE;

Chapter 06B 296: Pearson Education, Inc; **296:** Pearson Education, Inc.; **297:** Greg Balfour Evans/Alamy Stock Photo; **298B:** IP Galanternik D.U./E+/Getty Images; **298MC:** Iriana Shiyan/Shutterstock; **298MCL:** Iriana Shiyan/Shutterstock; **298MCR:** ShortPhotos/Shutterstock; **298ML:** Iriana Shiyan/Shutterstock; **298MR:** Mark Hemmings/Newscom; **298T:** Myrleen Cate/Alamy Stock Photo; **299BCL:** Mint Images/SuperStock; **299BCR:** Justin Horrocks/E+/Getty Images; **299BL:** Africa Studio/fotolia; **299BR:** GK Hart/Vikki Hart/Taxi/Getty Images; **299CL:** Stefano Cavoretto/Alamy Stock Photo; **299CML:** Cathy Yeulet/Hemera/Getty Images Plus/Getty Images; **299CMR:** Florian Kopp/Westend61 RM/AGE Fotostock; **299CR:**

Blend Images/SuperStock; **299MCL:** Jupiterimages/ Exactostock 1555/SuperStock; **299MCR:** Monkey Business Images/Alloy/Corbis; **299ML:** John Birdsall/ AGE Fotostock; **299MR:** Myrleen Pearson/Alamy Stock Photo; **299T:** Nathan Alliard/Photononstop/Corbis; **300B:** 2/Andersen Ross/Ocean/Corbis; **300T:** Radius Images/Alamy Stock Photo; **301L:** Stuart Pearce/AGE Fotostock/Alamy Stock Photo; **301R:** LatitudeStock/ Alamy Stock Photo; **303B:** AGE Fotostock/SuperStock; **303BL:** Nathan Alliard/Photononstop/Corbis; **303BML:** Florian Kopp/Westend61 RM/AGE Fotostock; **303C:** 2/Andersen Ross/Ocean/Corbis; **303CBL:** Jack Hollingsworth/Exactostock 1598/Superstock; **303CBR:** Justin Horrocks/E+/Getty Images; **303CL:** Darren Hubley/Shutterstock; **303CML:** Worldwide_ Stock/Fotolia; **303CMR:** Andy Dean/Shutterstock; **303CR:** Karlowac/Shutterstock; **303MC:** Cathy Yeulet/ Hemera/Getty Images Plus/Getty Images; **303MCL:** rangizzz/Shutterstock; **303ML:** Mnoor/Shutterstock; **303MR:** Vladyslav Starozhylov/123RF; **303R:** John Birdsall/AGE Fotostock; **303T:** Aigars Reinholds/ Shutterstock; **304BC:** Florian Kopp/Westend61 RM/ AGE Fotostock; **304BL:** Fuse/Getty Images; **304BR:** Nathan Alliard/Photononstop/Corbis; **304MC:** Jupiterimages/Exactostock 1555/SuperStock; **304ML:** Jupiterimages/Stockbyte/Getty Images; **304MR:** Juice Images/Alamy Stock Photo; **304TR:** Blend Images/SuperStock; **306BC:** Mee Ting/Fotolia; **306BL:** Iriana Shiyan/Shutterstock; **306BR:** Steve Prezant/ Masterfile/Corbis; **306MC:** Pearson Education, Inc.; **306ML:** Emirkoo/Fotolia; **306MR:** Figure8Photos/E+/ Getty Images; **306TC:** Vladimir Rublev/123RF; **308L:** Ed Bock/Comet/Corbis; **308R:** Susan Chiang/E+/Getty Images; **309:** Juice Images/Alamy Stock Photo; **309BC:** John Birdsall/AGE Fotostock; **309BL:** Florian Kopp/ Westend61 RM/AGE Fotostock; **309BR:** Jupiterimages/ Exactostock 1555/SuperStock; **309MC:** Blend Images/ SuperStock; **309ML:** Jack Hollingsworth/Exactostock 1598/Superstock; **309MR:** Justin Horrocks/E+/Getty Images; **310:** Jiawangkun/Shutterstock; **314B:** Mark Boulton/Alamy Stock Photo; **314T:** AGE Fotostock/ SuperStock; **315:** Age Fotostock/SuperStock; **316 317:** EFE

Chapter 07A 320: ©Successió Miró/Artists Rights Society (ARS), New York/ADAGP, Paris 2016; **320:** RMN Grand Palais/ARS/Art Resource, NY; **321:** John Mitchell/Alamy Stock Photo; **322BC:** Michael Kraus/ Shutterstock; **322BCL:** Elnur/Shutterstock; **322BCR:** Ruslan Kudrin/Shutterstock; **322BL:** Andrey Armyagov/ Shutterstock; **322BR:** Tarzhanova/Shutterstock; **322C:** Andres Rodriguez/Fotolia; **322MCL:** popovaphoto/ Shutterstock; **322MCR:** ekler/Shutterstock; **322ML:** Theartofphoto/Shutterstock; **322MR:** Dean bertoncelj/ Shutterstock; **322T:** Rob Marmion/Shutterstock; **323:** Corbis Super RF/Alamy Stock Photo; **324C:** Radius

Images/Alamy Stock Photo; **324L:** Pixel Memoirs/ Alamy Stock Photo; **324R:** Spoilergen/Fotolia; **324T:** Rob Marmion/Shutterstock; **325L:** Adisa/ Shutterstock; **325R:** Liza1979/Shutterstock; **326B:** SW Productions/Photodisc/Getty Images; **326TC:** Ableimages/Alamy Stock Photo; **326TCL:** Amble Design/Shutterstock; **326TCR:** Lev Dolgachov/Alamy Stock Photo; **326TL:** Mint Images Limited/Alamy Stock Photo; **326TR:** Gregg Vignal/Alamy Stock Photo; **327B:** Mi Futuro y mi Tierra, 2003(coloured pencil on paper), Ortiz, Oscar (b.1964) (Contemporary Artist)/ Private Collection/Bridgeman Images; **327MCL:** PHB. cz (Richard Semik)/Shutterstock; **327MCR:** John Rowley/AGE Fotostock; **327ML:** VStock/Alamy Stock Photo; **327MR:** Sharplaninac/Fotolia; **327T:** Kemter/ iStock/Getty Images; **328B:** Glyn Thomas/Alamy Stock Photo; **328C:** Aroas/Fotolia; **328MC:** Andrea Biraghi/Fotolia; **328T:** Anton Ivanov/Shutterstock; **329BC:** Moodboard/Alamy Stock Photo; **329BL:** Wavebreak Media Ltd/Alamy Stock Photo; **329BR:** Catherine Ledner/Stockbyte/Getty Images; **329TC:** John Lund/Paula Zacharias/Blend Images/Alamy Stock Photo; **329TL:** Miroslava Lipa/Alamy Stock Photo; **329TR:** Johnny Greig/Alamy Stock Photo; **331B:** Steve Hamblin/Alamy Stock Photo; **331CL:** Karkas/Shutterstock; **331ML:** Miran Buric/Alamy Stock Photo; **331MR:** Nadezda/Shutterstock; **331T:** Lubos Chlubny/Fotolia; **333B:** Pearson Education, Inc.; **333MC:** Cristi180884/Fotolia; **333MCL:** Juliko77/ Fotolia; **333MCR:** Kuarmungadd/Fotolia; **333ML:** Vividz Foto/Fotolia; **333MR:** Ilya Starikov/Alamy Stock Photo; **333T:** Africa Studio/Shutterstock; **334:** Miran Buric/ Alamy Stock Photo; **334BCR:** Vipman/Shutterstock; **334BL:** Karkas/Shutterstock; **334BR:** Tarzhanova/ Shutterstock; **334TCL:** Karkas/Shutterstock; **334TCR:** Maryna Kulchytska/Shutterstock; **334TL:** Tarzhanova/ Shutterstock; **334TR:** Elenovsky/Shutterstock; **335B:** Cindy Miller Hopkins/Danita Delimont/Alamy Stock Photo; **335C:** Steve Bly/Alamy Stock Photo; **335T:** Rob Kim/WireImage/Getty Images; **336BL:** Dixon Hamby/ Alamy Stock Photo; **336BR:** Matt Ragen/Shutterstock; **336T:** Alfredo Maiquez/Lonely Planet Images/Getty Images; **337BR:** Alejandro Bolivar/Epa/Corbis; **337TL:** Cindy Miller Hopkins/Danita Delimont/Alamy Stock Photo; **337TR:** Ken Welsh/Alamy Stock Photo; **338:** Donald Nausbaum/Robertharding/Alamy Stock Photo; **339:** Javier Larrea/AGE Fotostock; **340 341:** EFE;

Chapter 7B 344B: Pearson Education; **344T:** Jtb Media Creation, Inc./Alamy Stock Photo; **345:** Chad Ehlers/Alamy Stock Photo; **346BC:** MadDog/ Fotolia; **346BL:** Travelwide/Alamy Stock Photo; **346BR:** Cris Haigh/Alamy Stock Photo; **346CL:** Art_girl/Shutterstock; **346CR:** Zoonar/Kudrin Ruslan/AGE Fotostock; **346ML:** ICP/AGE Fotostock; **346MR:** Caimacanul/Fotolia; **346TL:** John Warner/

Shutterstock; **346TR:** Randy Faris/Corbis Super RF/Alamy Stock Photo; **347BL:** Greenview2015/Fotolia; **347BR:** JJM Stock Photography/Alamy Stock Photo; **347ML:** AnatBoonsawat/Shutterstock; **347TC:** www.BillionPhotos.com/Shutterstock; **347TCL:** Boomerang11/Fotolia; **347TCR:** Nomad Soul/Fotolia; **347TL:** Budimir Jevtic/Fotolia; **347TR:** Ziviani/Shutterstock; **348L:** Jeff Greenberg 6 of 6/Alamy Stock Photo; **348R:** RosaBetancourt 0 people images/Alamy Stock Photo; **349L:** Iain Sharp/Alamy Stock Photo; **349R:** Marco Cristofori/Robertharding/Getty Images; **350B:** Alex Segre/Alamy Stock Photo; **350MCL:** E Amikishiyev/Zoonar GmbH RF/AGE Fotostock; **350MCR:** Grosescu Alberto Mihai/iStock/Getty Images; **350ML:** Zakaz/Fotolia; **350MR:** Pixelrobot/Fotolia; **350TC:** Nilanjan Bhattacharya/123RF; **350TL:** Ruslan Olinchuk/123RF; **350TR:** Africa Studio/Fotolia; **352B:** Teena137/Fotolia; **352C:** Africa Studio/Fotolia; **352CL:** Photomelon/Fotolia; **352CR:** Shotshop GmbH/Alamy Stock Photo; **352MC:** Elnur/Shutterstock; **352ML:** Mweichse/iStock/Getty Images; **352MR:** Maksym Yemelyanov/Alamy Stock Photo; **352T:** Ruslan Kudrin/Zoonar GmbH/Alamy Stock Photo; **353BL:** Peter Forsberg/Shopping/Alamy Stock Photo; **353BR:** Andrew Pini/Photolibrary/Getty Images; **353TL:** Peter Titmuss/Alamy Stock Photo; **353TR:** Travelwide/Alamy Stock Photo; **354:** Mweichse/iStock/Getty Images; **354:** Shotshop GmbH/Alamy Stock Photo; **354:** Tarzhanova/Shutterstock; **354BL:** Morganka/Shutterstock; **354BR:** Africa Studio/Fotolia; **354CBR:** CSP_Elnur/Fotosearch LBRF/AGE Fotostock; **354ML:** Tarzhanova/Shutterstock; **354MR:** Zakaz/Fotolia; **355:** Image Source/Alamy Stock Photo; **356:** Oliver Gerhard/Alamy Stock Photo; **357B:** CSP_Elnur/Fotosearch LBRF/AGE Fotostock; **357C:** Nilanjan Bhattacharya/123RF; **357MC:** Ruslan Olinchuk/123RF; **357T:** Joseph/Shutterstock; **359BL:** Bettmann /Getty Images; **359TL:** SuperStock; **359TR:** Itsallgood/Fotolia; **360BL:** Photomelon/Fotolia; **360BR:** CSP_Elnur/Fotosearch LBRF/AGE Fotostock; **360CL:** Elnur/Shutterstock; **360CR:** Stocksnapper/Fotolia; **360ML:** Sumire8/Fotolia; **360MR:** Tarzhanova/Shutterstock; **362:** Carlos S. Pereyra/AGE Fotostock; **363:** Alex Segre/Alamy Stock Photo; **363:** Iain Sharp/Alamy Stock Photo; **363:** Marco Cristofori/Robertharding/Getty Images; **364B:** Iuliia Timofeeva/Alamy Stock Photo; **364C:** RosaIreneBetancourt 6/Alamy Stock Photo; **364T:** Rick Shupper/Citizen of the Planet/Alamy Stock Photo; **365B:** Tim Boyle/Getty Images; **365C:** David Zanzinger/Alamy Stock Photo; **365T:** M. Timothy O'Keefe/Alamy Stock Photo; **366:** Jon Arnold Images Ltd/Alamy Stock Photo; **367:** Myrleen Pearson/PhotoEdit, Inc.; **368 369:** Luis Davilla/Photolibrary/Getty Images

Chapter 08A 372: Sorolla y bastida/Album/Art Resource, NY; **373:** Gary Yim/Shutterstock; **374BC:** Patti McConville/Alamy Stock Photo; **374BL:** Xinhua/Alamy Stock Photo; **374BMC:** Hackenberg Photo Cologne/Alamy Stock Photo; **374BR:** Granger Wootz/Blend Images/Alamy Stock Photo; **374MC:** Hackenberg Photo Cologne/Alamy Stock Photo; **374ML:** Gardel Bertrand/Hemis/Alamy Stock Photo; **374MR:** Hermann Dobler/ImageBroker/Alamy Stock Photo; **374T:** Lev Dolgachov/Alamy Stock Photo; **375BCL:** Jan A. Csernoch/Alamy Stock Photo; **375BCR:** Martin Moxter/ImageBroker/Alamy Stock Photo; **375BL:** Photodiscoveries/Fotolia; **375BR:** Paul Bradbury/OJO Images Ltd/Alamy Stock Photo; **375C:** Nicholashan/Fotolia; **375TL:** George Oze/Alamy Stock Photo; **375TR:** J.W.Alker/ImageBroker/Alamy Stock Photo; **376L:** Stefano Paterna/Alamy Stock Photo; **376R:** Mariusz Prusaczyk/Fotolia; **376T:** Manchan/Photodisc/Getty Images; **377C:** Paul S. Wolf/ShutterStock; **377L:** Sylvain Grandadam/robertharding/Corbis; **377R:** Kseniya Ragozina/Fotolia; **378B:** Efrain Padro/Alamy Stock Photo; **378CMR:** George Oze/Alamy Stock Photo; **378MC:** Hermann Dobler/ImageBroker/Alamy Stock Photo; **378MCL:** J.W.Alker/ImageBroker/Alamy Stock Photo; **378ML:** Paul Bradbury/OJO Images Ltd/Alamy Stock Photo; **378MR:** Jan A. Csernoch/Alamy Stock Photo; **378TC:** Gardel Bertrand/Hemis/Alamy Stock Photo; **378TCL:** Hackenberg Photo Cologne/Alamy Stock Photo; **378TCR:** Hackenberg Photo Cologne/Alamy Stock Photo; **378TL:** Granger Wootz/Blend Images/Alamy Stock Photo; **378TR:** Martin Moxter/ImageBroker/Alamy Stock Photo; **379:** Bernardo Galmarini/Alamy Stock Photo; **380B:** Hill Street Studios/Blend Images/Getty Images; **380MC:** Lizon/123RF; **380ML:** Philipus/Alamy Stock Photo; **380MR:** Lunamarina/Fotolia; **380TC:** Selivanov Iurii/123RF; **380TL:** Charles Polidano/Touch The Skies/Alamy Stock Photo; **381:** Reinhard Dirscherl/AGE Fotostock; **382BL:** Fitopardo.com/Moment/Getty Images; **382BR:** Action Plus Sports Images/Alamy Stock Photo; **382MC:** Guillermo Ogam/Notimex/Newscom; **382ML:** Wendy Connett/Robertharding/Alamy Stock Photo; **382MR:** Dorothy Alexander/Alamy Stock Photo; **382TC:** Robert Wyatt/Alamy Stock Photo; **383:** Nina Raingold/Getty Images News/Getty Images; **384:** Peter Zaharov/Shutterstock; **385BL:** Boscorelli/Fotolia; **385BR:** Jon Mikel Duralde/Alamy Stock Photo; **385T:** J.Enrique Molina/Alamy Stock Photo; **385TC:** Pablo Rogat/Shutterstock; **385TL:** Hermann Dobler/ImageBroker/Alamy Stock Photo; **385TR:** Boscorelli/Fotolia; **387:** A plus image bank/Alamy Stock Photo; **389B:** Xavier Subias/AGE Fotostock; **389T:** ImageBroker/SuperStock; **390L:** ImageBroker/Alamy Stock Photo; **390R:**

Pyty/Shutterstock; **390T:** ©LatinFocus.com; **391B:** Travelpix/Alamy Stock Photo; **391T:** Hemis/Alamy Stock Photo; **392B:** Mario Humberto Morales Rubi/ Alamy Stock Photo; **392T:** David Hilbert/Alamy Stock Photo; **393:** Chris Sattlberger/Blend Images/Corbis; 394 **395:** Christian Kober/robertharding/Getty Images;

Chapter 08B 398: David Boyer/National Geographic/ Getty Images; **399:** RosalreneBetancourt 10/Alamy Stock Photo; **400B:** Trevor Smith/Alamy Stock Photo; **400BC:** Photka/Fotolia; **400BR:** Bane.M/ Alamy Stock Photo; **400C:** Jesus Keller/Shutterstock; **400CMR:** Africa Studio/Shutterstock; **400CR:** Anton Starikov/123RF; **400TC:** Atiketta Sangasaeng/ Shutterstock; **400TCR:** Image Source Plus/Alamy Stock Photo; **400TL:** Dragan Zivkovic/Alamy Stock Photo; **400TR:** Gary Dyson/Alamy Stock Photo; **401BL:** Hero Images/DigitalVision/Getty Images; **401BR:** Blend Images/Alamy Stock Photo; **401C:** MBI/Alamy Stock Photo; **401ML:** Eric Raptosh/Blend Images/Alamy Stock Photo; **401MR:** David Grossman/Alamy Stock Photo; **401TC:** Ken Weingart/Getty Images; **401TL:** Juanmonino/E+/Getty Images; **401TR:** Mike Kemp/ RubberBall/Alamy Stock Photo; **402B:** Roy Morsch/ AGE Fotostock/Alamy Stock Photo; **402C:** Nik Taylor/ Alamy Stock Photo; **402TL:** Asife/Fotolia; **402TR:** Jmsilva/E+/Getty Images; **403C:** Hero Images/Getty Images; **403L:** Bill Greene/The Boston Globe/Getty Images; **403R:** Marmaduke St. John/Alamy Stock Vector; **404BC:** Africa Studio/Shutterstock; **404BL:** Bane.M/Alamy Stock Photo; **404BR:** Gary Dyson/Alamy Stock Photo; **404C:** Image Source Plus/Alamy Stock Photo; **404CL:** Jesus Keller/Shutterstock; **404CR:** Atiketta Sangasaeng/Shutterstock; **404T:** Ken Welsh/ AGE Fotostock; **405B:** AGE Fotostock/SuperStock; **405BCL:** David Grossman/Alamy Stock Photo; **405BCR:** Blend Images/Alamy Stock Photo; **405BL:** Hero Images/DigitalVision/Getty Images; **405BMR:** MBI/Alamy Stock Photo; **405BR:** Dragan Zivkovic/ Alamy Stock Photo; **405CL:** Rido/Shutterstock; **405CML:** Newzulu/Alamy Stock Photo; **405CMR:** Ariel Skelley/Blend Images/Alamy Stock Photo; **405CR:** Chepe Nicoli/Shutterstock; **405TCL:** Andriy Petrenko/ iStock/Getty Images Plus/Getty Images; **405TCR:** Janine Wiedel Photolibrary/Alamy Stock Photo; **406B:** ©Jimmy Dorantes/LatinFocus.com; **406T:** Jenny Matthews/Alamy Stock Photo; **407:** John Coletti/Jon Arnold Images/SuperStock; **410:** RosalreneBetancourt 5/Alamy Stock Photo; **411:** Tina Manley/Alamy Stock Photo; **412:** Travel Pictures/Alamy Stock Photo; **413B:** Jenny Matthews/Alamy Stock Photo; **413T:** Florian Kopp/ImageBroker/Alamy Stock Photo; **414B:** SuperStock; **414T:** Sarah Edwards/WENN Ltd/Alamy Stock Photo; **415B:** Jeffrey Arguedas/EPA/Newscom; **415T:** IrinaK/Shutterstock; **416:** O 'Rourke, Skip/ Rapport Press/Newscom; **417B:** Robert van der Hilst/

Corbis; **417T:** PhotoEdit, Inc.; **418B:** Guy Edwardes Photography/Alamy Stock Photo; **418T:** SuperStock; **419:** Jonathan Nourok/PhotoEdit, Inc.; **N/A:** NBC Learn videos

Chapter 09A 424: ©Salvador Dalí, Fundació Gala Salvador Dalí, Artists Rights Society (ARS), New York 2016; **424:** Bridgeman Giraudon/Art Resource, NY; **425:** Universal Pictures/Strike Ent./Beacon Communications LLC/Album/Newscom; **426:** SOGECINE/Peliculas Pendelton/Album/Newscom; **426BL:** AF Archive/Alamy Stock Photo; **426BR:** Juanmonino/iStockphoto/Getty Images; **426CL:** Tom Grill/Blend Images/Alamy Stock Photo; **426ML:** Carol and Mike Werner/Alamy Stock Photo; **426MR:** Universal Pictures/Everett Collection; **426T:** Don Mason/Blend Images/Alamy Stock Photo; **427:** Alan Diaz/AP Images; **427:** Jos/Luis Ram/rez/Agencia Reforma/Newscom; **427BC:** Pictorial Press Ltd/ Alamy Stock Photo; **427BL:** Photos 12/Alamy Stock Photo; **427BR:** Alan Diaz/AP Photo/AP Images; **427CL:** Hutton Supancic/Getty Images Entertainment/Getty Images; **427CR:** Joan Valls/ZUMA Press/Newscom; **427MC:** Europa Press/FilmMagic/Getty Images; **427MR:** Digital Vision/Getty Images; **427T:** Mike Kemp/RubberBall/Alamy Stock Photo; **428L:** Studio 8/ Pearson Education, Inc.; **428R:** Gareth Boden/Pearson Education, Inc.; **429L:** Oliver Gerhard/ImageBroker/ Newscom; **429R:** El Nuevo Herald/Tribune News Service/Getty Images; **430:** Hutton Supancic/Getty Images Entertainment/Getty Images; **430BC:** Alan Diaz/AP Photo/AP Images; **430BCR:** Photos 12/Alamy Stock Photo; **430BL:** Pictorial Press Ltd/Alamy Stock Photo; **430TC:** Digital Vision/Getty Images; **430TCL:** Europa Press/FilmMagic/Getty Images; **430TR:** Joan Valls/ZUMA Press/Newscom; **431:** Raul Romero/GDA/El Nacional/Venezuela/AP Images; **432L:** Jupiterimages/ Stockbyte/Getty Images; **432R:** Antonio Diaz/Fotolia; **434:** Jordan Strauss/Invision/AP Images; **436:** Blend Images/Alamy Stock Photo; **437:** Matthias Oesterle/ ZUMA Press/Newscom; **438:** Blend Images/Alamy Stock Photo; **439B:** Luis M. Alvarez/AP Images; **439C:** Joan Valls/ZUMA Press/Newscom; **439CR:** Photos 12/ Alamy Stock Photo; **439T:** Digital Vision/Getty Images; **439TC:** Pictorial Press Ltd/Alamy Stock Photo; **440:** Monkey Business/Fotolia; **441:** Harry Sheridan/Alamy Stock Photo; **442:** Pearson Education, Inc.; **443B:** Danita Delimont/Alamy Stock Photo; **443T:** Peter Forsberg/Alamy Stock Photo; **445:** Ariel Skelley/Blend Images/Getty Images;

Chapter 09B 448: ©2016 Estate of Pablo Picasso/ Artists Rights Society (ARS), New York; **448:** RMN Grand Palais/Art Resource, NY; **449:** Elmer Martinez/ Newscom; **450BL:** Ariel Skelley/Blend Images/Corbis; **450BR:** D. Hurst/Alamy Stock Photo; **450MR:** Dominik Hladak/123RF; **450TL:** Aldo Murillo/E+/Getty Images;

450TR: Holbox/Shutterstock; 451: Nan/Alamy Stock Photo; 451C: Steve Debenpor/Vetta/Getty Images; 451L: Marc Chapeaux/AGF/AGE Fotostock; 451TR: Hero Images Inc./Alamy Stock Photo; 452B: Mandy Godbehear/Alamy Stock Photo; 452T: Image Source/Getty Images; 453L: Andresr/E+/Getty Images; 453R: Oleksiy Mark/Shutterstock; 454: AGE Fotostock/Alamy Stock Photo; 455B: Melba Photo Agency/Alamy Stock Photo; 455C: Ariel Skelley/Blend Images/Getty Images; 455T: Jerónimo Alba/Alamy Stock Photo; 456B: KidStock/Blend Images/Getty Images; 456MCL: Pearson Education, Inc.; 456MCR: Tupungato/Shutterstock; 456ML: Ian Dagnall Laptop Computing/Alamy Stock Photo; 456MR: Inxti/Shutterstock; 456T: Pearson Education, Inc.; 460BCL: ImageBroker/Alamy Stock Photo; 460BCR: Jochen Tack/ImageBroker/AGE Fotostock; 460BL: Kali Nine LLC/iStock/Getty Images; 460BML: YAY Media AS/Alamy Stock Photo; 460BMR: Hero Images/Getty Images; 460BR: Ronnie Kaufman/Larry/Blend Images/AGE Fotostock; 460T: George S De Blonsky/Alamy Stock Photo; 461: Hect/Shutterstock; 463B: Fancy Collection/SuperStock; 463L: De Agostini Picture Library/De Agostini/Getty Images; 463R: KidStock/Blend Images/Alamy Stock Photo; 465: Andrey Armyagov/Fotolia; 466L: OJO Images Ltd/Alamy Stock Photo; 466R: Pearson Education, Inc.; 467: BFG Images/Getty Images; 468 469: Thomas R. Fletcher/Alamy Stock Photo

Para Empezar Level B PE 2: Anthony Hatley/Alamy Stock Photo; PE 2: BlueSkyImages/Fotolia; PE 2: Denis Radovanovic/Shutterstock; PE 2: DragonImages/Fotolia; PE 2: Hero Images/Getty Images; PE 2: Jacek Chabraszewski/Shutterstock; PE 2: Jeff Greenberg/Alamy Stock Photo; PE 2: KidStock/Blend Images/Alamy Stock Photo; PE 2: Michael Robinson Chavez/Los Angeles Times/Getty Images; PE 2: Monkey Business/Fotolia; PE 2: Nikokvfrmoto/Fotolia; PE 2: Ronnie Kaufman/Larry/Blend Images/AGE Fotostock; PE 2: RosaIreneBetancourt 3/Alamy Stock Photo; PE 2: YanLev/Shutterstock; PE 3: Anne Ackermann/Getty Images; PE 3: Antoniodiaz/Shutterstock; PE 3: B Christopher/Alamy Stock Photo; PE 3: Germanskydive110/Fotolia; PE 3: Klaus Vedfelt/Taxi/Getty Images; PE 3: Photofusion/UIG/Universal Images Group/AGE Fotostock; PE 3: Randy Faris/Corbis; PE 3: Ranplett/E+/Getty Images; PE 3: RosaIreneBetancourt 10/Alamy Stock Photo; PE 3: RosaIreneBetancourt 3/Alamy Stock Photo; PE 3: Sophie Bluy/Pearson Education, Inc.; PE 3: Yeko Photo Studio/Shutterstock; PE 4: Antoniodiaz/Shutterstock; PE 6: Anne Ackermann/Getty Images; PE 6: Antoniodiaz/Shutterstock; PE 6: Germanskydive110/Fotolia; PE 6: Klaus Vedfelt/Taxi/Getty Images; PE 6: Photofusion/UIG/Universal Images Group/AGE Fotostock; PE 6:

Randy Faris/Corbis; PE 7: Jacek Chabraszewski/Shutterstock; PE 7: Jeff Greenberg/Alamy Stock Photo; PE 7: Monkey Business/Fotolia; PE 7: Ranplett/E+/Getty Images; PE 7: RosaIreneBetancourt 3/Alamy Stock Photo; PE 8: Bikeriderlondon/Shutterstock; PE 8: David Hanlon/iStock/Getty Images; PE 8: Hurst Photo/Shutterstock; PE 8: Ian Shaw/Alamy Stock Photo; PE 8: Ifong/Shutterstock; PE 8: Image Source/Getty Images; PE 8: John R. Kreul/Independent Picture Service/Alamy Stock Photo; PE 8: Marmaduke St. John/Alamy Stock Photo; PE 8: Sila Tiptanatoranin/123RF; PE 9: Pearson Education, Inc.

PE 10: Holbox/Shutterstock; PE 12: Denis Radovanovic/Shutterstock; PE 12: Hero Images/Getty Images; PE 12: KidStock/Blend Images/Alamy Stock Photo; PE 12: Michael Robinson Chavez/Los Angeles Times/Getty Images; PE 12: Nikokvfrmoto/Fotolia; PE 12: Ronnie Kaufman/Larry/Blend Images/AGE Fotostock; PE 12: RosaIreneBetancourt 3/Alamy Stock Photo; PE 12: YanLev/Shutterstock; PE 12: Yeko Photo Studio/Shutterstock; PE 13: Pearson Education, Inc.; PE 14: BillionPhotos.com/Fotolia; PE 14: BillionPhotos.com/Shutterstock; PE 14: Bogdandimages/Fotolia; PE 14: Gmevi Photo/Fotolia; PE 14: Michael Gray/Fotolia; PE 14: Tarasyuk Igor/Shutterstock; PE 14: Tetra Images/Alamy Stock Photo; PE 14: Viktor/Fotolia; PE 15: Africa Studio/Shutterstock; PE 15: Baloncici/Shutterstock; PE 15: Multiart/iStock/Getty Images; PE 15: S_Photo/Shutterstock; PE 15: Sergiy Kuzmin/Shutterstock; PE 15: Sommai/Fotolia; PE 15: Tetxu/Shutterstock; PE 15: Utoimage/Fotolia; PE 15: Vaivirga/Fotolia; PE 15: Yodaswaj/Fotolia; PE 16: Giulia Fiori Photography/Moment Open/Getty Images; PE 16: Komar Maria/Fotolia; PE 16: Pearson Education, Inc.; PE 17: Bogdandimages/Fotolia; PE 17: Eskaylim/Fotolia; PE 17: Ifong/Shutterstock; PE 17: Igor Dutina/Shutterstock; PE 17: Jacek Chabraszewski/Shutterstock; PE 17: NorGal/Shutterstock; PE 18: Anne Ackermann/Getty Images; PE 18: Germanskydive110/Fotolia; PE 18: Klaus Vedfelt/Taxi/Getty Images; PE 18: Ranplett/E+/Getty Images; PE 18: RosaIreneBetancourt 10/Alamy Stock Photo; PE 18: RosaIreneBetancourt 3/Alamy Stock Photo; PE 19: Africa Studio/Shutterstock; PE 19: Baloncici/Shutterstock; PE 19: Giulia Fiori Photography/Moment Open/Getty Images; PE 19: S_Photo/Shutterstock; PE 20: Alex Segre/Alamy Stock Photo; PE 20: David Noton Photography/Alamy Stock Photo; PE 20: Hero Images Inc./Alamy Stock Photo; PE 20: Ivan Vdovin/Alamy Stock Photo; PE 20: Jeffrey Blackler/Alamy Stock Photo; PE 20: Jerónimo Alba/AGE Fotostock; PE 20: Peter Horree/Alamy Stock Photo; PE 20: Picturenet/Blend Images/Getty Images; PE 20: Randy Faris/Cardinal/Corbis; PE 20: Robertharding/

Alamy Stock Photo; **PE 20:** RosalreneBetancourt 5/ Alamy Stock Photo; **PE 20:** Ruzanna/Shutterstock; **PE 20:** Sue Anderson/Alamy Stock Photo; **PE 21:** Ana Martinez/Reuters/Corbis; **PE 21:** Erik Isakson/Getty Images; **PE 21:** Galina Barskaya/Shutterstock; **PE 21:** Hill Street Studios/Blend Images/AGE Fotostock; **PE 21:** Jim West/Alamy Stock Photo; **PE 21:** John Lund/Drew Kelly/AGE Fotostock; **PE 21:** Mint Images Limited/Alamy Stock Photo; **PE 21:** Newzulu/Alamy Stock Photo; **PE 21:** Samot/Shutterstock; **PE 21:** Tim Mantoani/Masterfile/Corbis; **PE 21:** Tom Carter/ Alamy Stock Photo; **PE 21:** Tracy A. Woodward/The Washington Post/Getty Images; **PE 22:** Alex Segre/ Alamy Stock Photo; **PE 22:** Endless Travel/Alamy Stock Photo; **PE 22:** Jeffrey Blackler/Alamy Stock Photo; **PE 22:** Jerónimo Alba/AGE Fotostock; **PE 22:** Leuntje/ Alamy Stock Photo; **PE 22:** Peter Horree/Alamy Stock Photo; **PE 22:** Robertharding/Alamy Stock Photo; **PE 22:** Syda Productions/Shutterstock; **PE 22:** Vitaly Edush/iStock/Getty Images Plus/Getty Images; **PE 24:** Jacek Chabraszewski/Shutterstock; **PE 24:** Samot/ Shutterstock; **PE 26:** Blend Images/SuperStock; **PE 26:** ImageBroker/Alamy Stock Photo; **PE 27:** Marcia Chambers/Dbimages/Alamy Stock Photo.

Grateful acknowledgement is made to the following for copyrighted material:

ACTFL

World Readiness Standards for Language Learners by The American Council on the Teaching of Foreign Languages. Copyright ©ACTFL. Used by permission.

Fundación Puertorriqueña de Conservación

¡Tú puedes ser parte de la solución del problema de la basura en nuestra isla! ©Fundación Puertorriqueña de Conservación. Reprinted by permission.

Note: Every effort has been made to locate the copyright owner of material reproduced in this component. Omissions brought to our attention will be corrected in subsequent editions.

draw a picture

↓